Gisela Hennekemper

Unvergeßliche Kindergeburtstage

Einladungskarten, Dekorationen
und Spiele für drinnen und draußen

Die Autorin dankt allen kleinen und großen Helfern für Ihr Mitwirken an diesem Buch, besonders Frau Brigitte Peters-Andreas. Besonderen Dank an die Botschaften der Länder Argentinien, China, Dänemark, Japan, Kanada und Schweden für wichtige Informationen und für Dekorationsmaterial.

Von Gisela Hennekemper sind im FALKEN Verlag ebenfalls erschienen: ›Unvergeßliche Kinderfeste‹ (4457) und ›Originelle Adventskalender zum Verschenken‹ (5238)

ISBN 3 8068 4705 3

Die Deutsche Bibliothek – CIP-Einheitsaufnahme

Hennekemper, Gisela:
Unvergessliche Kindergeburtstage : Einladungskarten, Dekorationen und Spiele für drinnen und draussen / Gisela Hennekemper. – Niedernhausen/Ts. : FALKEN, 1992
(FALKEN Bücher)
ISBN 3-8068-4705-3

© 1992 by Falken-Verlag GmbH, 6272 Niedernhausen/Ts.
Die Verwertung der Texte und Bilder, auch auszugsweise, ist ohne Zustimmung des Verlags urheberrechtswidrig und strafbar. Dies gilt auch für Vervielfältigungen, Übersetzungen, Mikroverfilmung und für die Verarbeitung mit elektronischen Systemen.
Titelbild: Marek Mann, Köln
Fotos: Studio Team, Langen; Seite 15, 33, 51, 71, 97, 117, 159: TLC-Foto-Studio GmbH, Bocholt
Zeichnungen: Hartmut Dietrich, Wiesbaden; Seite 16, 17, 32, 33, 34, 37 oben, 42 links, 50, 52, 53, 70, 71, 72, 94, 97, 108, 109 unten, 116, 120, 126 links, 132, 141 links: Beatrice Hintermaier, Pienzenau; Zettel: Gerd Aumann, Wiesbaden; Reinzeichnung der Vorlagen: Ulrike Hoffmann, Bodenheim
Die Ratschläge in diesem Buch sind von der Autorin und vom Verlag sorgfältig erwogen und geprüft, dennoch kann eine Garantie nicht übernommen werden. Eine Haftung der Autorin bzw. des Verlags und seiner Beauftragten für Personen-, Sach- und Vermögensschäden ist ausgeschlossen.
Satz: Fotosatz Creatype GmbH, Eschborn
Druck: Appl, Wemding

Die Autorin und der Verlag bedanken sich bei folgenden Firmen für die freundliche Unterstützung:
Cramer & Meermann, 4600 Dortmund (Kinderbekleidung)
Wilhelm Everts, 4354 Datteln (Luftballons)
heunec, 8632 Neustadt (Plüschtiere)
Königsmühle Kleiderfabrik, 4990 Lübbecke (Kinderbekleidung)
Pelikan, 3000 Hannover (Farben)

817 2635 4453 6271

Geburtstagswalzer

(Text: G. Hennekemper,
Melodie: traditionell)

> Viel Glück, lie - ber Jan, dein Ge-burts-tag ist heut! < ru-fen

Für Andrea, Daniela, Jan-Dirk,
Regina, Stephan, Tim und Yves

fröh-lich die Gä-ste, und sie tan-zen vor Freud. Vor, seit, ran,

rück, seit, ran, im Wal-zer-schritt. Such dir ei-nen Part-ner und

tanz' ein-fach mit, such dir ei-nen Part-ner und tanz' ein-fach mit!

2. Der Bär fragt die Bärin: ›Wie wär's mit uns zwei'n?‹
Die Bärin sagt: ›Gern!‹ Und sie schwingen das Bein.

3. Der Pinguin stampft seiner Frau auf den Fuß.
›Verzeih', liebes Schätzchen, es war ein Liebesgruß.‹

4. Das Stinktier ist traurig, denn es weiß ganz genau,
wer so stinkt wie ein Stinktier, mit dem tanzt keine Frau.

5. Die Äffin wiegt ihr Baby im Takt hin und her und ruft:
›Das gefällt mir, dieser Tanz ist nicht schwer.‹

6. Die Eule wacht auf und schimpft: ›Was soll der Krach?‹
Da packt sie der Uhu, und schon wird sie schwach.

7. Die Löwen im Käfig halten's auch nicht mehr aus.
Sie brüllen: ›Wir woll'n tanzen, liebe Leut', laßt uns raus!‹

8. Wir freu'n uns, daß du heut' Geburtstag hast.
›Du bist große Spitze!‹ Das ruft jeder Gast.

Inhalt

Ideenfeuerwerk

Der große Tag

Für jedes Kind ist der Geburtstag der wichtigste und schönste Tag des Jahres. Viele Kinder genießen ihn doppelt: als Familienfest und als Kindergeburtstag. Mit unseren Vorschlägen wollen wir Ihnen Anregungen und Hilfen geben, Kindergeburtstage zu unvergeßlichen Ereignissen werden zu lassen – ohne Streß und voller Freude über die kindliche Begeisterungsfähigkeit. Mit vielen Ideen können wir auch Erwachsene in übermütig spielende Kinder verwandeln. Freuen wir uns mit unseren Kindern auf ihren großen Tag!

Der Countdown beginnt

Mit dem Basteln und dem Verteilen der Einladungskarten beginnt der Countdown eine Woche vor dem Fest. Wir feiern unsere Geburtstage immer unter einem gewissen Motto und stimmen die Gäste mit den Einla-

dungen darauf ein. Natürlich können Sie unsere Vorschläge ganz individuell für Ihre Feste zusammenstellen. Gut bewährt hat sich eine Liste, auf der wir genau planen, was vorbereitet oder gekauft werden muß. Für die Spielliste probieren wir mit den Kindern alte und neue Spiele aus. Fehlende Utensilien leihen wir bei Freunden aus.

Ganz eifrig helfen auch die Kleinsten, witzige Dekorationen zu basteln. Mit wenig Aufwand verwandeln wir einen Stuhl in einen Geburtstagsthron (siehe Seite 34). Welcher Heimwerker hat Lust, ein vielseitig verwendbares ›Geburtstagsständchen‹ (siehe Seite 141) zu bauen? Wenn wir dann endlich gemeinsam Kuchen backen und verzieren, können wir schon die Stunden bis zum Fest zählen.

Begrüßungsüberraschungen

Lustige Wegweiser und Willkommensgrüße begleiten die Gäste auf dem Weg zum Geburtstagskind. Wenn alle großen Papierwolken mit ›Herzlich Willkommen bei Daniela‹ von den Gästen eingesammelt sind und die dicke Stoffwolke an der Haustür süße Regentropfen auf die Kinder regnen ließ, dann wird das Geburtstagswetter strahlend schön! Andere Überraschungen sind Hindernisse, die die Gäste – vielleicht großen Krach machend – überwinden müssen, unheimliche Begrüßungsstimmen, die vom Band ablaufen, ein Luftballontor mit konfettigefüllten Überraschungsballons oder süße Zauberpillen, die beim Empfang verteilt werden.

Geburtstagskerzenulk

Wer Spaß am Verulken hat, wettet mit einem Gast, daß dieser zwei brennende Kerzen nicht mit dreimaligem Pusten ausblasen kann. Bläst nun der Gast aus Leibeskräften die Kerzen mit einem Mal erfolgreich aus, glaubt er sich als großer Sieger. Irrtum! Er hätte dreimal pusten müssen.

Eine Katze und eine Maus huschen in eine Bäckerei. »Ich möchte bitte Erdbeertorte mit Sahne«, piepst die kleine Maus. »Und was möchten Sie?« fragt die Verkäuferin die Katze. »Etwas Sahne auf die Maus!«

Ein Prosit dem Geburtstagskind

Wer dem Geburtstagskind nicht nur ein flottes Geburtstagslied singen, sondern ihm auch feierlich mit Rambazambasaft zuprosten will, kann das mit einem lustigen Trinkspiel verbinden. Neben die Trinkgläser stellen wir kleine Schnapsgläser. Wir können auch große Eßlöffel danebenlegen. Auf das Wohl des Geburtstagskindes trinken wir so viel aus den Gläsern, daß der Rest genau in das Schnapsglas oder auf den Eßlöffel paßt. Das spannende Umgießen erfolgt natürlich über einem Teller! Unsere Kinder lieben noch ein anderes Trinkspiel: Mit einem Schluck Saft im Mund gurgeln alle ein lustiges Lied.

Geburtstagsgeschenkespiele

Besonders würdigen können wir die Geschenke, wenn wir sie spielerisch vorstellen. Das kann schon damit beginnen, daß die Gäste ihre Geschenke verstecken. Sind sie endlich mit lautstarker Hilfe gefunden und ausgepackt, kommen sie auf den Geburtstagstisch. Wir breiten schnell eine Decke darüber und spielen Geschenke-Kim: Wer kann alle Geschenke aufschreiben oder aufmalen? Zum Wiegenfest ein Wiegespiel: Jeder gibt einen Tip ab, was alle Geschenke zusammen wiegen. Wer kommt dem tatsächlichen Gewicht am nächsten? Das Geburtstagskind bekommt noch ein ganz lautes Geschenk und muß dazu hinausgehen. Die anderen vereinbaren ein mehrsilbiges Geschenkwort, zum Beispiel ›Ei-sen-bahn‹, und verteilen untereinander die Silben. Ist das Geburtstagskind da, rufen ihm alle laut ihre Silbe zu. Erkennt es in dem Silbensalatdurcheinander sein Geschenk?

Der große Geburtstagsstand läßt sich vielseitig verwenden. Hier gibt es Lose, Spielkarten, Aufgabenzettel und auch kühle Erfrischungen

Geburtstagswunscherfüllungsinsel

Auf dieser Insel gehen alle Wünsche in Erfüllung, wenn man den Trick erkennt, wie man sie äußern muß. Das Geburtstagskind Kai ist eingeweiht. Nachdenklich nach unten schauend wünscht er sich einen Kanarienvogel und bekommt ihn. Tini glaubt wegen Kais Wunsch, daß der Anfangsbuchstabe des Wunsches mit dem des Wünschers übereinstimmen muß. Sie ist erstaunt, als ihr der Wunsch nach einem Tennisschläger versagt wird. Haben sich alle mehr oder weniger erfolgreich etwas gewünscht, ist Kai wieder dran. Nachdenklich nach oben schauend, wünscht er sich eine Pauke und bekommt sie. Die anderen bemerken seine auffälligen Blicke nach oben oder unten. Sie probieren es ebenso und finden nach und nach heraus, daß man bei Wünschen mit Anfangsbuchstaben von A bis M nach unten und von N bis Z nach oben gucken muß. Ohne den Trick zu verraten, spielen alle mit, bis auch der letzte das Spiel durchschaut.

Draußen feiern

Wer den Geburtstag gerne draußen feiern möchte und keinen Garten zur Verfügung hat, kundschaftet vorher einen geeigneten Platz in einem Park, im Wald oder im Freibad aus und bittet gegebenenfalls um die Benutzungserlaubnis. Damit sich die Kinder passend anziehen, teilen wir den Eltern mit, wohin wir gehen. Liegt der Platz etwas weiter weg, springt sicherlich ein Familienmitglied oder die Mutter eines eingeladenen Kindes als Chauffeur ein.

In einem Wäschekorb bringen wir alle Spielutensilien unter. Auch Decken, einen Kanister mit Wasser, Handtücher, einen Abfallbeutel und einen Verbandskasten mit Pflastern nehmen wir mit. Je nach Witterung sind Regenjacken und Ersatzhosen nützlich. In einer Kühltasche ist der Proviant gut aufgehoben.

Kinderpartymix

Während die große Party läuft, nehmen kleine und große Gäste während einer Atempause am Kinderparty-Mixspiel teil. Auf ein großes vorbereitetes Plakat mit der Überschrift KINDERPARTY sind zehn große Luftballons aufgemalt. Die Buchstaben A D E I K N P R T Y – das sind alle Buchstaben des Wortes ›Kinderparty‹ in alphabetischer Reihenfolge – sind auf die Luftballonhälse geschrieben. Die Spieler bilden aus diesen Buchstaben neue Wörter, wobei pro Wort jeder Buchstabe so oft verwendet werden darf, wie er in der ›Kinderparty‹ vorkommt. Sie schreiben die Wörter in die Luftballons mit den dazugehörigen Anfangsbuchstaben. Durch dieses Vorsortieren können alle leicht prüfen, ob ihr Wort schon von einem anderen eingetragen wurde. Ganz spannend wird dieses Spiel, wenn vorher jeder auf einem Zettel einen Tip abgibt, wie viele Wörter in einer bestimmten Zeit aufgeschrieben werden.

Geburtstagswerbung

Ein Reporter stellt dem 107jährigen Mann die wichtigste Frage: »Worauf führen Sie Ihr hohes Alter zurück?« – »Das kann ich Ihnen noch nicht verraten. Ich verhandle noch mit einem Kräuterlikörhersteller und einem Haferflockenfabrikanten.«

Einschlafprobleme

Nach dem tollen Kindergeburtstagsfest kann Stephan nicht einschlafen. »Soll ich ihm etwas vorsingen?« fragt der Vater. Da meint die Mutter: »Versuch es doch erst mal im guten!«

Kleine Geschenke für die Gäste

Zum Schluß des Festes bekommen alle Gäste ein kleines Erinnerungsgeschenk. Das ganze Jahr über sammeln wir dafür Sonderangebote: kleine Blöcke, Bleistifte, Radiergummis, Aufkleber, Briefmarken, Haarspangen, Perlen, Bälle, Luft- oder Wasserballons, Knobelspiele, Luftrüssel, Trillerpfeifen, Anstecknadeln, kleine preiswerte Bücher. Wir können die Geschenke verstecken, einen Baum damit dekorieren, einen Regen- oder Sonnenschirm behängen, einen ›Teich‹ zum Geschenkeangeln basteln oder ein Fischernetz mit ›fliegenden Fischen‹ an der Decke aufhängen. Wir können auch eine Schatztruhe oder eine Piñata (siehe Seite 113) basteln, mit Kreppapier umwickelte Toilettenpapierrollen zu einer Knallbonbongirlande verbinden, bunte Glücksfäden mit Gutscheinen ziehen lassen oder an einer Leine Gewinnlose in Luftballons aufhängen, die die Kinder springend zum Platzen bringen.

Ablauf des Geburtstagsfestes

Wenn die Begrüßungsüberraschungen, die Spielliste, die Spielutensilien und eine Bastelecke vorbereitet sind, im Kassettenrekorder die geeignete Kassette liegt, der Fotoapparat griffbereit ist, Tisch und Raum bunt geschmückt sind und auch für das leibliche Wohl alles hergerichtet ist, können die Gäste eintreffen.

Meist kommen alle auf einmal. Für kurze Zeit geht es drunter und drüber, bis das Fest mit einem gemeinsamen Lied oder einem Tanz eröffnet wird.

Beim Kuchenessen sorgen kleine Neck- und Denkspiele dafür, daß alle Kinder schnell warm werden und sich kennenlernen. Es folgen in kunterbunter Reihenfolge Wettspiele, Geschicklichkeits- und Rätselspiele, Basteleien, Rollen- und Singspiele. Bastelvorlagen und Rätselauflösungen befinden sich im Anhang des Buches. Sind viele Gäste eingeladen, können wir Mannschaften bilden und so eine Mannschaftswertung durchführen. Dann schauen die nicht direkt am Spiel beteiligten Kinder interessiert zu, was ihre Teamkameraden ›schaffen‹.

Von den vielen vorbereiteten Spielen werden einige so gut ankommen, daß die Kinder sie häufiger spielen wollen, während andere nur kurz oder gar nicht angenommen werden. So sind alle unsere Spielvorschläge nur als Auswahl und Anregung zu verstehen. Keineswegs sollten Sie besonders gut ablaufende Spiele abbrechen, um alles Geplante durchzuführen. Die Kinder wären bestimmt enttäuscht.

Ob Sie bei einem Geburtstag mit kleineren Kindern ein Abendessen vorbereiten, hängt sicher auch davon ab, was in Ihrer Umgebung üblich ist. Wenn ja, läuten wir nach dem mit kleinen Spielen gewürzten Essen das große Finale mit fröhlichem Singen und Tanzen ein. Das Fest klingt mit einer Anziehpolonaise, einem Laternenumzug oder einem lustigen Nachhausebringspiel (siehe Seite 113) aus.

Mäusefreunde-
waldundwiesenfest

Mit Speck fängt man Mäuse,
der Igel hat Läuse,
der Maulwurf gräbt Hügel,
der Käfer hat Flügel,
das Eichhörnchen liebt Nüsse,
die Katze gibt dem Kater Küsse,
den Fuchs riecht man in seinem
Bau,
der Buntspecht macht im Wald
Radau,
die Fledermaus hört hohe Töne,
der Waldgeist hat fünf Zwergen-
söhne,
die Eule ist sehr klug und weise,
der Star geht bald auf große Reise.
Sie alle sind verschieden
und doch mit sich zufrieden,
sie wünschen dir vom Glück
das allergrößte Stück.

● Wie viele Pomponmäuse feiern
mit?   (Drei)

Festvorbereitung

Kernige und spritzige Einladungen

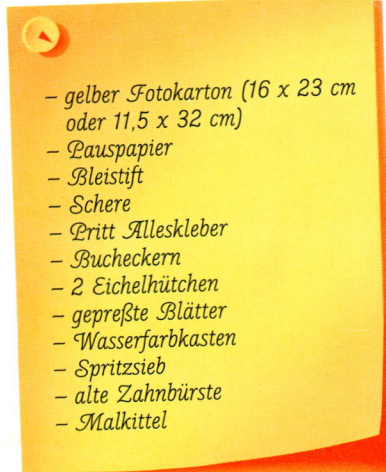

- gelber Fotokarton (16 x 23 cm oder 11,5 x 32 cm)
- Pauspapier
- Bleistift
- Schere
- Pritt Alleskleber
- Bucheckern
- 2 Eichelhütchen
- gepreßte Blätter
- Wasserfarbkasten
- Spritzsieb
- alte Zahnbürste
- Malkittel

1. Für die Eulenkarte wird ein 16 x 23 cm großes Stück Karton zur Hälfte gefaltet, für die Igelkarte nehmen wir ein 11,5 x 32 cm großes Kartonstück.
2. Die vom Vorlagebogen abgepauste Igel- oder Eulenkontur ziehen wir mit der Alleskleberflasche nach. Auf die Klebelinie drücken wir die Bucheckern, und die Eichelhütchen verwenden wir als Eulenaugen. Sieht kernig aus, nicht wahr?
3. Für die spritzige Einladung legen wir zunächst ein gepreßtes Blatt auf eine gefaltete Karte. Wir tauchen die Zahnbürste vorsichtig ins Wasser und dann in grüne Wasserfarbe, die dabei aber nicht zu wäßrig werden darf. Mit Hilfe des Spritzsiebs reiben wir nun die Farbe auf die Karte.
4. Von dem getrockneten Papier nehmen wir das Blatt ab und legen ein anderes daneben. Mit roter Farbe spritzen wir noch einmal über die Karte. Große Spitze, das Gespritze!

Aus gepreßten Blättern lassen sich schöne Einladungskarten gestalten

Für die ›kernigen‹ Karten werden Bucheckern und Eichelhütchen benötigt

Kokosmäuse

– 200 g Kokosraspeln
– 100 g Zucker
– 1 Päckchen Vanillinzucker
– 3 Eiweiße
– Lakritzschlangen
– Pfefferminzplätzchen
– Liebesperlen

1. Die Eiweiße steif schlagen (Messerprobe), nach und nach Zucker und Vanillinzucker unterschlagen und die Kokosraspeln unterheben.
2. Wir teilen die Kokosmasse in fünf bis sechs Portionen und formen sie zu Mäusen. Je zwei Pfefferminzplätzchen als Ohren, ein Lakritzschlangenschwanz, halbiertes Lakritz als Schnurrbarthaare und Liebesperlen als Augen und Näschen geben den richtigen Mäusepfiff.

Über diese leckeren Mäuse und Igel werden sich die Gäste sicher freuen

Früchte-Igel

– Kiwi
– Kirschen
– Weintrauben
– Mandarinen
– Ananas- und Käsestücke
– Zahnstocher
– Messer

Auf eine halbe geschälte Kiwi spikken wir mit Zahnstochern Kirschen, Weintrauben, Käse-, Ananas- oder Mandarinenstücke auf.

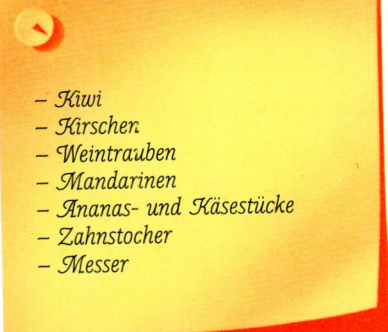

Leckere Mäuse wünsch' ich der Katze fern von ihrer schwarzen Tatze. Schlechten Kuchen wünsch' ich dir nicht im Traume, glaube mir!

Mit Speck fängt man Mäuse

❀ Fotokarton in Gelb und Weiß
❀ Schere
❀ Stift
❀ Nüsse, Waldfrüchte

Auf dem Weg zum Geburtstagskind liegen viele verlockende Wegweiser: große Speck- und Käsestücke aus Fotokarton mit der Aufschrift ›Herzlich willkommen‹, Nüsse und andere Waldfrüchte. Sie können auch den Weg zu einer hübschen Waldlichtung zeigen und auf dem Rückweg gemeinsam eingesammelt werden.

Blätterdecke

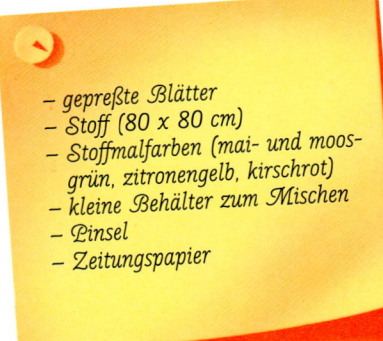

– gepreßte Blätter
– Stoff (80 x 80 cm)
– Stoffmalfarben (mai- und moosgrün, zitronengelb, kirschrot)
– kleine Behälter zum Mischen
– Pinsel
– Zeitungspapier

Mit Blättern eine Decke zu drucken ist ein herrlicher Spaß, der von bewundernden Blicken beim Picknick im Wald oder bei der Kaffeetafel zu Hause gekrönt wird. Die Unterseite eines gepreßten Blattes wird gleichmäßig dünn mit Farbe eingepinselt, auf den Stoff gelegt und mit Zeitungspapier kräftig angedrückt. Hebt man jetzt die Zeitung mit dem Blatt hoch, kann man das erste Druckergebnis bestaunen.

Noch einfacher, aber auch sehr wirkungsvoll, ist es, ein Blatt auf den Stoff zu legen, die Blattränder mit Farbe einzupinseln, wobei absichtlich über den Rand gemalt wird, und das Blatt vorsichtig hochzuheben. Es lohnt sich, beide Techniken auszuprobieren!

Armes Mäuslein

– Fotokarton in Gelb, Lila, Rosa
– Schnur
– Perlen
– Schere
– Stift
– Pritt Klebestift
– Locher

Das arme Mäuslein am Käse ist ein hübsches ›Tischkartenspiel‹ für alle Mäusefreunde. Mit Eifer versuchen sie, das arme Mäuslein aus der Käsefalle zu befreien.

1. Käse, Maus und Ohrmuschel werden von der Vorlage abgepaust und ausgeschnitten.
2. Wir kleben die Ohrmuschel auf, lochen und verzieren die Maus.
3. Die großen Käselöcher werden ausgeschnitten und die zwei kleinen gelocht.
4. Dann ziehen wir die Enden einer 30 cm langen Schnur durch je ein kleines Käseloch und knoten an sie zwei Perlen. Die Schlaufenmitte fädeln wir durch die Mäuseschnauze und führen sie anschließend so weit durch ein Käseloch, daß wir die Perle durch die Schlaufe ziehen können. Zieht die Maus jetzt an der Schnur, merkt sie, daß sie gefangen ist. Im Anhang des Buches erklären wir euch, wie ihr die Maus befreien könnt.

Pompadour, die Ponponmaus

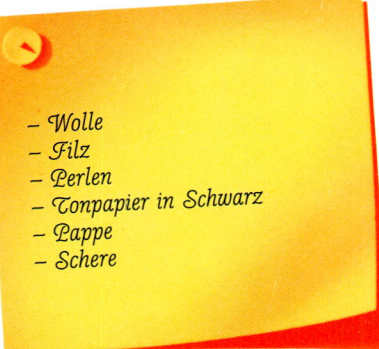

- Wolle
- Filz
- Perlen
- Tonpapier in Schwarz
- Pappe
- Schere

Die niedliche Pompadour will unbedingt bei deinem Fest dabeisein.

1. Die beiden Kreisringe werden von der Vorlage je zweimal auf Pappe übertragen, ausgeschnitten und paarweise aufeinandergelegt.

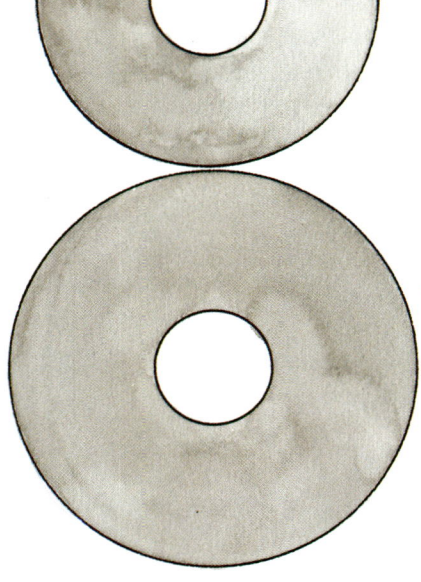

2. Wir umwickeln die Scheiben so lange mit doppeltem Wollfaden, bis das Loch nicht mehr zu sehen ist.
3. Zwischen die Scheiben führen wir eine Schere, um die Fäden aufzuschneiden.

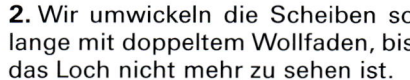

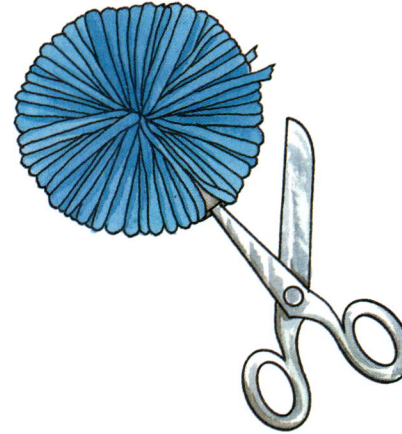

4. Die Mitte zwischen den Scheiben wird mit doppeltem Wollfaden fest umschlungen und zugebunden.

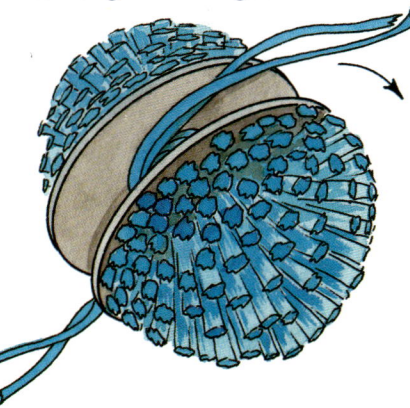

5. Dann schneiden wir die Scheiben durch und nehmen sie heraus.
6. Die Pompons zusammennähen. Wir übertragen nun das Mäuseohr von der Vorlage zweimal auf Filz und schneiden es aus. An die Pompons werden die Filzohren, zwei Perlen als Augen und eine Nasenperle angenäht.

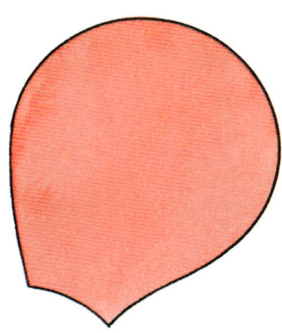

7. Anschließend stecken wir dann die Schnurrbarthaare aus Tonpapier unter die Nase.
8. Für den Schwanz wird aus zwei 60 cm langen Wollfäden eine Kordel gedreht.

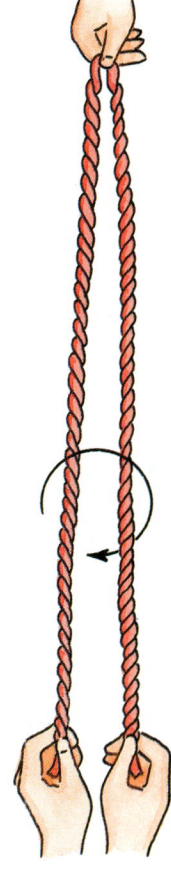

Ablauf des Festes

Klatschmäuse gratulieren

Im Kreis wollen wir dem Geburtstagskind klatschend gratulieren. Zu den Worten: ›Herzlichen Glückwunsch‹ klatschen wir im Rhythmus: Lang, kurz, kurz, lang, lang.
1. Lang: Linke Hand klatscht auf rechte Hand des linken Nachbarn, rechte Hand klatscht auf linke Hand des rechten Nachbarn.
2. Kurz: Mit beiden Händen auf die eigenen Oberschenkel klatschen.
3. Kurz: Linke Hand klatscht auf den rechten Oberschenkel des linken Nachbarn, rechte Hand klatscht auf den linken Oberschenkel des rechten Nachbarn.
4. Lang: Beide Hände auf den eigenen Bauch klatschen.
5. Lang: Über dem Kopf klatschen. Ebenso klatschen wir zu den Worten: ›Hoch sollst du leben‹. Besonderen Spaß macht es, die Klatschgratulation mehrmals zu wiederholen und dabei immer schneller zu werden.

Unsere Maus hat einen Floh am Popo

(Text und Melodie: G. Hennekemper)

Uns - re Maus hat ei - nen Floh am Po - po, am Po - po,
die - ser Floh am Po - po ist so froh, ist so froh.
›Lie - ber Floh am Po - po, wa-rum freust du dich so?
Spring zu mir auf den Po!‹ spricht die Kat - ze zum Floh.

2. Maus: durch ›Pieps‹ ersetzen
3. Floh, du, dich: den linken Nachbarn zart am Popo zwicken
4. Popo: mit dem Popo wackeln
5. froh, freust: laut lachen ›Hihihi‹
6. lieber: den rechten Nachbarn streicheln
7. spring: in die Höhe springen
8. mir, Katze: miauen

Beim achten Mal singen wir nur noch:
Unsre … hat einen … am …, am …,
dieser … am … ist so …, ist so ….
›… … am …, warum … … … so?
… zu … auf den …!‹ spricht die …
zum ….

Spiel zum Lied

Wir bilden stehend einen Kreis und singen das Lied zunächst einmal ganz normal. Ab dem zweiten Singen ersetzen wir nacheinander einige Wörter durch die angegebenen Laute und Körperbewegungen. Größeren Kindern könnten wir ein Pfand abnehmen, wenn sie die Wörter singen. Wem das Singen und Spielen so viel Spaß wie uns macht, der beginnt dann wieder von vorn mit der Katze und ergänzt ein anderes Tier: ›Unsre Katz' hat einen Floh am Popo‹.

Der geschickteste Hamster sammelt
die meisten Waldfrüchte

Wer fängt an?

- ❀ lange Papprolle
- ❀ Schnur
- ❀ Eicheln
- ❀ Zapfen

Darüber kann jeweils ein kleines Spiel entscheiden. Bindet dazu die Papprolle senkrecht an einen Baumstamm, etwa 10 cm über dem Boden. Auf den Boden wird in angemessener Entfernung ein Zapfen als Ziel gelegt. Nacheinander werfen alle Spieler nun ihre gekennzeichneten Eicheln durch die Röhre. Wessen Eichel dem Zielzapfen am nächsten kommt, darf das Spiel beginnen.

Familie Spitzmaus auf Sonntagsausflug

Wenn Familie Spitzmaus einen Ausflug macht, laufen bis zu zehn Mäuse im Gänsemarsch hinter der Mutter her. Die erste trägt den Schwanz der Mutter im Maul, die zweite den Schwanz der Jungmaus und so weiter. Mit Lutschern oder Lakritzschlangen, die am Schwanz angebunden sind, machen wir's am liebsten mit Musik den Mäusen nach.

Hamstern

- ❀ verschiedene Waldfrüchte
- ❀ kleine Löffel
- ❀ Stöcke

Je zwei Hamster wollen ihren Wintervorrat anlegen. Von verschiedenen Orten aus bringen sie nacheinander jeweils eine Frucht in die Höhle: die Erdnuß oder Buchecker zwischen Nase und Oberlippe geklemmt, die Haselnuß oder Eichel auf einem Löffel im Mund, die Walnuß oder Kastanie auf einer Astgabel, den Zapfen auf dem Kopf. Wer hat die vier Früchte zuerst in seiner Höhle?

Das vergeßliche Eichhörnchen

hat ganz viele Eicheln versteckt und weiß jetzt nicht mehr, wo. Es bittet die Freunde um Hilfe. Jede gefundene Eichel wird gegen ein Bonbon ausgetauscht.

Maulwurfshügel aus Laub

- ❀ Stöcke

Jedem Maulwurf stecken wir einen Stock so in die Erde, daß er noch 30 cm herausschaut. Wer kann am schnellsten so viel Laub sammeln und um den Stock häufen, daß dieser nicht mehr zu sehen ist?

Springmäuse auf der Mäusewippe

❀ Rundholz
❀ Brett oder dicker Ast
❀ Waldfrüchte (Kastanien)

Eine Mäusewippe bauen wir einfach aus einem Rundholz und einem Brett oder einem dicken Ast. Während auf einem Ende des Brettes eine Kastanie liegt, springt eine Springmaus auf das hochstehende Ende der Wippe und schleudert dabei die Kastanie ganz weit weg oder in einen Zielkorb.

Tastmäuse

❀ Tücher
❀ kleiner Sack
❀ Waldfrüchte

Die niedlichen Tastmäuse sind besonders geschickt. Sie können einen anderen blind ertasten, im Eichelhaufen blind eine Kastanie finden oder Waldfrüchte in einem Sack von innen oder außen tastend erkennen. Größere ertasten mit verbundenen Augen Blätter und Baumrinden.

Welche Springmaus schleudert die Kastanien am weitesten?

Lenkmäuse

❀ Tuch
❀ Kastanie, Zapfen oder andere Waldfrüchte

Einer Maus werden die Augen verbunden. Die anderen sind die Lenkmäuse und bilden einen Kreis um diese Maus. Sie werfen eine Kastanie auf den Boden und lenken die Maus bei der Suche durch lautes Piepsen. Wer die endlich gefundene Kastanie von der blinden Maus bekommt, wird neue Suchmaus.

Naschmäuse

❀ kleine Obststückchen
❀ Obstsäfte, Möhrensaft, Tee
❀ kleine Löffel
❀ Tücher

Jeder blinden Naschmaus werden auf einem kleinen Löffel nacheinander verschiedene Obststückchen und Getränke gereicht. Können die Mäuse erraten, was sie naschen?

Die zwei Wurzeln

*Zwei Tannenwurzeln groß und alt
unterhalten sich im Wald.
Was da droben in den Wipfeln rauscht,
das wird hier unten ausgetauscht.
Ein altes Eichhorn sitzt dabei
und strickt wohl Strümpfe für die zwei.
Die eine sagt: »Knig«. Die andre sagt: »Knag«.
Das ist genug für einen Tag.*

Christian Morgenstern

Nichts für Kitzlige: Die Leinen mit Papierstreifen müssen möglichst schnell durch die Kleidung gezogen werden

Mit verbundenen Augen ist es ganz schön schwierig, Kastanien von Eicheln zu unterscheiden

Verliebte Kitzelmäuse

❀ zwei Leinen (ca. 5 m lang)
❀ Bonbons oder Kreppapierstücke

Für zwei Mäuseliebespaare werden die Leinen mit angebundenen Bonbons oder Papierstreifen schnell zu lustigen Kitzelbändern. Jeweils eine Maus beginnt, das Band von unten nach oben durch ihre Kleidung zu ziehen und dann zum verliebten Partner weiterzureichen, der das Band nun von oben nach unten durch die Kleidung zieht. Bei welchem Paar ist das Band zuerst wieder draußen?

Blinde Mäusepaare

❀ Tücher
❀ Stoppuhr
❀ Körbchen oder kleine Eimer
❀ Kastanien und Eicheln

Kastanien und Eicheln werden auf dem Boden verstreut. Ein Körbchen für Herrn Mäuserich, ein Körbchen für Fräulein Maus – schon können sie mit verbundenen Augen mit der Vorratssuche beginnen. Doch aufgepaßt! Herr Mäuserich sammelt nur Kastanien in sein Körbchen, Fräulein Maus die Eicheln. Wie lange braucht das fleißige Pärchen?

Wühlmäuse

❀ Laub
❀ Nüsse

Mit viel Freude wühlen die Wühlmäuse nach den im Laub versteckten Nüssen.

Mäusehuckepack

❀ Wollmäuse oder Stofftiere
❀ großer Karton

Welche Mamamaus kriecht am schnellsten mit ihrem ›Kind‹ auf dem Rücken an einem Mäuseslalom entlang in die Höhle?

Husch, husch ins Mauseloch

❀ Stühle
❀ großer Karton

Wird das Fest zu Hause gefeiert, so entsteht aus Stühlen ein langer Mäusetunnel, durch den unsere Mäuse in ihr Mauseloch (ein großer bemalter Karton) kriechen. Passen alle hinein?

Die Hände dürfen beim Laubsaugen nicht zu Hilfe genommen werden

Wohnungsnot bei Mäusen

❀ Waldfrüchte
❀ Kassettenrekorder
❀ Wollmaus

Aus Zapfen, Kastanien oder Eicheln legt sich jede Maus einen Mauselochring, in dem sie stehen kann. Nach vollbrachter Arbeit erklingt Musik, und alle tanzen lustig herum, bis die Musik plötzlich abbricht. Schnell suchen sie sich ein Loch. Doch was ist geschehen? In einem der Löcher sitzt schon eine kleine Wollmaus. So findet eine Maus keine Wohnung mehr und muß ausscheiden. Die Musik setzt wieder ein. Ein weiteres Mauseloch wird vom Spielleiter mit einer Maus oder einem Gegenstand belegt, so daß wieder jemand ausscheidet. Wer bleibt bis zuletzt glücklicher Wohnungsbesitzer? Zu Hause kann man dieses herrliche Spiel auch mit Reifen oder Stühlen spielen, die nacheinander weggenommen werden.

Frau Saubermaus saugt Laub

❀ Laub
❀ Strohhalme
❀ Eimer

Vor der Mausehöhle liegen viele Blätter – zu viele –, meint Frau Saubermaus und bittet ihre Freunde, ihr beim Laubsaugen zu helfen. Jeder bekommt von ihr einen Strohhalm. Damit sollen sie Blätter ansaugen und ohne Zuhilfenahme der Hände zu einem Eimer bringen. Ob die Freunde zum Laubsaugen taugen?

Mucksmäuschenstill

Können die Mäusefreunde fünf Minuten lang mucksmäuschenstill sein, um den Geräuschen des Waldes zu lauschen? Anschließend erzählen sie, was sie gehört haben.

Mäuseschwänzchen

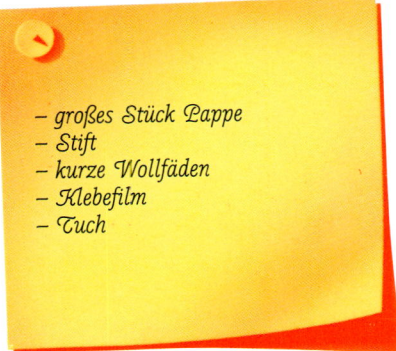

– großes Stück Pappe
– Stift
– kurze Wollfäden
– Klebefilm
– Tuch

Wir malen eine große schwanzlose Maus von der Vorlage auf die Pappe und lehnen diese an einen Baumstamm oder eine Wand. Nacheinander kleben die Mäusefreunde mit verbundenen Augen der Maus einen Wollfaden als Schwänzchen an. Hoffentlich landet das Schwänzchen nicht am Ohr!

Es war einmal eine schwarze Katze

Eine Märchenmaus sitzt auf dem Boden und erzählt ein erfundenes Märchen, während die anderen um sie herumlaufen. Wenn sie die ›schwarze Katze‹ erwähnt, müssen alle schnell vor ihr weglaufen. Wen sie dennoch erwischt, der wird neue Märchenmaus, bis wieder die schwarze Katze kommt.

Blind vertrauen

❀ Tuch

Ein Kind führt einen ›blinden‹ Freund über einen Hindernisweg – herumliegende Äste, Bäume, Löcher – zu einem Ziel. Welches Freundespaar schafft das am schnellsten?

Mäuschen, sag' mal piep

❀ Tuch

Ein Kind mit verbundenen Augen setzt sich auf den Schoß eines Kindes im Sitzkreis und sagt: ›Mäuschen, sag' mal piep!‹ Wenn es das Kind an der Stimme erkennt, werden diesem die Augen für eine neue Runde verbunden. Wenn nicht, setzt es sich auf einen anderen Schoß und rät von neuem.

Wer führt seinen Freund am schnellsten über den Hindernisweg?

Kastanientürme

❀ Kastanien

Drei Kastanien werden aufeinandergelegt. Mit einer weiteren Kastanie
versuchen wir, die oberste herunter-
zuwerfen.

Kastanienschlagball

❀ Stöcke
❀ Kastanien

Die linke Hand wirft eine Kastanie
etwas hoch, die rechte Hand schlägt
die Kastanie von unten mit dem
Stock. Wie weit fliegt sie?

Glückskastanien

❀ Eierkarton
❀ Stift
❀ Kastanien

In die Einbuchtungen eines Eierkar-
tons oder einer Konfektschachtelein-
lage schreiben wir Zahlen. Ein Kind
hält den Karton, während ein anderes aus einem geeigneten Abstand
fünf Kastanien hineinwirft. Hat es
viele Punkte erreicht, so waren es
Glückskastanien.

Nußstafette für geschickte Mäuse

❀ 2 gleich große Nüsse

Zwei Mäusefamilien sitzen sich
gegenüber. Die ersten beiden Spieler legen sich jeweils eine Nuß auf
einen Handrücken. Sie sollen ihrem
Nachbarn die Nuß auf dessen Handrücken weiterreichen, ohne dabei
die freie Hand zu benutzen. Natürlich darf auch der Mund nicht helfen.
Welche Nuß kommt zuerst an?

Beim Nußbergspiel kommt es auf Geschicklichkeit an

Lustiges Nußmännchen

❀ verschiedene Nüsse

Wer kann sich in das schönste Nuß-
männchen verwandeln? Man kann
sich zum Beispiel eine Erdnuß zwischen Mund und Nase klemmen,
Paranüsse hinter die Ohren stecken,
Walnüsse auf den Kopf und noch
viele Nüsse auf die Arme legen. Die
Musik setzt ein und fordert die Nuß-
männchen zum Tanz auf.

Nüsse unter Hochspannung

❀ Nüsse oder Bonbons

Während ein Kind in der Mausehöhle wartet, einigen sich die anderen, welche Nuß unter Hochspan-
nung steht. Nun darf das Kind aus
der Höhle kommen und mit einem
lauten ›Piep‹-Ruf auf eine Nuß tip-
pen. Steht die Nuß nicht unter Hoch-
spannung, darf es sie einstecken
und weiter raten. Tippt es auf die
Hochspannungsnuß, rufen alle Kinder laut ›Pap‹, und mit einem anderen Kind fängt das ganze Spiel wieder von vorne an.

Der Nußberg stürzt ein

❀ 1 großer Berg Nüsse
❀ Wollfaden
❀ 1 große Walnuß

Wir legen mit dem Wollfaden einen
Kreis um den Nußberg. Ein Kind wirft
stehend die große Walnuß auf den
Berg und bringt ihn zum Einsturz.
Alle Nüsse, die aus dem Kreis sprin-
gen, darf es behalten.

Die Mäusetürme laden zu vielen lustigen Wettkämpfen ein

Mäusetürme

- *Fotokarton*
- *Tonpapier*
- *Schere*
- *Heftmaschine*
- *Stift*
- *Plakafarbe*
- *Pinsel*
- *Pritt Alleskleber*
- *Nüsse*
- *Zapfen*
- *Murmeln*
- *Bälle*

1. Ein 35 x 29 cm großes Stück Fotokarton wird zur Röhre geheftet und ein Drittelkreis mit einem Radius von 17 cm zur Turmspitze.
2. Wir malen das Gemäuer auf und schneiden mehrere Öffnungen aus.
3. Mit Hilfe der Vorlage werden Mäuse aus Tonpapier ausgeschnitten, mit Punktzahlen versehen und an die Fenster geklebt.

Mit den Türmen können die Mäusefreunde herrlich spielen: Sie können Nüsse in die Fensteröffnungen werfen und dabei Punkte sammeln oder kleine Murmeln in die Tore rollen. Sind die Mäuse in ihren Türmen sicher, oder kann ein Turm mit einem Ball umgekegelt oder mit einem Zapfen umgeworfen werden? Wer den Turm des Mäusekönigs zum Einsturz bringt, wird zum neuen Mäusekönig gekrönt.

Achtung, Mausefalle

❀ Wäscheleine und Seil

Mit der Leine legen wir einen Kreis als Mausefalle, um die alle Mitspieler einen geschlossenen Kreis bilden. Beim Startkommando: ›Achtung, Mausefalle!‹ versucht jeder nach Leibeskräften, einen anderen in den Kreis zu ziehen und selbst dieser Falle auszuweichen. Wer hineingerät, scheidet aus. Mit einer kleineren Falle geht's weiter.

Hände weg vom Speck

❀ Käse und Speck aus Tonpapier
   oder eingepackte Häppchen
❀ Tuch

Der Waldgeist sitzt mit verbundenen Augen in der Mitte, und Käse- und Speckhäppchen liegen um ihn herum. An vier Seiten sitzen vier Mäusefreunde. Jeweils einer versucht, Käse und Speck zu stehlen, ohne dabei erwischt zu werden. Erkennt der Waldgeist, aus welcher Richtung der Dieb kommt?

Die Stadtmaus und die Feldmaus

Martin Luther

Eine Stadtmaus ging spazieren und kam zu einer Feldmaus. Diese bewirtete sie freundlich mit Eicheln, Nüssen und womit sie konnte. Aber die Stadtmaus sprach: ›Du bist eine arme Maus. Was willst du hier in Armut leben! Komm mit mir. Ich will dir und mir von allerlei köstlicher Speise genug beschaffen.‹
Die Feldmaus zog mit ihr in ein herrliches Haus, wo die Stadtmaus wohnte, und sie gingen in die Kammern, die voll waren von Fleisch, Speck, Würsten, Brot, Käse und allem. Da sprach die Stadtmaus: ›Nun iß, und sei guter Dinge. Solche Speisen habe ich täglich im Überfluß.‹ Plötzlich kam der Kellner und rumpelte mit den Schlüsseln an der Tür. Die Mäuse erschraken und liefen davon. Die Stadtmaus fand bald ihr Loch, aber die Feldmaus wußte nicht wohin, lief die Wand auf und ab und gab ihr Leben schon verloren.
Als der Kellner wieder draußen war, freute sich die Stadtmaus: ›Die Gefahr ist vorbei, laß uns wieder fröhlich sein.‹ Die Feldmaus antwortete: ›Du hast gut reden. Du hast dein Loch gefunden, während ich fast vor Angst gestorben bin. Ich will dir meine Meinung sagen: Bleib du eine reiche Stadtmaus, und friß Würste und Speck. Ich will lieber ein armes Feldmäuslein bleiben und meine Eicheln essen. Du bist keinen Augenblick sicher vor dem Kellner, vor den Katzen, vor so vielen Mausefallen. Im ganzen Haus lauern Gefahren. Ich bin frei und sicher in meinem Feldlöchlein.‹

Rollenspiele

Mäusefreunde lieben es, diese Geschichte und die beiden folgenden als Rollenspiele darzustellen.

Hände weg vom Speck: Erkennt der Waldgeist in der Mitte den Dieb?

Ein Bräutigam für Fräulein Maus

Burmesisches Märchen

Fräulein Maus war so hübsch, daß ihre Eltern beschlossen, sie nur dem mächtigsten Geschöpf auf Erden zu vermählen. So machten sie sich auf die Suche nach einem Ehemann für ihre Tochter.

Zuerst gingen sie zum Sonnenschein. ›Sonnenschein, bitte heirate unsere hübsche Tochter!‹ Der Sonnenschein sagte, er wäre sehr glücklich, das hübsche Fräulein Maus zur Frau zu bekommen. Da er so schnell bereit war, ihre Tochter zu heiraten, wurden die beiden unsicher und fragten: ›Bist du wirklich das mächtigste Geschöpf der Welt?‹ – ›Ich? Nein! Der Regen ist mächtiger als ich, weil er mich vom Himmel vertreiben kann.‹

Sie gingen zum Regen. Aber der Regen behauptete, der Wind sei stärker, weil er die Regenwolken umhertreibe.

Sie gingen zum Wind. Er versprach gerne, ihre Tochter zu heiraten. Doch weil er nicht den Berg, der ihm im Wege stand, wegblasen konnte, lehnten die beiden ab und gingen zum Berg.

Doch der Berg erzählte von dem Stier, der jeden Abend seine Hörner an ihm schärfte und dabei große Erdbrocken abbrach. Er war gegen ihn machtlos.

Der Stier bedauerte sehr, daß auch er nicht der Mächtigste wäre, weil ihm ein Strick befähle, wohin er gehen müßte.

Hoch erfreut wollte der Strick das hübsche Fräulein Maus heiraten. Doch mußte er zugeben, daß der Mäuserich im Kuhstall mächtiger wäre als er. Jede Nacht nagte dieser an ihm.

So wurde der Mäuserich zum Bräutigam für Fräulein Maus ausgewählt.

Der Löwe und die Maus

Äsop

Ein Löwe lag im Schatten eines Baumes und schlief. Einige Mäuse liefen neugierig zu ihm, und weil sich der schlafende, mächtige König der Tiere nicht bewegte, hüpfte eine der Mäuse übermütig zwischen seine Pranken. Da wurden auch die anderen mutig, und bald tanzten alle auf dem schlafenden Löwen. Die tanzenden Mäuse auf seinem Körper weckten den Löwen auf, er schüttelte sich unwillig und fing eine von ihnen mit seiner Pranke. Es war jene Maus, die sich als erste zu ihm gewagt hatte. Unter der gewaltigen Pranke zitterte die Maus vor Furcht, versuchte aber, es nicht zu zeigen, und rief: ›Ich bitte dich, schone mein Leben! Ich will es dir mit einem Gegendienst danken.‹ Der Löwe hob verdutzt seine Pranke, mußte über die dreiste Rede des Mäusleins lachen und ließ es laufen. Einige Zeit später geriet der Löwe in eine Falle. Es war aber nicht fern jener Stelle, wo die Maus in ihrem Erdloch lebte. Als sie den Löwen hilflos in den Netzen der Jäger sah, lief sie zu ihm und nagte mit ihren spitzen Zähnen eine Schlinge entzwei. Dadurch lösten sich die anderen Knoten. Der Löwe konnte das Netz zerreißen und war wieder frei.

Keiner ist so schwach, daß er nicht auch einmal einem Starken helfen könnte.

Mäusehochzeit

(Melodie: mündlich überliefert, Text: G. Hennekemper)

Zwei Mäu - se wol - len Hoch - zeit ma - chen
in dem grü - nen Wal - de, tra - la - la pieps-pieps, tra - la -
la pieps-pieps, tra - la - la - la - la pieps - pieps!

2. Die Blütenmaus, die Blütenmaus, die schenkt dem Paar 'nen großen Strauß.
3. Die Maus des Bauern Archibald wünscht unsren Mäusen Nachwuchs bald.
4. Die Rätselmaus, die Rätselmaus, die gibt dem Paar ein Rätsel auf.
5. Die Musikmaus, die Musikmaus, die spielt dem Paar zum Tanze auf.
6. Die Maus mit einem grünen Schwanz macht mit der Braut den ersten Tanz.
7. Die Ausziehmaus, die Ausziehmaus, die zieht dem Paar die Schuhe aus.
8. Die Dichtermaus, die Dichtermaus, die sagt dem Paar Gedichte auf.
9. Die Schmusemaus, die Schmusemaus, die wünscht dem Paar ein Schmusehaus.
10. Der Igel Meck, der Igel Meck, der bringt dem Paar ein Stückchen Speck.
11. Der Mäusesheriff Wiwawuz verspricht dem Paar vor Dieben Schutz.
12. Nun ist die Mäusehochzeit aus, und alle zieh'n vergnügt nach Haus, ...

Euch fallen bestimmt noch mehr Strophen ein.

Spiel zum Lied

Mit einem Gardinenschleier für die Braut und einem Zylinder für den Bräutigam kann die Hochzeit beginnen. Fröhlich kommt bei jeder Strophe ein Gratulant. Ist die Gratulation beendet, zieht die Hochzeitsgesellschaft in einer lustigen Polonaise durch den Wald oder die Wohnung.

Rätsel

● Stacheln hab' ich wie ein Igel.
Ei, sieht das nicht lustig aus?
Purzle ich vom Baum herunter,
springt ein braunes Männlein raus.
(Kastanie)

● Es hat eine harte Schale,
der Kern schmeckt süß und fein.
Ihr knackt es alle gern,
mein Freund, was mag das sein?
(Nuß)

Die Gäste der Buche

Mietegäste vier im Haus
Hat die alte Buche.
Tief im Keller wohnt die...,
Nagt am Hungertuche.

Stolz auf seinen roten Rock
Und gesparten Samen
Sitzt ein Protz im ersten Stock,
... ist sein Namen.

Weiter oben hat der...
Seine Werkstatt liegen,
Hackt und zimmert kunstgerecht,
Daß die Späne fliegen.

Auf dem Wipfel im Geäst
Pfeift ein winzig kleiner
Musikante froh im....
Miete zahlt nicht einer.

nach Rudolf Baumbach
1840 – 1905

(Maus, Eichhorn, Specht, Nest)

Die Maus auf Weltraumreise

(Melodie: Volker Rosin, Text: 1. bis 4. Strophe: Volker Rosin,
© Verlag Gruppenpädagogischer Literatur, 6393 Wehrheim 1)

Ich ha - be ei - ne Maus ge - sehn, die
sie pack - te in ihr Köf - fer - lein, was

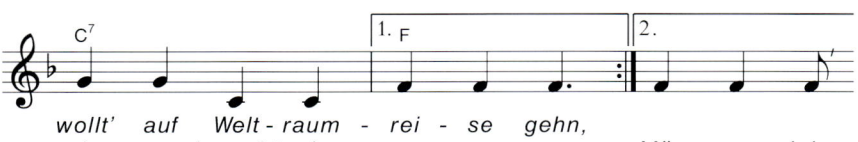

wollt' auf Welt - raum - rei - se gehn,
sie so braucht als   Mäu - se - lein:

Den Raum-an - zug - zug - zug für ih - ren Flug - Flug -

Flug, den Raum-an - zug - zug - zug für ih - ren Flug.

2. Die Batterie-rie-rie für Energie-gie-gie.
3. Ein Mikrofon-fon-fon sorgt für den Ton-Ton-Ton.
4. Auch etwas Speck-Speck-Speck kommt ins Gepäck-päck-päck.
5. Die Flasche Saft-Saft-Saft gibt ihr viel Kraft-Kraft-Kraft.
6. Ein Döschen Duft-Duft-Duft für gute Luft-Luft-Luft.
7. Ein kleines Klo-Klo-Klo für den Popo-po-po.
8. Ein weiches Bett-Bett-Bett, das wär' sehr nett-nett-nett.

Spiel zum Lied

Das Besondere dieses Liedes: Die Strophen werden immer länger, denn wir hängen das neue Gepäckstück jeweils an die vorigen Strophe an.
Zu jedem Gepäckstück macht die reiselustige Mäuseschar passende Bewegungen. Fällt euch noch etwas ein, was die Mäuse auf ihrer Weltraumreise gebrauchen könnten?

Maus auf Weltraumreise

– Tonpapier
– Papprollen
– Silberfolie
– Draht
– Schere
– Pritt Alleskleber

Um in unserem Abschlußlied auf Weltraumreise zu gehen, braucht jede Maus ein Raumschiff. Schon die Kleinsten können unter die Raumschiffbauer gehen.

Rätsel

● Ich kenn' ein kleines braunes Tier, die Nüsse knackt es mit Begier. Es klettert schnell von Ast zu Ast, gönnt sich nur selten eine Rast.
(Eichhörnchen)

Zauberhafter Geburtstag im Märchenland

Träumst du manchmal im Mondenschein,
eine wunderschöne Prinzessin zu sein?
Träumst du von einem Prinzen, der dich liebt?
Ob es den wohl gibt?
Möchtest du gerne ein Zauberer sein,
der Kuchen zaubert aus einem Stein,
der mit einem Spruch alle Aufgaben lösen kann,
Feinde in Freunde, Krieg in Frieden verwandeln kann?
Willst du so groß werden wie ein Riese,
viel größer als die Bäume auf der Wiese,
um in den Wolken ein Schloß zu bau'n?
Oder wärst du lieber ein lustiger Clown?
Stell dir vor, es kommt eine gute Fee herbei:
›Drei Wünsche, mein Kind, hast du heute frei!
Und wenn du bald Geburtstag hast,
bist du mit deinen Freunden im Märchenland mein Gast.‹

● Welche Märchenfiguren erkennst
du auf dem großen Foto?
(Lösung im Anhang)

Festvorbereitung

Die gute Fee lädt ein

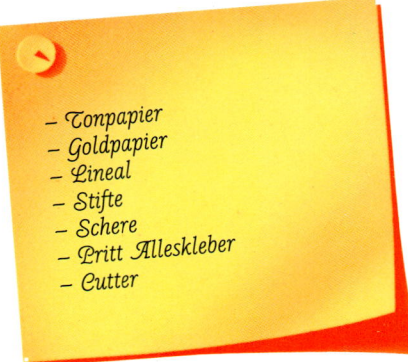

- Tonpapier
- Goldpapier
- Lineal
- Stifte
- Schere
- Pritt Alleskleber
- Cutter

Helft ihr der guten Fee beim Basteln der Märchenschlösser und -wälder?
1. Faltet ein 21 x 31 cm großes Stück weißes Tonpapier in der Mitte zusammen, übertragt das Schloß von der Vorlage und schneidet es aus.

Über diese wunderschönen Märchenkarten freuen sich die Gäste bestimmt

2. Dann klappt ihr beide Papierhälften auseinander und öffnet auf einer Seite das Tor mit dem Cutter. Entlang der Faltkante wird nicht geschnitten. Das Tor herunterklappen und die Papierhälften zusammenkleben. Nun könnt ihr das Schloß mit Rosenranken, goldenen Fenstern und Giebeln verzieren.

3. Schneidet den Torhintergrund zu. Faltet ihn in der Mitte zusammen, und schneidet die Laschen ein. Anschließend öffnet ihr das Papier und knickt dabei die Laschen nach außen. Das Papier bis auf die Laschen mit Alleskleber bestreichen und in das Schloß kleben.
4. Mit Hilfe der Vorlage schneidet ihr die Märchenfiguren aus und klebt sie auf die Laschen.

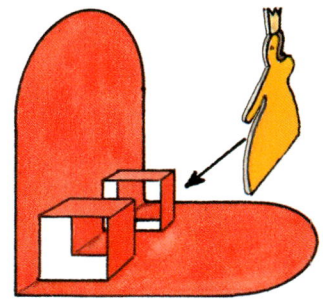

Für die Waldkarte faltet ihr ein 22 x 15 cm großes Stück Tonpapier auf die Hälfte zusammen und schneidet das Tannenmotiv mit Hilfe der Vorlage aus. Die beiden Laschen einschneiden, nach außen knicken und die Märchenfiguren daraufkleben.
5. Nun schreibt ihr das Einladungsgedicht in das Schloß oder in den Wald:

Lieber Jan!
Spieglein, Spieglein an der Wand,
was ist los im Märchenland?
Zu Ginas großem Märchenfest
erwartet die gute Fee liebe Gäst'.
Herbei, herbei! Am Samstag um drei
bist du, lieber Jan, sicher gerne dabei.
Märchenland, schließe dich, heißt es um
acht, dann wirst du von der Fee nach
Hause gebracht.
Zauberhafte Grüße aus dem Märchenland
von Gina und der guten Fee.

Die goldene Gans

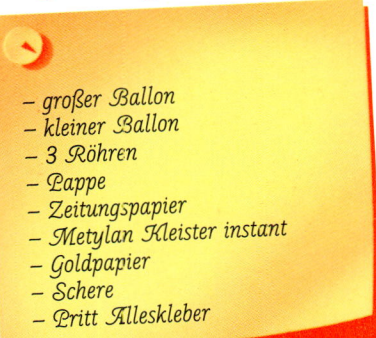

- großer Ballon
- kleiner Ballon
- 3 Röhren
- Pappe
- Zeitungspapier
- Metylan Kleister instant
- Goldpapier
- Schere
- Pritt Alleskleber

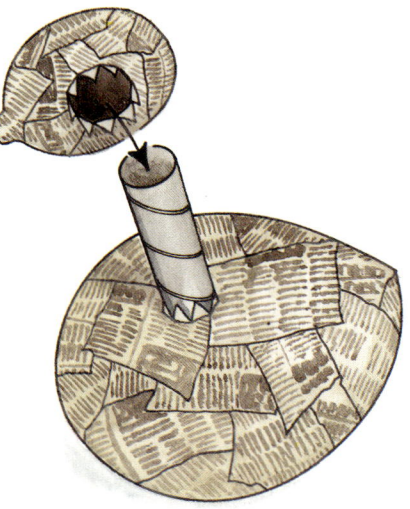

Über diesen Gast freut sich jedes Geburtstagskind. Wenn ihr wollt, könnt ihr die Gans mit kleinen Überraschungen füllen.

1. Wir bekleben die aufgeblasenen Luftballons mit drei Schichten Zeitungspapier und lassen sie trocknen.

4. Zwei kleine Rollen mit Pappfüßen befestigen wir genauso.

5. Von unten nach oben bekommt nun die Gans reihenweise glänzende ›Federn‹ aus Goldpapier aufgeklebt.

2. Für den Röhrenhals schneiden wir in beide Körper je ein Loch, wobei sich die Ballons mit lautem Geknister lösen. Die Lochränder schneiden wir ein, knicken sie nach außen ab, kleistern sie ein und kleben sie an die Röhre.

3. Die Übergänge zwischen Rolle und Papierkugel überkleben wir mit Zeitungspapier.

Leckeres Dornröschenschloß

❀ Kastenkuchen-Fertigmischungen
❀ Zuckerguß
❀ Spritztüte
❀ Leckereien zum Verzieren

Aus den Kastenkuchen schneiden wir Türme und Mauern, die wir mit Zuckerguß zusammenkleben und mit bunten Leckereien zu einem prunkvollen Schloß verzieren. Kleine Schloßbauer verzaubern einen Kuchen auf dem Backblech mit Zuckerguß und Leckereien in ein Schloß mit Park.

Ein märchenhaftes Schloß – fast zu schade zum Aufessen

Das Königsspiel: Die Bälle werden hochgeworfen und in den Kronen gefangen

Geburtstagsthron

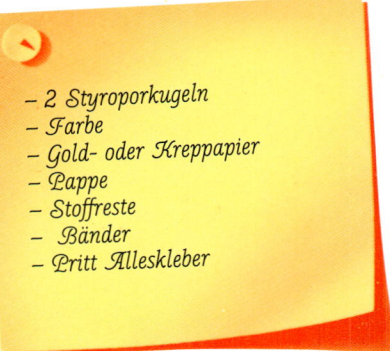

– 2 Styroporkugeln
– Farbe
– Gold- oder Kreppapier
– Pappe
– Stoffreste
– Bänder
– Pritt Alleskleber

Ein Stuhl mit Armlehnen eignet sich als Thron besonders gut. Verlängert die Armlehnen mit dicken Styroporkugeln, in die ihr Blumen, Süßigkeiten und andere Überraschungen steckt. Für die Rückenlehne schneidet ihr eine große Pappkrone, die mit Goldpapier beklebt oder mit Goldfarbe bemalt wird. Mit Kreppapierstreifen, Stoffresten, bunten Bändern, Papierblumen oder Ballons verwandelt ihr den Stuhl in einen herrlich bunten Geburtstagsthron.

Jeder Gast ist König

– Joghurtbecher
– Goldpapier
– Schere
– Pritt Alleskleber
– Stift
– Konfettiherzen oder -bären
– Tischtennisbälle
– Goldfaden

Froh zu sein bedarf es wenig, wer zu dir kommt, ist ein König mit einer goldenen Krone und einer Kugel als Spieltischkarte. Können die Könige mit ihren Kronen die Kugeln fangen?

1. Um den randlosen Becher wird Goldpapier geklebt. Wir schneiden den 3 cm überstehenden Rand in Zacken oder in Fransen. Für die Fransenkrone wird zusätzlich von innen ein 4 cm breiter Fransenstreifen angeklebt.

2. Mit Goldpapierkreisen, Konfettiherzen oder -bären verzieren wir die Krone.

3. Dann kleben wir einen 30 cm langen Goldfaden unter den Becher und an den Ball.

4. Die gute Fee schreibt die Namen mit einem Glitzerstift auf die Bälle.

Märchenfiguren aus Biegeplüsch

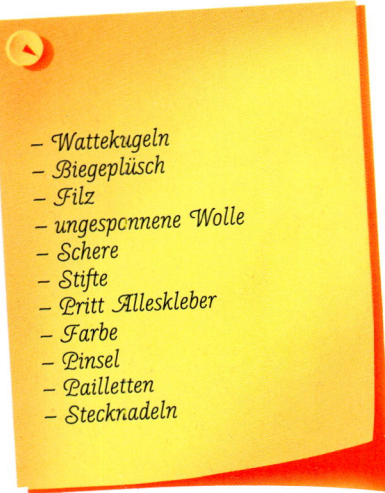

- Wattekugeln
- Biegeplüsch
- Filz
- ungesponnene Wolle
- Schere
- Stifte
- Pritt Alleskleber
- Farbe
- Pinsel
- Pailletten
- Stecknadeln

Diese lustigen Märchenfiguren sind schnell und leicht nachzuarbeiten

Die gute Fee freut sich schon darauf, mit allen Kindern zu basteln.

1. Die Körper der Märchenfiguren werden aus Biegeplüsch geformt. Aus Filz entstehen bunte Umhänge, Hemden und Röcke.

2. Weiße oder bemalte Wattekugeln als Köpfe, Hände oder Füße stecken wir auf die mit Alleskleber bestrichenen Plüschenden. Schuhe aus Biegeplüsch sehen auch sehr hübsch aus.

3. Die Augen werden aufgemalt oder mit Perlen und Stecknadeln aufgesteckt. Haare aus ungesponnener Wolle runden die Gesichter ab.

Paradoxa

Der Kaiser amüsiert sich königlich.
Ein Dicker macht sich dünn.
Eine Frau steht ihren Mann.
Zwei Schwestern verbrüdern sich.

Ich erzähl' dir ein Märchen
vom Dippel Dappel Bärchen,
von der Dippel Dappel Fledermaus,
blas' der Katz das Schwänzchen aus,
1, 2, 3, und du bist raus.

Unbekannter Verfasser

Ablauf des Festes

Voller Spannung erwarten wir unsere Gäste. Kleine Zwerge (aus weißer Pappe schneiden und bemalen) stehen am Wegrand und zeigen den Weg ins Märchenland. Ob sich der Teufel auch dorthin wagt? Alle Gäste – der Froschkönig, Schneewittchen, Dornröschen, Aschenputtel, Gretel, der Zauberer, Rotkäppchen, der böse Wolf und der gestiefelte Kater – bekommen zum Empfang je drei Zauberpillen (Schokolinsen). Behalten sie die Pillen vor dem Schlucken genau 30 Sekunden im Mund, werden sie besonders fröhliche Geburtstagsgäste.

In unsrem Märchenwalde

(nach französischer Überlieferung)

In uns-rem Mär-chen-wal-de, da haust ein Räu-ber-pack,
da haust ein Räu-ber-pack, schned-de-reng peng
peng, schned-de-reng per-li-ne, peng peng.

2. Es sind die vierzig Räuber, verborgen im Gebüsch.
3. Ali Baba spricht zu ihnen: ›Schaut nach, ob einer kommt!‹
4. ›Ich sehe einen König, der sitzt auf hohem Roß.‹
5. ›Mein Herr, bleibt sofort stehen: Wo habt ihr euer Gold?‹
6. ›Ich hab's in meinem Beutel, ich hab's in meinem Rock!‹
7. ›Wir wollen diesen Beutel, sonst nehmen wir euch mit!‹
8. ›So nehmt schon meinen Beutel, doch laßt die Freiheit mir!‹
9. In diesem Augenblicke, da kommt des Königs Heer.
10. In unsrem Märchenwalde gibt's keine Räuber mehr.

Erlebnisse im Märchenwald

Die gute Fee lädt alle ihre Gäste und natürlich auch das Geburtstagskind zu einem erlebnisreichen ›Spaziergang‹ durch den Märchenwald ein. Jedes Erlebnis kündigt die Fee an: Bei der ›Begegnung mit den sechsarmigen Drachen‹ stellen sich je drei Kinder eng hintereinander auf, breiten ihre Arme aus und fauchen ganz laut. ›Im Zwergenreich‹ machen sich alle ganz klein. Dem ›Klebeteufel‹ begegnen sie mehrmals. Einmal klebt er die Kinder paarweise an den Popos zusammen, ein anderes Mal an den Nasen oder gar an den rechten Füßen. Der Rabe ›Karamba‹ verwandelt die Kinder in fliegende Raben. Wie gut, daß die gute Fee einen Zauberspruch kennt:

»Karamba kazamba, karamba labamba, karamba malei, wir sind wieder frei.«

Dreimal müssen die Kinder diesen Spruch so laut kreischen, wie sie nur können. Die Versteinerungshexe versteinert alle mitten in ihren Bewegungen. Beim ›Geheimtor‹ bilden zwei Kinder ein Tor, das sich nur dann öffnet, wenn die anderen den Geheimknopf finden, den die beiden heimlich verabreden: Zum Beispiel im Nacken eines Kindes, in der Kniekehle oder auf der Nasenspitze. Bei ›Wolfsgeheul‹ verkriechen sich alle ganz schnell unter einer Decke. Der ›Zauberer Muffelix‹ verzaubert alle stumm. Sie befreien sich, indem sie mit ihren Körpern das Wort ›FREI‹ darstellen. Am ›Knusperhäuschen‹ schnappt sich jeder eine Brezel, beißt hinein und fällt sofort um. Ein ›Prinz‹ erlöst jeden mit einem Kuß.

Spiel zum Lied

Einige ›Räuber‹ verbergen sich im Gebüsch oder hinter Stühlen und stellen mit Gesten die Handlung dar. Ali Baba und die Räuber halten den König auf seinem ›Pferd‹ an. In der siebten Strophe stürzen sie sich auf ihn. Als der König seinen Beutel reicht, kommen zwei Gefolgsleute des Königs und verscheuchen die Räuber.

Sprachenwirrwarr am Knuspertisch

Am Knuspertisch unterhalten sich alle in ihrer Lieblingssprache. Sucht euch eine aus:
Waldsprache: War wanschan dam laban Gabartstagskand allas Gata.
Hexensprache: Mechtest de een Steck Kechen – fresch es dem Efen?
Wichtsprache: Libir nicht. Ir kinnti virzibirt sin.
Gnomsprache: Gob mor don Kochon! Och hobo kono Ongst vor Zobororn.
Mucksprache: Uch kunn un munun Puntuffuln judum Zuburur wuglufun.
Sehr schön ist auch die Feensprache: Wiefe gefefälltfe euchfe dasfe Märfechenfelandfe?

Stumme Königswahl

Die Wahl des Knuspertischkönigs erfolgt wortlos. Können sich die Kinder nur mit Blicken so gut verständigen, daß schließlich alle *einen* König angucken?

Der Kampf um die goldenen Äpfel

- Goldpapier
- weißes Papier
- Schere
- Bleistift
- Stifte
- Filzstift
- Pritt Alleskleber

Wir falten ein 14 x 25 cm großes Stück Goldpapier in der Mitte zusammen und übertragen darauf das Apfelmotiv von der Vorlage. Dann schneiden wir den Apfel bis auf eine Klappkante aus. Auf weißes Papier schreiben wir eine der Spielaufgaben der folgenden Seiten, zum Beispiel: ›Das Märchen vom Schlaraffenland‹, ›Der kleine Muck‹ oder ›Rotkäppchen‹. Das Papier kleben wir in den aufgeklappten Apfel.

Für spielfreudige Märchenliebhaber benötigen wir etwa 20 goldene Spieläpfel, für kleinere Kinder reichen weniger. Um die Reihenfolge der Spiele zu steuern, numerieren wir die Äpfel. Nun können wir sie an dünnen Fäden an einer Leine oder im Baum befestigen. Sind viele Kinder im Märchenland, ist es günstig, zwei Gruppen zu bilden: Eine Schneewittchenmannschaft gegen Hänsel und Gretel, Riesen gegen Zwerge oder Drachen gegen Zauberer. Die gute Fee bittet jeweils ein Kind, einen Apfel zu pflücken und die Spielaufgabe vorzulesen. Vielleicht hilft dabei eine Lesehexe. Die siegreichen Märchenspieler bekommen den Apfel. Wer erobert die meisten Goldäpfel?

20 Luftballons sind das Bett der Prinzessin auf der Erbse

Die Prinzessin auf der Erbse

Andersen

❀ Luftballons

Eine Prinzessin beweist, daß sie wirklich eine Prinzessin ist, indem sie durch 20 Matratzen eine Erbse spürt.
Spiel: Beide Mannschaften wählen eine Prinzessin, für die sie ein Bett aus 20 Luftballons bauen. Wer hat zuerst ein Luftballonbett aufgeblasen, auf dem die Prinzessin bequem liegen kann? Musik erklingt. Jeder greift sich so viele Ballons, wie er halten kann, um als Ballonella-Cinderella oder Ballonkönig durch den Märchenwald zu tanzen. Lustige Tanzspiele mit Ballons zwischen den Stirnen, den Knien oder den Popos und mit an den Füßen angebundenen Ballons folgen.

Das Märchen vom Schlaraffenland

Bechstein

❀ große Brezel oder zwei Reifen
❀ Bonbonbaum
❀ zwei Seile

Wer sich durch eine Mauer aus Reisbrei ins Schlaraffenland gegessen hat, dem fliegen gebratene Vögel in den Mund. Jede Stunde Schlafen bringt ein Silberstück ein, Gähnen ein Goldstück.
Spiel: Die Mannschaften stellen sich jeweils vor ein mit Papier zugeklebtes Brezel- oder Reifenloch. Die beiden Starter ›fressen‹ sich mit einem starken Kopfstoß ins Schlaraffenland. Während ihnen die beiden

nächsten Schlaraffis mit einem Seil folgen, laufen sie schnell zum Bonbonbaum und pflücken (eventuell mit Hilfe ihres Partners) ein Bonbon. Wer will, kann hier eine echte Eßaufgabe oder eine Mundschnappaufgabe einbauen. Weil man im Schlaraffenland vor lauter Essen und Schlafen so dick wird, müssen sich nun die jeweiligen Partner mit dem Seil in Bauchhöhe zusammenbinden und dann so ›dick‹ aus dem Schlaraffenland kriechen. Sobald sie ihr Seil losgebunden haben, können die nächsten Schlaraffis starten. Bei ungerader Gruppengröße startet jeweils ein Kind zweimal.
Die ›Superschlaraffis‹, die als erste ihre Ausflüge ins Schlaraffenland beenden, verdienen den goldenen Apfel.

Rotkäppchen

Grimm

❀ viele Papierblumen

Auf dem Weg zur Großmutter trifft Rotkäppchen den Wolf. Es läßt sich von ihm überreden, Blumen zu suchen.
Spiel: Bei der Suche nach den vielen im Haus oder im Garten versteckten Blumen hat Rotkäppchen beide Mannschaften als Helfer. Eifrig machen sie sich auf die Suche, bis ein lautes Wolfsgeheul ertönt. Sofort müssen sich alle in einer vorher festgelegten Ecke in Sicherheit bringen. Wer dort zuletzt ankommt, scheidet aus. Die Suche geht weiter. Vielleicht laufen die schnelleren Sucher weiter weg, um ihren langsameren Kameraden den kürzeren Rückweg zu ermöglichen?
Den Apfel bekommt nach fünf Durchgängen die Gruppe mit den meisten Blumen.

Der kleine Muck

Hauff

❀ 4 Schuhkartons

In seinen Zauberpantoffeln wird der kleine Muck ein königlicher Schnelläufer.

Spiel: Wer wird in den Schuhkartons (oder in viel zu großen Schuhen) unser königlicher Schnelläufer? In der ersten Runde steigen je zwei Kinder in die oben etwas aufgeschlitzten Kartons und laufen über eine Rennstrecke durchs Märchenland. Der Sieger erobert einen Punkt für seine Gruppe. Den goldenen Apfel erhält die Gruppe mit den meisten Punkten. In der zweiten Runde bilden sich aus den Siegern neue Paarungen, so daß im K.-o.-System der königliche Schnelläufer gefunden wird. Eine lustige Variante ist die Schnelläuferstaffel.

Der königliche Schnelläufer wird gesucht

Ali Baba und die vierzig Räuber

1001 Nacht

❀ Schatztruhe mit Eis
❀ 2 Briefumschläge mit Buchstaben

›Sesam, öffne dich!‹ Mit Hilfe dieses Spruches öffnen die Räuber das Tor zur großen Höhle.

Spiel: Auch für unsere mit Eis gefüllte Schatztruhe braucht man ein Zauberwort. Beide Gruppen bekommen einen Briefumschlag. In jedem befinden sich acht kleine Pappstücke mit den Buchstaben

P Z A U R L N E.

Wer bildet das Zauberwort zuerst?
(lezunꞇ)

Anjas Großmutter ist zu Besuch da. Als Anja ihrer Mutter nicht gehorcht, sagt die Oma zu ihr: »Kleine Mädchen müssen immer gehorchen, sonst ergeht es ihnen wie Rotkäppchen, das vom bösen Wolf gefressen wurde.« Anja antwortet ganz gelassen: »Denk dran, Oma, zuerst hat er sich die Großmutter geschnappt!«

Dornröschen war ein schönes Kind

(Melodie und Text mündlich überliefert)

Dorn-rös-chen war ein schö-nes Kind, schö-nes Kind, schö-nes Kind.

Dorn - rös-chen war ein   schö-nes Kind,   schö - nes   Kind.

2. Da kam die böse Fee herein.
3. ›Dornröschen, nimm dich ja in acht!‹
4. ›Dornröschen, du sollst sterben!‹
5. Da kam die gute Fee herein.
6. ›Dornröschen, du sollst schlafen!‹
7. Da schliefen alle hundert Jahr'.

8. Da kam der holde Königssohn.
9. ›Wach auf, du holdes Mägdelein!‹
10. Und morgen soll die Hochzeit sein.
11. Da woll'n wir alle lustig sein.

Tiere im Märchen

Die gute Fee liest jeweils einen Tiernamen vor. Wer zuerst das dazugehörige Märchen nennt, bekommt einen Punkt. Die Gruppe mit den meisten Punkten erhält den Apfel.

1. Wolf
2. Bär
3. Taube
4. Frosch
5. Esel
6. Hund
7. Ratte
8. Reh
9. Fliege
10. Ente
11. Hahn
12. Rabe
13. Gans
14. Storch und Eule

(Lösungen im Anhang)

Spiel zum Lied

Im dazugehörigen Apfel steht dieses Scharadenrätsel:

Vorn ist es spitz, hinten duftet's lieblich. Was ist das?

Für die Lösung gibt es den Apfel. Alle Kinder singen und spielen mit verteilten Rollen das Dornröschen-Märchen. (Dornröschen)

Zitate aus Märchen

Diese Zitate können von der guten Fee vorgelesen oder vorher von verschiedenen Kindern auf Tonband gesprochen werden. Die Stimmen zu erkennen ist eine sehr reizvolle Zusatzaufgabe.
1. Heinrich, der Wagen bricht – nein, Herr, der Wagen nicht.
2. Herbei, herbei, gekocht ist der Brei.
3. Heute back' ich, morgen brau' ich, übermorgen hol' ich der Königin ihr Kind.

4. Bäumchen, rüttel dich und schüttel dich, wirf Gold und Silber über mich.

8. Kikeriki, unsere goldene Jungfrau ist wieder hie.
9. Ich bin so satt, ich mag kein Blatt: meh, meh!
10. Spieglein, Spieglein, an der Wand, wer ist die Schönste im ganzen Land?
11. O, du Fallada, da du hangest!
12. Dem bösen Zauberer gehören diese Gründe.
13. Sesam, öffne dich!
14. Zicklein, meck, Tischlein, deck.
15. Mein Vöglein mit dem Ringlein rot singt leide, leide, leide:
Es singt dem Täubelein seinen Tod, singt Leide, Lei – zicküth, zicküth, zicküth.
16. Mutabor!
17. Ei, Großmutter, was hast du für große Ohren!
18. Gut Mus feil, gut Mus feil!
(Lösungen im Anhang)

5. Der Wind, der Wind, das himmlische Kind.
6. Was rumpelt und pumpelt in meinem Bauch herum?
7. Was macht mein Kind? Was macht mein Reh? Nun komm' ich noch zweimal und dann nimmermehr.

Wer das richtige Märchen errät, wird gebührend gefeiert

Gegenstände im Märchen

Ein Kind darf einen Gegenstand beschreiben, ohne ihn beim Namen zu nennen. Die anderen Mitspieler raten den Begriff und ordnen ihm ein Märchen zu. (Lösungen im Anhang)

1. Spindel
2. Spiegel
3. goldene Kugel
4. Schuh
5. Standuhr*
6. Tuch mit drei Blutstropfen
7. Kopfkissen**
8. Gürtel
9. blutrote Blume
10. Stroh
11. Korb mit Kohlköpfen
12. Stock mit Löwenkopf
13. Erbse
14. Goldklumpen

* Der Märchenerkenner darf den vorbereiteten Wolf aufschneiden und die ›Bonbonsteine‹ verteilen. Ist keine Wolf-Handspielpuppe vorhanden, kann man sie auch aus einem grauen Strumpf selbst basteln. Sie wird mit Bonbons gefüllt und unten locker zugenäht.
** Das Ratekind darf sich unter das Tor stellen und Konfetti- oder Federballons auf sich regnen lassen.

Schafft es die Prinzessin, die goldene Kugel in die Krone des Froschkönigs zu werfen?

Die Bremer Stadtmusikanten

Grimm

Vier fortgejagte Tiere machen sich auf den Weg nach Bremen, um dort gemeinsam Stadtmusik zu machen. Spiel: Wer baut zuerst die Musikanten als Pyramide auf und macht mit den zugehörigen Tierstimmen Stadtmusik?
(Esel, Hund, Katze, Hahn)

Froschkönig

Grimm

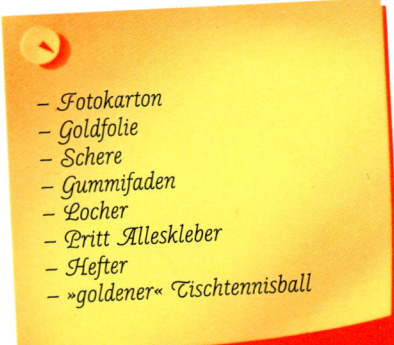

– Fotokarton
– Goldfolie
– Schere
– Gummifaden
– Locher
– Pritt Alleskleber
– Hefter
– »goldener« Tischtennisball

Die Krone wird nach der Vorlage aus dem Fotokarton ausgeschnitten, mit Goldfolie beklebt, verziert und zusammengeheftet. Durch zwei ausgestanzte Löcher wird ein Gummifaden gezogen und verknotet.

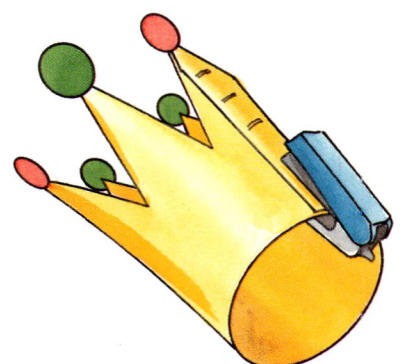

(Lösung im Anhang)

Eine schöne Prinzessin verspricht einem Frosch, ihn liebzuhaben und ihn bei sich aufzunehmen, wenn er ihr ihre goldene Kugel aus dem Brunnen holt.
Spiel: Die Prinzessin versucht, ihre goldene Kugel (den Tischtennisball) in die Krone auf dem Kopf des Froschkönigs zu werfen. Der König kann bewegungslos stehen oder auch mithelfen, den Ball zu fangen.

Flink wie Aschenputtels Täubchen: Mit Eisstielen und Stricknadeln sortieren die Kinder Murmeln und Perlen

Aschenputtel

Grimm

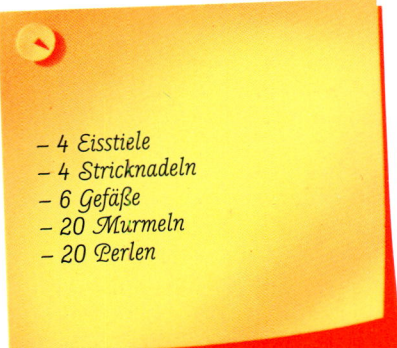

- 4 Eisstiele
- 4 Stricknadeln
- 6 Gefäße
- 20 Murmeln
- 20 Perlen

Weil die böse Stiefmutter nicht will, daß Aschenputtel zum Fest auf das Schloß des Königs geht, schüttet sie eine Schüssel Linsen in die Asche. Wenn Aschenputtel sie in zwei Stunden aus der Asche ausliest, darf sie mitgehen. Ihre Freunde, die Täubchen, helfen ihr:

Die guten ins Töpfchen,
die schlechten ins Kröpfchen.

Spiel: In jedem Durchgang treten zwei Paare gegeneinander an. Ein Kind nimmt zwei Eisstiele für die Murmeln, das andere zwei Stricknadeln für die Perlen. Beide Paare stellen sich an die einander gegenüberliegenden Tischseiten, wo jeweils ein mit Perlen und Murmeln gefülltes Gefäß und zwei leere Becher oder Flaschen stehen. Beim Startkommando geht das sortieren los.

Der Teufel mit den drei goldenen Haaren

Grimm

❀ Papier
❀ Bleistifte
❀ 2 Umschläge mit je zehn 20 cm langen Bindfäden
❀ Stoppuhr

Das Glückskind muß in der Hölle des Teufels drei goldene Haare holen und ihn dazu bringen, drei Probleme zu lösen.
Spiel: Drei ›teuflische‹ Aufgaben
1. Besorgt fünf verschiedene Sorten Toilettenpapier (je 1 Blatt)!
2. Welches der Autos, die auf der rechten Seite eurer Straße stehen, muß als nächstes zum TÜV? Wem gehört das Auto?
3. Welche Gruppe knotet aus den zehn Fäden in drei Minuten die längste Schnur?

Kraft und Geschicklichkeit braucht man für Rapunzels Seilspiel

Rapunzel

Grimm

❀ 1 langes Seil
❀ 2 Kissen
❀ 2 ähnliche Puzzles (ca. 25 Teile)

›Rapunzel, Rapunzel, laß mir dein Haar herunter!‹ Mit diesen Worten ruft die Zauberin Rapunzel im Turm. Diese läßt ihr langes Haar herunter, so daß die Zauberin zu ihr hinaufsteigen kann.

Spiel: Für unser spannendes Kraft-Geschicklichkeitsspiel ersetzen wir Rapunzels Zopf durch ein langes Seil (mindestens 5 m). Auf zwei Tische, die etwa 3 m auseinanderstehen, legen wir die Puzzleteile auf einen Haufen. Das Spiel macht besonders viel Spaß, wenn zwei ungefähr gleich kräftige Kinderpaare gegeneinander spielen. Vor jeden Tisch stellt sich ein Kind, und zwar so, daß es diesen nur mit Mühe erreichen kann. Dann werden den Kindern die beiden Seilenden mit den Kissen als Polster um den Bauch gebunden. An dem nun stramm gespannten Seil stellen sich die anderen zwei Mitspieler zu ihren Partnern. Beim Startkommando zieht jeder von ihnen so stark an dem Seil, daß nur der eigene Partner das Puzzle zusammensetzen kann. Welches ist zuerst fertig? Ein großes Kind kann auch allein gegen zwei kleinere antreten.

Du stehst hier auf dem Hügel mit offenem Munde, und es will dir eine gebratene Taube hineinfliegen, und du willst das nicht haben.
In solchen Umständen könntest du nun freilich die Sturmglocke im Schlaraffenland anziehen, daß alle Leute mit Leitern und Ofengabeln kämen, und gegen die gebratene Taube aufmarschierten. Du kannst aber viel kürzer dazu kommen.
Mach's Maul zu; so kann sie nicht hinein.

Matthias Claudius

Kleine Bälle mit der Nase zu rollen
macht allen Gästen Spaß

Der Zwerg Nase

Hauff

❀ 2 kleine Bälle
❀ 2 Münzen

Ein hübscher Junge wird von einer alten Frau in einen Zwerg mit einer langen Nase verwandelt. Die Gans Mimi hilft ihm bei der Suche nach einem Zauberkraut, das ihn zurückverwandelt.
Spiel: Mit der Nase wird ein kleiner Ball über einen geschlängelten Weg gelenkt. Auf dem Rückweg wird eine Münze auf der Nase balanciert.

Die sechs Schwäne

Grimm

❀ Zettel mit Aufgaben

Um ihre sechs in Schwäne verzauberten Brüder zu erlösen, darf eine Königstochter sechs Jahre lang weder sprechen noch lachen.

Spiel: Dieses stumme Verständigungsspiel ist ein wahrer Knüller! Plant genügend Zeit dafür ein! Die Gäste teilen sich in zwei Gruppen. Ein ›stummes‹ Kind aus jeder Gruppe geht mit der guten Fee aus dem Zimmer. Sie gibt ihnen einen Zettel mit einer Aufgabe, zum Beispiel:

Kämm dich!

(Während die gute Fee die Zettel verteilt, kann sie altersgemäß die Schwierigkeiten berücksichtigen; natürlich kann sie auch die Zettel von den Kindern ziehen lassen.)
Die beiden ›Stummen‹ sollen jeweils ein bestimmtes Kind aus ihrer Gruppe nur mit Gesten dazu bringen, sich zu kämmen. Die Mitspieler, die sich in zwei Ecken gruppiert haben, dürfen Fragen stellen, die mit Kopfnicken oder Kopfschütteln beantwortet werden. Doch aufgepaßt – die gegnerische Mannschaft hört mit. Das Kind, das sich zuerst kämmt, erwirbt den Punkt und erlöst so die stumme Königstochter seiner Gruppe.

Weitere Aufgaben, die auf den Zetteln stehen können:

Singe ein Geburtstags- oder Märchenlied!
Zähle laut von 1 bis 10!
Ziehe dir einen Schlafanzug an!
Reiß' dir genau ein Haar aus!
Ziehe dir die Schuhe aus, steige auf einen Stuhl und rufe laut: Kikeriki!
Schlage ein Rad!
Sage, wann du geboren bist!
Male eine Maus!
Ziehe dir andere Schuhe an!

Aufgaben, die von Erwachsenen erfüllt werden sollen (sind außer der guten Fee keine Erwachsenen da, gehen die Kinder – nach vorheriger Absprache – zu Nachbarn):

Mache dir einen »Zopf« ins Haar!
Singe die deutsche Nationalhymne!
Gehe zu deinem Auto und hupe einmal!
Koche ein Ei!

Sobald das Sterntalermädchen einen
Räuber berührt, scheidet er aus

Sterntaler

Grimm

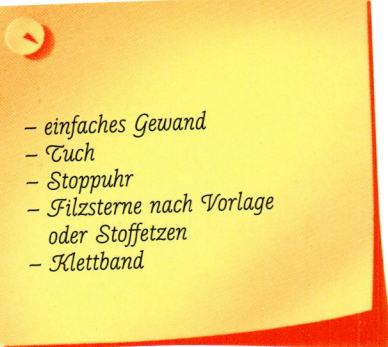

– einfaches Gewand
– Tuch
– Stoppuhr
– Filzsterne nach Vorlage
  oder Stoffetzen
– Klettband

Weil ein armes kleines Mädchen sein letztes Stück Brot und sein Hemdlein abgibt, um anderen zu helfen, fallen ihm goldene Sterntaler vom Himmel.

Spiel: Stellt euch vor, in der Nacht wird das Sterntalermädchen bestohlen. Immer wieder versuchen Räuber, dem Kind einen wertvollen Sterntaler wegzunehmen. Das Mädchen wehrt sich tapfer, und dennoch gelingt es einigen dreisten Räubern, mit ihrem Diebesgut zu entkommen. Für unser Spiel erhält das Sterntalermädchen ein einfaches Gewand mit Filzsternen, die mit Klettband befestigt werden. Dann werden ihm die Augen verbunden. Die anderen Kinder versuchen nun, Sterne vom Gewand abzureißen. Doch das Mädchen wehrt sich, indem es (nicht zu wild) um sich schlägt. Wer dabei von einer Hand berührt wird, scheidet aus. Wer am Ende die meisten Sterne erbeutet hat, wird in der nächsten Runde das neue Sterntalermädchen.

Während des ersten Durchgangs versuchen zuschauende Kinder, die Sterntaler des Kleides zu zählen. Mit einer Stoppuhr messen wir, wie lange ein Kind braucht, um die Sterne zu befestigen.

Schneewittchen

Grimm

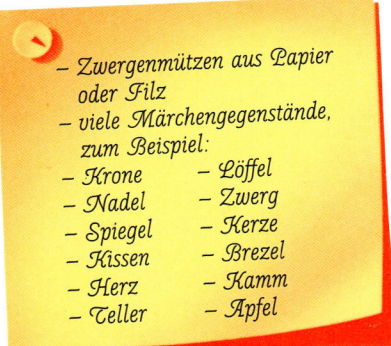

– Zwergenmützen aus Papier
  oder Filz
– viele Märchengegenstände,
  zum Beispiel:
– Krone   – Löffel
– Nadel   – Zwerg
– Spiegel   – Kerze
– Kissen   – Brezel
– Herz   – Kamm
– Teller   – Apfel

Auf der Flucht vor der bösen Stiefmutter findet Schneewittchen bei den sieben Zwergen Unterschlupf.

Spiel: Die Gegenstände liegen auf dem Tisch. Drei Kinder in jeder der beiden Mannschaften setzen Zwergenmützen auf. Die gute Fee erzählt ein Märchen. Wenn ein Gegenstand erwähnt wird, greifen die Zwerge schnell danach.

Die goldene Gans

Grimm

❀ 2 lange Stöcke
❀ 2 Stofftiere

Mit seiner goldenen Gans, an der sieben Menschen kleben, bringt der Dummling eine ganz ernsthafte Prinzessin zum Lachen.
Spiel: Beide Gruppen fassen sich an den Händen und stellen sich nebeneinander an die Startlinie. Jede Gruppe bekommt einen Stock, den die Kinder unter ihr Kinn klemmen, je Kind ein Stofftier. Wer läuft ohne Zuhilfenahme der Hände am schnellsten ins Ziel?
Hindernisse oder Slalommarkierungen machen das Stockrennen noch spannender.

Werbemärchen

In Gruppen überlegen sich die Kinder, in welchen Märchenszenen sie für gewisse Produkte werben können. Sie üben solche Szenen, um sie dann den anderen Geburtstagsgästen vorzuspielen.

Kronentanz

❀ kleine Kronen oder Schuhe
❀ Musik

Allein oder zu zweit tanzen die Kinder mit ihren Kronen auf dem Kopf. Wenn eine Krone herunterfällt, muß das Kind wie versteinert stehenbleiben, bis ihm ein anderes Kind die Krone aufhebt und aufsetzt, ohne dabei die eigene zu verlieren. Mit Schuhen auf den Köpfen tanzt ihr nach denselben Regeln den Aschenputteltanz. Wer verliert seinen ›Kopfschmuck‹ am seltensten?

Röcklein aus dem Sack

❀ Sack mit Verkleidungsutensilien
❀ Musik

Während Musik erklingt, wandert ein Sack von Kind zu Kind. Sobald die Musik abbricht, zieht derjenige, der den Sack gerade hat, aus ihm ein Teil heraus: vielleicht einen Zaubermantel, der unsichtbar macht, oder einen Wunschring, mit dem man sich an jeden beliebigen Ort wünschen kann? Das gegriffene Kleidungsstück muß sofort angezogen werden. Im Sack verstecken sich neben alten Röcken, Hüten und Zauberpantoffeln eine Babymütze, ein Schnuller, eine Badehaube, ein Schnurrbart, ein langer Hanfbart und eine Augenklappe. Die musikalische Wanderschaft des Sackes geht weiter. Was muß der Nächste wohl anziehen?

Scherzfragen

● Welche Märchenfiguren kannst du aus dem Teufel befreien, wenn du ihn gut rüttelst und schüttelst?
(Fee, Elfe)
● Welche Fee riecht besonders gut?
(Seife)
● Was ist das Gegenteil von Gewicht?
(Geh-wicht, bleib Wicht!)
● Warum sind Ostfriesen so stark?
(weil Riesen in ihnen stecken)
● Welcher König besitzt kein Schloß?
(Zaunkönig)
● Wer kann sich im Schlaraffenland besonders gut verstecken?
(Affen)

Wettlauf mit Hindernissen:
Wer ist der Schnellste?

Bärenstarkes Zoofest

Was ist denn bloß im Tierpark los?
Was macht die Aufregung so groß?
Mit Schleifen im Fell
rennt der Tiger blitzschnell.
Auf einem Fahrrad radelt der Bär
mit lautem Geklingel hinterher.
Dem Nilpferd mit Hut
fehlt noch der Mut.
Da springt der Affe auf seinen
Rücken
und reitet auf ihm mit großem Ent-
zücken.
Ein Riesengeschenk trägt der Elefant
mit seinem Rüssel ganz elegant.
Mit einer Rose hinterm Ohr
springt das Känguruh zum Tor.
In Frack und weißer Weste
watschelt der Pinguin zum Feste.
Zu welchem Feste? Das ist doch klar:
Zu deinem Geburtstag kommt die
Schar!

● Welches auf dieser Seite abgebil-
dete Tier legt Eier? (Dinosaurier)

Festvorbereitung

Affenstarke Einladungen

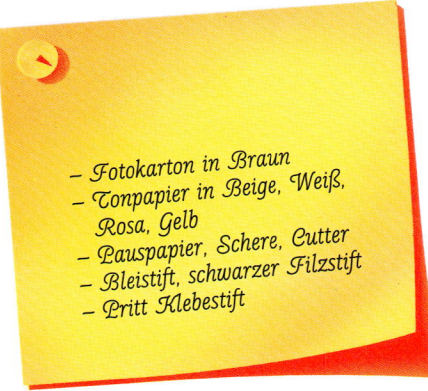

– Fotokarton in Braun
– Tonpapier in Beige, Weiß, Rosa, Gelb
– Pauspapier, Schere, Cutter
– Bleistift, schwarzer Filzstift
– Pritt Klebestift

1. Mit Bleistift und Pauspapier übertragen wir vom Vorlagebogen die Affenkonturen auf braunen Fotokarton. Das Gesicht und die Ohren übertragen wir auf Tonpapier in Beige, das Maulinnere auf Rosa, die Augen auf Weiß und die Banane auf Gelb.
2. Wir schneiden alle Teile aus, kleben die Ohren und das Gesicht bis zur gestrichelten Linie auf und malen mit schwarzem Filzstift die Verzierungen.
3. Um die Banane unter die Hände stecken zu können, schneiden wir mit dem Cutter entlang der markierten Linien zwei Schlitze.
4. Auf das rosafarbene Maulinnere schreiben wir einen kurzen Einladungstext:

Lieber Hanno!
Zu einem bärenstarken Zoofest am
3.9. von 15 bis 19 Uhr lade ich Dich
herzlich ein. Auf Dein Kommen freue
ich mich sehr!
Dein Freund Christoph

5. Dann falten wir das Blatt halb zusammen, wobei die Schrift nach außen zeigt, drücken die Knicklinie fest an und öffnen wieder. Zweimal falten wir diagonal – diesmal verschwindet die Schrift nach innen – und öffnen wieder.

Das Nilpferd wird auf dieselbe Weise gebastelt wie der Affe

6. Das Maul entsteht, wenn wir die Enden der Mittellinie aufeinanderlegen. Die Außenseiten bestreichen wir mit Kleber und setzen das Maul ein.

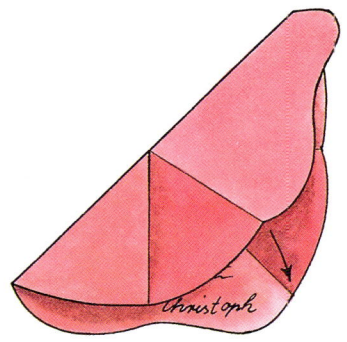

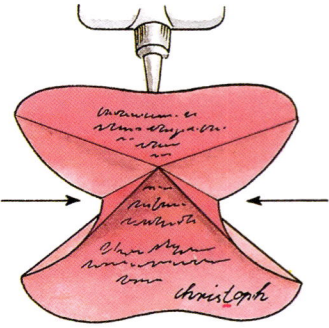

Cremige Knochen und fruchtige Tiere

Für ca. 20 Stück
Teig:
- 1/4 l Wasser
- 1 Prise Salz
- 1 P. Vanillinzucker
- 60 g Margarine
- 125 g Mehl
- 4 Eier
- Margarine und Mehl für das Blech

Guß und Dekoration:
- ca. 125 g Puderzucker
- ca. 2 EL Wasser
- Liebesperlen
- bunte Zuckerstreusel
- Obst

Füllung:
- 1/4 l Milch
- 1 Vanillestange
- 1 Prise Salz
- 3 Eigelb
- 100 g Zucker
- 6 Blatt weiße Gelatine
- 125 g Schlagsahne
- 3 Eiweiß

Liebesknochen: ein tierisches Eßvergnügen für alle Kinder

1. Wasser, Salz, Vanillinzucker und Margarine zum Kochen bringen, vom Herd nehmen, das Mehl auf einmal hineinschütten, mit einem Kochlöffel glattrühren und unter ständigem Weiterrühren so lange erhitzen, bis sich die Masse als Kloß vom Topfboden löst. Den Teig in eine Schüssel geben und ein Ei sofort, dann nacheinander die anderen Eier unterrühren. Den Backofen auf 225 Grad (Gasherd: Stufe 4) vorheizen.

2. Den Teig in einen Spritzbeutel geben und fingerlange Streifen nebeneinander auf ein gefettetes und mit etwas Mehl bestäubtes Blech spritzen. Den Anfang und das Ende etwas dicker spritzen, damit die typische Knochenform entsteht. Genügend Abstand lassen, weil der Teig beim Backen aufgeht. Das Blech in den Ofen schieben. Eine halbe Tasse Wasser auf den Boden des Ofens gießen, die Tür sofort schließen und die Liebesknochen etwa 30 Minuten backen.

3. Sofort die Deckel abschneiden und noch warm mit einem Guß aus Puderzucker und Wasser dünn bestreichen und mit Liebesperlen und bunten Zuckerstreuseln dekorieren. Die unteren Hälften gut auskühlen lassen.

4. Inzwischen Milch, Vanillemark und Salz aufkochen und abkühlen lassen. Eigelbe mit Zucker schaumig rühren, die Vanillemilch zufügen. Die eingeweichte, auf schwacher Hitze aufgelöste Gelatine unterrühren. Kalt stellen.

5. Schlagsahne und zu steifem Schnee geschlagene Eiweiße unter die halbsteife Masse ziehen. Wenn die Creme die nötige Steife hat, mit einem Spritzbeutel auf die unteren Hälften spritzen und die Deckel daraufsetzen.

Pappmachézoo

- starker Draht
- Schere
- Zeitungspapier
- Metylan Kleister instant
- Plaka-Farben
- Klarlack
- Pinsel

1. Alle kleister- und malfreudigen Kinder basteln mit großem Vergnügen die Giraffe, den Dino (siehe Seite 48/49), die Eule (siehe Seite 12) oder andere Tiere. Wenn ihnen die Großen beim Formen des Körpers aus Draht ein wenig helfen, ist das gar nicht schwer.
2. Die Hohlräume werden mit Papier ausgestopft.

3. In mehreren Schichten kleben wir anschließend eingekleisterte Papierstreifen auf.
4. Der getrocknete Körper wird nach einem weißen Grundanstrich bunt bemalt und zum Schluß wetterfest lackiert.

Diese pfiffigen Elefanten weisen jedem Gast seinen Platz an

Elefantenparade

- Fotokarton
- Pauspapier
- Stifte
- Schere
- Hefter
- Pritt Klebestift
- Locher

1. Der Elefant, die Augen und die Verzierungen werden vom Vorlagebogen abgepaust und ausgeschnitten. Pupillen und Punkte stanzen wir mit dem Locher aus.

2. Die Seiten heften wir zusammen, so daß die Figur stehen kann.

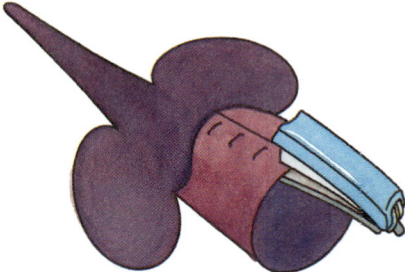

3. Wir klappen den Kopf nach vorn und schmücken den Elefanten. Vorlagen für den Kopfschmuck findet ihr auf dem Bogen.

Lustige Haarspangen für die Gäste

1. Wir legen Pergamentpapier auf ein Motiv vom Vorlagebogen und zeichnen die Konturen mit einem gelben Bügelstift nach.

2. Das Motiv wird auf das T-Shirt oder die Tasche gebügelt. Wir legen nun eine große Pappe zum Schutz der Rückseite hinein.

3. Dann wird das Motiv, bei den Konturen beginnend, sorgfältig mit den Stoffmalfarben aufgepinselt. Feine Linien ziehen wir mit einem dünnen Pinsel oder einem Stoffmalstift, für größere Flächen ist ein stärkerer Pinsel vorzuziehen.

Die fertigen Motive werden von der Rückseite durch Bügeln fixiert. Stolz wie ein Pfau wird jeder Gast sein Werk nach Hause tragen.

Ausgefallene Haarspangen

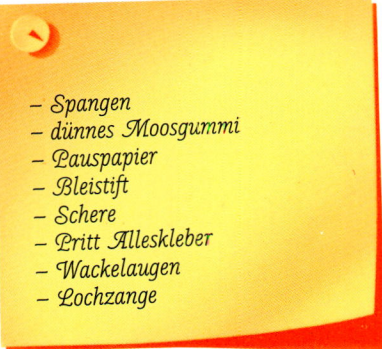

- Spangen
- dünnes Moosgummi
- Pauspapier
- Bleistift
- Schere
- Pritt Alleskleber
- Wackelaugen
- Lochzange

T-Shirts und Taschen bemalen

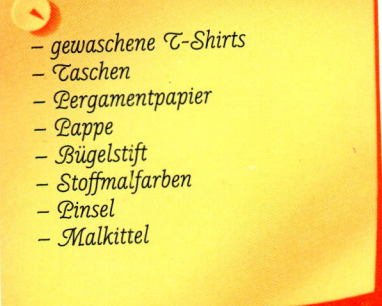

- gewaschene T-Shirts
- Taschen
- Pergamentpapier
- Pappe
- Bügelstift
- Stoffmalfarben
- Pinsel
- Malkittel

Mitgebrachte T-Shirts oder vom Gastgeber billig eingekaufte Baumwolltaschen verwandeln alle Kinder beim Zoofest in kleine wandelnde Kunstwerke.

Wenn euch die T-Shirts der Kinder auf den Bildern dieses Kapitels gefallen, so könnt ihr mit euren Freunden ganz leicht unsere Vorschläge oder eure eigenen bärenstarken Ideen verwirklichen.

Möchtet ihr die Spangen als Abschiedsgeschenke vorbereiten oder gemeinsam während der Geburtstagsfeier basteln?

1. Ihr paust die nötigen Motivteile vom Vorlagebogen auf Moosgummi ab.

2. Schneidet alle Teile mit einer Schere sorgfältig aus. Die Augen können auch mit einer Lochzange ausgestanzt werden.

3. Mit Alleskleber werden die Teile auf die Spange geklebt.

Ablauf des Festes

Tierischer Empfang

Stoff- und Pappmachétiere stehen Spalier, viele Tierplakate schmücken Türen und Wände, bunte Kreppapierschlangen hängen an der Decke. Gehegeschilder aus Fotokarton werden mit Wolle an eine lange Nylonschnur gehängt. Die Vokale sind aufgemalt und die Konsonanten aus Bonbons aufgeklebt (siehe Foto Seite 58). Wer Gelegenheit hat, einen Zoo zu besuchen, nimmt dort trompetende Elefanten, brüllende Löwen und kreischende Affen auf einer Kassette auf, die beim Kommen der Gäste lautstark abläuft. Erraten die Kinder, wer sie so ›herzlich‹ begrüßt?

Gemeinsam singen und tanzen alle den tierischen Geburtstagswalzer von Seite 5.

Die Giraffe Asab

Asab aus Pappmaché, Sperrholz oder als Zeichnung spielt eine besonders schöne Rolle auf dem Zoofest. Jedes Kind, das ein Wettspiel gewinnt, darf einen der vorbereiteten Giraffenpunkte ausmalen. Wenn ihr auf eurem Geburtstag zwei Gruppen bilden wollt, zum Beispiel Löwen gegen Tiger, so bereitet Asab mit gleich vielen Kringeln auf beiden Seiten der Figur vor. Jeder Sieger darf auf seiner Seite einen Punkt ausmalen. Welche Mannschaft kann ihre Seite von Asab zuerst ausmalen?

Wer darf in den Zoo

Für Liebhaber kleiner Denkspiele am Kaffeetisch ist dieses Spiel genau richtig. Christoph, das Geburtstagskind, beginnt: ›Ich darf in den Zoo, weil ich ein Zauberwort kenne: Boot.‹ Florian kommt mit ›Flugzeug‹ nicht hinein. Aber natürlich darf er es in den nächsten Runden immer wieder versuchen. Hanno hat mit ›Meer‹ Glück. Andrea versucht es mit ›Geld‹ – ohne Erfolg. Mit ›See‹ hätte es geklappt.

Lösung: Das Zauberwort muß einen Doppelvokal enthalten wie Zoo, Meer oder Paar. Erfindet eigene Bedingungen für den Besuch einer Seehundfütterung oder einer Delphinschau, zum Beispiel Wörter mit weniger als sechs Buchstaben, Wörter mit dem Anfangsbuchstaben des Spielers, Namen afrikanischer Tiere oder von Tieren mit pflanzlicher Ernährung.

Was ist das? (Vier Elefanten beschnüffeln einen Tischtennisball.)

Was ist das? (Ein Elefant sonnt sich.)

Im Biologieunterricht berichtet der Lehrer den Kindern über die Familie der Stelzvögel: »Einen der größten Stelzvögel unserer Breiten kennt ihr ja sicher selber, den Storch. Was wißt ihr von ihm?« Regina meldet sich und sagt: »Wir sind alt genug, um zu wissen, daß es in Wirklichkeit gar keinen Storch gibt.«

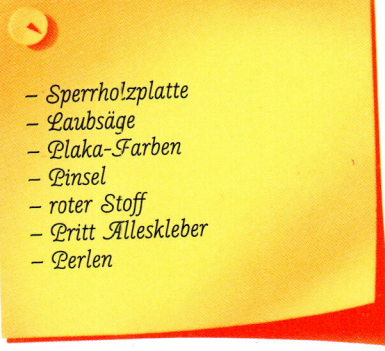

Gefräßiger Leopard

- Sperrholzplatte
- Laubsäge
- Plaka-Farben
- Pinsel
- roter Stoff
- Pritt Alleskleber
- Perlen

Wer wirft dem Leoparden die meisten Bälle ins Maul?

Wir zeichnen einen Leopardenkopf nach der Vorlage auf eine große Sperrholzplatte. Sein Maul sägen wir mit der Laubsäge aus. Wenn der Hintergrund und der Kopf bunt bemalt sind, wird hinter das Maul roter Stoff geklebt.

Sogleich will der gefräßige Leopard gefüttert werden. Perlen schmecken ihm besonders gut. Wer wirft ihm aus geeigneter Entfernung die meisten Perlen in sein gieriges Maul?

Umwerfender Tiger

✿ kleine Zettel

Jedes Kind zieht einen kleinen Zettel, auf dem zwei Tiernamen stehen (ein Name davon ist immer ›Tiger‹). Ohne den anderen zu verraten, was auf dem Zettel steht, stellen sich nun alle miteinander untergehakt im Kreis auf. Das Tier, das vom Spielleiter aufgerufen wird, versucht, sich fallenzulassen. Es wird dabei natürlich von den anderen festgehalten! Wenn der Spielleiter ›Tiger‹ ruft, lassen sich alle Teilnehmer fallen. Deshalb sollte dieses umwerfende Spiel auf einem weichen Boden gespielt werden.

Lustige Tierschlangen

Bestens zum Ausruhen geeignet ist dieses Kreisspiel. Das Geburtstagskind ruft einen Tiernamen, zum Beispiel ›Affe‹, und wirft gleichzeitig einem anderen Kind einen Ball zu. Dieses nennt ganz schnell ein Tier, das mit E anfängt: ›Elefant‹, und wirft den Ball einem anderen Kind zu. Ob dieses einen ›Tiger‹ an die Schlange hängt? Wer innerhalb einer bestimmten Zeit kein passendes Tier findet, gibt ein Pfand ab.

Ablauf des Festes

Die Affen rasen durch den Wald

(Text und Melodie: mündlich überliefert)

Die Af - fen ra - sen durch den Wald, der ei - ne macht den

an - dren kalt. Die gan - ze Af - fen - ban - de brüllt:

„Wo ist die Ko - kos - nuß, wo ist die

Ko - kos-nuß, wer hat die Ko - kos-nuß ge - klaut?'' klaut?''

2. Die Affenmama sitzt am Fluß und angelt nach der Kokosnuß.
3. Der Affenonkel, welch ein Graus, reißt alle Urwaldbäume aus.
4. Die Affentante kommt von fern, sie ißt die Kokosnuß so gern.
5. Der Affenmilchmann, dieser Knilch, der wartet auf die Kokosmilch.
6. Das Affenbaby voll Genuß hält in der Hand die Kokosnuß. Die ganze Affenbande brüllt: ›Da ist die Kokosnuß, . . . es hat . . .‹
7. Die Affenoma schreit: ›Hurra! Die Kokosnuß ist wieder da‹ Die ganze Affenbande brüllt: ›Da ist die Kokosnuß, . . . es hat . . .‹
8. Und die Moral von der Geschicht': Klaut keine Kokosnüsse nicht, weil sonst die ganze Bande brüllt: ›Wo ist . . . ‹

Spielidee

Alle Geburtstagsgäste verwandeln sich bei diesem Lied in Affen: in eine angelnde Affenmama, einen Bäume ausreißenden Affenonkel usw. Wenn die Kokosnuß endlich gefunden ist, wird sie gemeinsam aufgegessen.

Kokosnußschlacht

❀ mittelgroßer Ball
❀ Pappkarton

In ihrer Heimat kann man Schimpansen beobachten, wie sie, im Baum hängend, zwischen den Füßen eine Kokosnuß schwingen und damit treffsicher auf ihre Feinde ›schießen‹.

An einem starken Ast, einer Stange oder einem Seil üben sich die Kinder als affenstarke Urwaldkämpfer mit einem Ball zwischen den Füßen. Als Ziel dient ein Karton. Wer macht es den Schimpansen am besten nach und trifft am häufigsten?

Lustige Lauserei

❀ Wäscheklammern
❀ Tücher oder Masken

Zwei ›Affen‹ entlausen sich gegenseitig mit verbundenen Augen. Jedem werden zehn Wäscheklammern an der Kleidung befestigt. Wer hat den anderen zuerst entlaust?

Affenfütterung

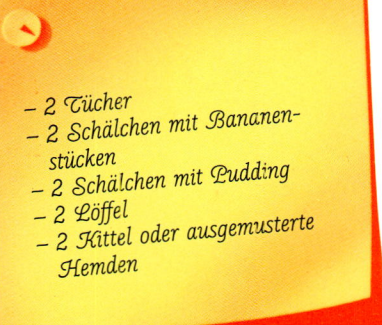

– 2 Tücher
– 2 Schälchen mit Bananen-
  stücken
– 2 Schälchen mit Pudding
– 2 Löffel
– 2 Kittel oder ausgemusterte
  Hemden

Den verlausten Affen juckt ganz schön das Fell

Zwei kleine ›Affen‹ sitzen hungrig einander gegenüber. Gleich ist Affenfütterung: Mit verbundenen Augen stekken sie sich gegenseitig Bananenstücke in den Mund. Etwas ›schwieriger‹ geht es zu, wenn die ›Affen‹ sich mit Pudding füttern. Deshalb ist es ratsam, für diese Runde Kittel anzuziehen. Dann kann es losgehen mit dem lustigen (Augen-)Schmaus. (Die Affenfütterung mit der Videokamera aufnehmen und anschließend vorführen.)

Auftritt der Tiere

Ein Kind geht nach draußen und kommt – ein Tier darstellend – wieder herein. Wer es als erster richtig rät, darf sich danach verwandeln, und die anderen müssen raten.

Was ist das? (Eine Giraffe, die am Fenster vorbeiläuft.)

Klapperschlangenslalom

❀ 2 Schnüre (ca. 3,5 m)
❀ 12 leere Konservendosen
❀ Kegel, Dosen oder Stangen

Aus je einer Schnur und sechs leeren Konservendosen werden zwei ›Klapperschlangen‹ hergestellt: Ungefähr 2 cm vom Bodenrand entfernt erhalten die Dosen je zwei gegenüberliegende Löcher. Die Schnur wird durch das erste geführt, geknotet und durch das zweite Loch gezogen. Im Abstand von jeweils 40 cm werden die übrigen Dosen auf diese Weise angebracht. Wimpel aus Stoff oder Papier lassen die Schlange lustiger aussehen.

Zwei Kinder verwandeln sich in Klapperschlangen, indem sie sich die Enden der Dosenbänder um den Bauch binden. Sind zwei Strecken vorbereitet, kann der lustige Klapperschlangenslalom beginnen. Wer bewältigt ihn am schnellsten, ohne die Markierungen zu berühren? Was sind das für Klapperschlangen, die am Ende schlapper klangen?

Im Hintergrund die Käfigschilder für das Vielfraß-Spiel

Der Vielfraß geht um

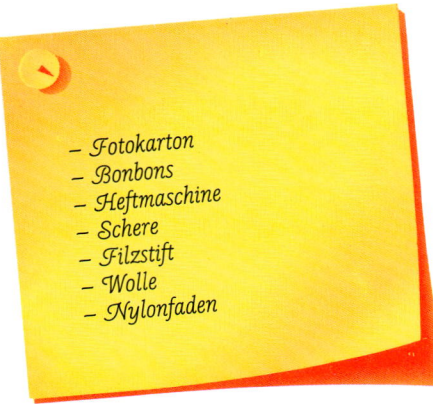

- Fotokarton
- Bonbons
- Heftmaschine
- Schere
- Filzstift
- Wolle
- Nylonfaden

Etwas Merkwürdiges ist im Zoo passiert. Die Schilder an den Käfigen und Gehegen sehen ganz gelöchert aus. Überall fehlen Buchstaben. Bei genauerem Hinsehen stellt man fest, daß alle Konsonanten weggefressen sind. War da der Vielfraß am Werk oder ein Konsonantendieb? Wie sollen nun die Zoobesucher wissen, wie die Tiere in den Käfigen heißen? Wißt ihr es? Wer die richtige Lösung gefunden hat, bekommt die Bonbons, die der Vielfraß anstelle der Konsonanten zurückgelassen hat.

EI . . Ä .	(Eisbär)
E . E . A . .	(Elefant)
A . . I . O . E	(Antilope)
. A . E .	(Kamel)
. I . . . E . .	(Nilpferd)
. . A . I . . O	(Flamingo)
. O . I . . A	(Gorilla)
. Ä . . U . U .	(Känguruh)
. A . A . EI	(Papagei)
. . AU	(Pfau)
. E . . . I .	(Delphin)
. . O . O . I .	(Krokodil)
. I . . UI .	(Pinguin)
. I	(Hirsch)
. I . . O .	(Gibbon)
. . . I . . A . . E	(Schimpanse)
. . O . E . A .	(Dromedar)
. A . . O . .	(Nashorn)

Wackliger Schildkrötenpanzer

❀ 2 Wäschekörbe
❀ Kegel, Dosen oder Stangen

Ein großer Wäschekorb eignet sich vorzüglich als Schildkrötenpanzer auf einem Kinderrücken. Daß er beim Gehen auf allen vieren so schön wacklig ist, macht das Spiel besonders reizvoll. Auf einer kurzen Slalomstrecke müssen unsere ›Schildkröten‹ ganz gut aufpassen, daß ihnen ihr Panzer nicht vom Rücken rutscht. Wenn es doch passiert, geht es zurück zum Start. Daß die Hände den Panzer nicht halten dürfen, versteht sich von selbst. Falls zwei kleine Sandhaufen zur Verfügung stehen, vergraben wir darin Kugeln als Eier, die die ›Schildkröten‹ ausgraben müssen. Viel Spaß!

Nur Kopf und Beine schauen aus dem Panzer hervor – wie bei richtigen Schildkröten

Die Affen

Der Bauer sprach zu seinem
Jungen:
Heut in der Stadt da wirst du
gaffen.
Wir fahren hin und sehn die
Affen.
Es ist gelungen.

Und um sich schiefzulachen,
Was die für Streiche machen
Und für Gesichter –
Wie rechte Bösewichter.
Sie kraulen sich,
Sie zausen sich,

Sie hauen sich,
Sie lausen sich,
Beschnuppern dies, beknuppern das,
Und keiner gönnt dem andern was,
Und essen tun sie mit der Hand,
Und alles tun sie mit Verstand,
Und jeder stiehlt als wie ein Rabe.
Paß auf, das siehst du heute.
O Vater, rief der Knabe,
Sind Affen denn auch Leute?
Der Vater sprach: Nun ja,
Nicht ganz, doch so beinah.

Wilhelm Busch

Futtersuche im Stroh

❀ Stroh
❀ Holzwäscheklammern, weiße Mühlesteine oder eingepackte Bonbons

Viele pflanzenfressende Tiere sind in freier Wildbahn tagtäglich stundenlang mit der Futtersuche beschäftigt. Wenn sie nun im Zoo ihr Futter regelmäßig vorgesetzt bekommen, kann es ihnen ganz schön langweilig werden. So kann es passieren, daß sich Affen vor lauter Langeweile solange ihr Fell reinigen, bis sie kahle Stellen bekommen. Tierpfleger kamen deshalb auf die Idee, das Futter ins Stroh zu streuen, damit die Tiere mit der Futtersuche beschäftigt sind.

Ob das den Affen Spaß macht? Ihr könnt es erahnen, wenn ihr die Futtersuche nachspielt. Versteckt in einem Stroh- oder Heuhaufen einige Holzwäscheklammern, weiße Mühlesteine, eingepackte Bonbons oder andere Kleinigkeiten. Schon kann die lustige Suche beginnen.

Tierische Scherzfragen

● Welches Tier kann seinen eigenen Kopf verschlucken? (Schildkröte)
● Welcher Vogel sieht dem Storch am ähnlichsten? (Störchin)
● Welcher Tiger wohl muß eine Brille tragen? (Kurzsich-tiger)

● Welcher Tiger muß in die Schule gehen? (Schulpflich-tiger)
● Welcher Tiger ist immerzu auf der Flucht? (Fluch-tiger)
● Vor welchem Wolf braucht keiner Angst zu haben? (Fleischwolf)
● Warum können Elefanten nicht Fahrrad fahren? (Sie haben keinen Daumen zum Klingeln.)
● Was fragt das Stachelschweinbaby, wenn es gegen einen Kaktus rennt? (›Bist du es, Mami?‹)
● Welche Tiere werden immer weggeschickt? (Ge-pard, Flamin-go)
● Welches Tier soll immer ruh'n? (Kängu-ruh)
● Welcher Bär hat zwei Nasen? (Nasenbär: eine echte und eine im Namen)
● Welches Tier hat zwei Hörner? (Nashorn: ein echtes und eines im Namen)
● Welcher Trompeter kann in keinem Orchester mitspielen? (Elefant)
● Was ist bei einer Mücke größer als bei einem Kamel? (Das M)
● In welchem Getränk kann sich ein Affe verstecken? (K-affe-e)
● In welchem Land können sich Affen verstecken? (Schlar-affen-land)
● Welches Pferd sieht dem Schwein ähnlich? (Nilpferd)
● Welche Diele will keiner in seinem Haus haben? (Krokodile)
● Welcher Bär kann Baumstämme durchnagen? (Bi-ber)
● Welches Zootier ist in Paraguay beheimatet? (Ara)
● Was hat eine Lotterie mit einem Zoo gemeinsam? (Otter)
● Was ist ein Papageier? (Kreuzung aus Papagei und Geier)
● Was ist eine Zebratte? (Kreuzung aus Zebra und Ratte)
● Was ist ein Wanzebra? (Kreuzung aus Wanze und Zebra)
● Worin steckt die würzigste Meldung? (Im Ka-meldung)
● Welches Bein ist besonders wertvoll? (Elfenbein)

● Welches Mädchen trägt immer einen Papagei mit sich? (S-ara-h)
● Was ist die Steigerung von phantastisch? (elephantastisch)
● Welcher Bär wird von Kindern gern gegessen? (Rhabar-ber)
● Was hat zwei Arme, drei Köpfe, acht Beine und zwei Flügel? (Junge auf Elefant mit Papagei)
● Welcher Bär ist besonders fleißig? (O-ber)

Verrückte Züchtung

❀ DIN-A 4-Blätter
❀ Stifte

Verrückte Tiere entstehen, wenn alle Kinder bei der ›Züchtung‹ ihren Beitrag leisten. Jedes Kind bekommt ein Blatt Papier und einen Stift. Es zeichnet einen möglichst phantasievollen Tierkopf und faltet das Blatt so nach hinten, daß nur noch zwei Ansatzstriche für den Hals sichtbar bleiben. So werden alle Blätter weitergereicht. Die nächsten zeichnen einen schönen Hals – dann den Körper, die Beine und zuletzt die Füße. Werden die Blätter dann aufgefaltet, können lustige Neuzüchtungen bewundert werden.

Richtig schwungvoll mit dem Popo wackeln ist ganz schön anstrengend

»Sag mir mal bitte, warum du gerade den kleinen Sebastian so verprügelt hast!«
»Weil er mich voriges Jahr Nilpferd genannt hat.«
»Und da verhaust du ihn erst heute?«
»Natürlich, ich war gestern im Zoo und habe zum erstenmal ein Nilpferd gesehen.«

Nilpferdduft fliegt durch die Luft

❀ Stoffgürtel, Sicherheitsnadel
❀ kleine braune Pappstücke
❀ Stoppuhr

Viele Tiere grenzen ihren Lebensraum – ihr Territorium – mit Hilfe von Duftstoffen ab, die in besonderen Drüsen gebildet werden. Wenn Antilopen ihren Kopf an einem Ast reiben, hinterlassen sie dabei die Absonderungen ihrer Duftdrüsen. Nilpferde verwenden dagegen ihren Kot als Duftmarke. Habt ihr im Zoo schon einmal beobachtet, wie ein Nilpferd kraftvoll seinen Kot mit dem Schwanz in der Gegend verteilt? Es will damit auch einem Weibchen imponieren.

Wir machen daraus ein herrliches Spiel: Der Standort für die Hinterbeine des Nilpferdes wird markiert, und dahinter legen wir einen ›Haufen‹ von kleinen Pappstückchen. Einem Kind wird der Gürtel als Schwanz mit einer Sicherheitsnadel am Popo befestigt. Es stellt sich an die markierten Stellen und versucht nun mit dem ›Schwanz‹ (ohne Zuhilfenahme der Hände) den ›Kot‹ soweit wie möglich zu verteilen.
Zu diesem lustigen Popowackeln hat das Kind nur eine Minute Zeit, weil es dann von einem anderen Nilpferd gestört wird. Das am weitesten geschleuderte Pappstückchen bleibt für die Wertung liegen. Können die anderen Nilpferde den ›Kot‹ vielleicht noch weiter verteilen?

Löwenjagd

›Wollt ihr mich auf meiner Löwenjagd begleiten?‹ fragt der Expeditionsleiter. ›Na, klar!‹ rufen alle Kinder und bilden mit dem Jäger einen Kreis.

Jäger: ›Wir marschieren los!‹

Bei diesem Kommando tun alle Teilnehmer so, als ob sie marschierten.

Jäger: ›Eine schmale Holzbrücke führt über eine tiefe Schlucht!‹

Alle: ›Holzbrücke über einer Schlucht!‹

Jäger: ›Wir müssen hinüber!‹

Alle imitieren mit ihrer Zunge gegen den Oberkiefer schnalzend die Tritte auf der Holzbrücke.

»Papa, meine Freundin weiß nicht, wie ein Kamel aussieht«, berichtet Anja ganz aufgeregt. »Das gibt es doch nicht«, antwortet der Vater. »Es stimmt aber«, erwidert sie. »Ich habe ein Kamel gezeichnet, und sie fragte mich, was das für ein Tier sei.«

Jäger, die die Löwen meiden, mögen lieber Möwen leiden

Jäger: ›Ein schmaler Fluß ist vor uns!‹

Alle: ›Schmaler Fluß!‹

Jäger: ›Wir waten durch den Fluß!‹

Alle tun so, als ob sie ihre langen Hosen hochkrempelten und durch den Fluß wateten.

Jäger: ›Kein Weg führt durch den Dschungel!‹

Alle: ›Kein Weg!‹

Jäger: ›Wir schlagen mit dem Buschmesser eine Schneise!‹

Alle schlagen mit ›Messern‹.

Jäger: ›Achtung, lästige Moskitos!‹

Alle: ›Lästige Moskitos!‹

Jäger: ›Wir wehren sie ab!‹

Alle schlagen um sich.

Jäger: ›Hilfe, die Affen werfen Kokosnüsse auf uns!‹

Alle: ›Kokosnüsse!‹

Jäger: ›Wir gehen in Deckung!‹

Alle gehen in Deckung.

Jäger: ›Ich bin ja so hungrig!‹

Alle: ›Hunger, Hunger!‹

Jäger: ›Wir essen Beeren!‹

Alle pflücken Beeren, stecken sie in den Mund und spucken sie sofort wieder aus.

Jäger: ›Hilfe, eine giftige Schlange!‹

Alle: ›Giftige Schlange!‹

Jäger: ›Wir klettern auf einen Baum!‹

Alle klettern auf einen Baum.

Jäger: ›Hurra, ich sehe einen Löwen!‹

Alle: ›Hurra, ein Löwe!‹

Jäger: ›Hilfe, ich habe mein Betäubungsgewehr vergessen. Wir müssen sofort zurück!‹

Mit kurzen Befehlen führt der Jäger seine Begleiter in größter Eile in Sicherheit:

›Baum herunterklettern, vor Kokosnüssen in Deckung gehen, Moskitos abwehren, Schneise schlagen, Fluß durchwaten, Holzbrücke überqueren, zum Haus rennen, Tür zuschlagen, ausruhen!‹

Zooquiz

1. In welchen Erdteilen sind Elefanten beheimatet?

2. Weshalb werden Elefanten von Wilderern gejagt und sind deshalb vom Aussterben bedroht?

3. Wie heißen die weiblichen, wie die männlichen Elefanten?

4. Ein erwachsener Elefant frißt im Zoo täglich etwa 50 kg Heu und Gras, 20 kg Rüben, 10 kg Kraftfutter, 10 kg Brot, 10 kg Kartoffeln, Möhren, Äpfel und anderes Obst. Wie viel kg Futter benötigen zwei Elefanten pro Tag?

5. In der Wildnis frißt ein Elefant täglich bis zu 250 kg Gras und Blätter. Wieso frißt er in der Wildnis soviel?

6. Wer kann älter werden – ein Elefant oder ein Eisbär?

7. Was fressen Pandabären?

8. Wozu benutzen die Pinguine ihre Flügel?

9. Warum können Pelikane, die frei im Zoo leben, nicht wegfliegen?

10. Welches Tier hat einen Höcker?

11. Viele Tiere grenzen ihren Lebensraum – ihr Territorium – mit Hilfe von Duftmarken ab. Das Antilopenmännchen zum Beispiel hat neben seinen Augen Duftdrüsen. Es markiert sein Reich, indem es seinen Kopf an Bäumen und Steinen reibt. Wie hinterlassen andere Tiere Duftmarken?

12. Menschen und Katzen haben sieben Halswirbel. Wie viele Halswirbel haben Giraffen: 7, 14 oder 28?

13. Warum werden Leoparden in der Wildnis gejagt?

14. Die Tragezeit – die Zeit zwischen Befruchtung und Geburt – beträgt bei Giraffen durchschnittlich 15 Monate. Das Säugetier mit der längsten Tragezeit ist der indische Elefant. Sind es im Durchschnitt 16, 20 oder 22 Monate?

15. Welcher Löwe hat eine Mähne: das Männchen oder das Weibchen?

16. Welchen Tieren wird im Zoo das Futter besonders hoch gehängt?

17. Welche Tiere fressen nur Eukalyptusblätter und trinken nicht?

18. Was spuckt ein Kamel, wenn es sich gestört fühlt: Speichel oder Mageninhalt?

19. Inwiefern ist das Schnabeltier ein besonderes Säugetier?

20. Welches ist das schnellste Säugetier der Welt?

21. Welches Tier kann weiter springen – der Schneeleopard oder das Riesenkänguruh?

22. Welche Vogeleier werden in freier Natur von den Menschen als Gefäße benutzt?

23. Welcher Vogel kann als einziger rückwärts fliegen?

24. Wie schnell kann ein Wanderfalke fliegen – bis zu 110, 230 oder 320 Kilometer pro Stunde?

25. Weißt du, welches Säugetier fliegen kann?

Die Lösungen halten die Clownmädchen für euch bereit.

Lösungen:

1. Afrika und Asien

2. Wegen ihrer Stoßzähne aus Elfenbein

3. Elefantenkühe und Elefantenbullen

4. 200 kg

5. Das Futter ist nicht so nahrhaft, und für seine etwa 50 km langen Tagesmärsche bei der Futtersuche braucht er viele Kalorien

6. Elefant: ca. 60 Jahre, Eisbär: ca. 40 Jahre

7. Bambussprossen

8. Als Schwimmflossen

9. Ein Flügel wird ihnen gestutzt

10. Dromedar

11. Kot oder Harn

12. Sieben

13. Wegen ihres wertvollen Fells

14. 22 Monate

15. Das Männchen

16. Giraffen

17. Koalabären

18. Mageninhalt

19. Es legt Eier

20. Gepard

21. Schneeleopard: ca. 15 m, Känguruh: ca. 12 m

22. Straußeneier

23. Kolibri

24. 320 km

25. Fledermaus

Was müssen das für Bäume sein

(Kanon, Text und Melodie: mündlich überliefert)

Was müs-sen das für Bäu-me sein, wo die

gro-ßen E-le-fan-ten spa-zie-ren-gehn, oh-ne sich zu

sto-ßen? Rechts sind Bäu-me, links sind Bäu-me

und da-zwi-schen Zwi-schen-räu-me, wo die gro-ßen E-

le-fan-ten spa-zie-ren-gehn, oh-ne sich zu sto-ßen.

Spiel zum Lied

Während des Singens stellen einige Kinder die Bäume dar, an denen die ›Elefanten‹ mit langem Arm als Rüssel oder mit Maske (siehe Seite 65) ohne Berührung vorbeiziehen.

Elefantenkette

Alle Kinder stellen sich hinter dem Geburtstagskind auf, bücken sich, führen den rechten Arm durch die Beine nach hinten, strecken den linken Arm nach vorn und reichen dabei den Vorder- und Hintermännern die Hände. Schon führt das Geburtstagskind seine ›Herde‹ singend durch die Wohnung. Zum Ausruhen legen sie sich auch einmal auf den Boden – als Kette natürlich.

Elefantenjagd

Alle Kinder verwandeln sich in Elefanten. Ein Elefant will die Herde zusammentreiben. Wer vom ›Rüssel‹ des Treibers getroffen wird, muß sich setzen.

In Schönschrift eine Sechs

»Wer kann berichten, was wir über den Tiger gelernt haben?« fragt die Lehrerin.
Daniela meldet sich: »Der Tiger ist ein gefährliches Raubtier. Er hat einen großen Rachen, ein gestreiftes Fell und kann gut springen – aber schlecht schreiben.«
»Wo hast du denn diesen Unsinn her?« wundert sich die Lehrerin.
Daniela ist ganz beleidigt: »Sie haben uns doch gesagt, der Tiger habe eine furchtbare Klaue.«

Fuchs im Kittchen

Als Regina mit ihrem Vater in den Zoo geht, kommen sie auch zu einem Käfig, in dem ein Fuchs unruhig hin und her rennt. »Schau dir mal den Fuchs an«, sagt der Vater, »du kennst ihn doch aus dem Lied, Fuchs, du hast die Gans gestohlen.«
Regina ist entsetzt: »Wegen dieser Gans muß der Fuchs sein Leben lang hinter Gitter?«

Geschickte Elefantenrüssel

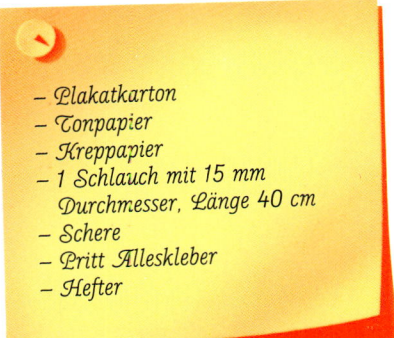

- Plakatkarton
- Tonpapier
- Kreppapier
- 1 Schlauch mit 15 mm Durchmesser, Länge 40 cm
- Schere
- Pritt Alleskleber
- Hefter

Wißt ihr, was ein Elefant mit seinem Rüssel alles machen kann? Atmen, riechen, greifen, tasten, trinken, trompeten, schlagen und sogar Baumstämme transportieren! Bei unseren Rüsselspielen könnt ihr die Masken benutzen oder auch einfach nur Plastikschläuche als Rüssel verwenden.

Für eine Maske wird ein 30 x 65 cm großes Stück Plakatkarton zu einer Röhre geheftet. Mit Hilfe des Vorlagebogens schneiden wir aus einem zweiten Stück Plakatkarton die Ohren aus und heften sie an die Röhre. Dann schneiden wir vorsichtig Löcher für die Augen und das Rüsselloch in die Röhre und verzieren die Augen mit Tonpapier. Wir umwickeln den Schlauch mit Kreppapier und lassen dabei an einem Ende ein ›Mundstück‹ frei, das wir durch das Loch der Maske stecken.

Den Elefanten abgeschaut: Mit dem Rüssel lassen sich kleine Gegenstände, wie zum Beispiel Tischtennisbälle, ansaugen

Rüsselballtransport

- ❀ Rüssel (Schläuche mit 15 mm Durchmesser)
- ❀ Tischtennisbälle
- ❀ 2 kleine Schüsseln

Die Elefanten saugen mit ihren Rüsseln einen Ball an und bringen ihn so zu einer Schüssel.

Elefantenstafette

- ❀ Rüssel
- ❀ Tischtennisbälle

Zwei Mannschaften sitzen einander gegenüber. Von Elefant zu Elefant wird der Ball mit dem Rüssel weitergereicht, ohne daß er herunterfallen darf. Die Elefanten, deren Ball zuerst beim letzten der Gruppe angekommen ist, dürfen laut trompeten.

Rüsselslalom

- ❀ Rüssel
- ❀ Tischtennisbälle
- ❀ Becher oder Schachteln
- ❀ Stoppuhr

Auf dem Tisch wird mit Bechern eine Slalomstrecke aufgestellt oder mit Schachteln ein Labyrinth markiert. Mit dem Rüssel soll der Ball möglichst schnell hindurchgepustet – nicht geschoben – werden.

Flamingorüssel

- ❀ Rüssel
- ❀ Flamingofedern

Die Elefanten pusten durch ihre Rüssel und lassen die Federn schweben. Welcher Elefant kann seine Feder am längsten in der Luft halten?

Pinguine haben es nicht leicht mit ihrem Nachwuchs

Es lebt der Eisbär in Sibirien

(Text und Melodie: mündlich überliefert,
2. und 3. Strophe: G. Hennekemper)

Es lebt der Eis-bär in Si-bi-rien, es lebt in
es lebt das Wild-pferd in Si-zi-lien, in mei-nem

A-fri-ka das Gnu,
Her-zen lebst nur du - a-u-a-

u-a-u-a-u, in mei-nem Her-zen lebst nur du.

2. Am Stamme nagt der Biber gerne, es nagt das Eichhorn immerzu,
es nagt das Murmeltier am Kerne, an meinem Herzen nagst nur du.
3. Der Elefant säuft mit dem Rüssel, am Bache säuft die braune Kuh,
es säuft das Schweinchen aus der Schüssel, in meinem Herzen seufzt
nur du.
4. Es rußt bei Krupp der Eisenhammer, es rußt der Schornstein immerzu,
es rußt der Ofen in der Kammer, in meinem Herzen ruhst nur du.
5. Es bricht im Glase sich der Funke, die Nacht bricht an zu kühler Ruh',
es bricht der Jüngling nach dem Trunke, mein armes Herze brichst nur du.

Pinguinflossenlauf

❀ Schwimmflossen
❀ 2 Bälle
❀ Kissen

Dieses tolle Spiel haben wir dem Brutverhalten der Königspinguine abgeschaut. Abwechselnd legen die beiden Eltern das Ei auf ihre beiden Schwimmfüße und schützen es mit ihrer Bauchfalte.
Zwei Kinder ziehen sich Schwimmflossen an. Anstelle eines Eis legt jeder einen mittelgroßen Ball auf eine Flosse. So stellen sich beide Spieler an den Start einer etwa 6 m langen Rennstrecke. Im ersten Druchgang dürfen sie geradewegs zum Ziel watscheln. Verlieren sie auf dem Weg ihr wertvolles Ei, müssen sie am Start neu beginnen. Im zweiten Durchgang liegen ihnen Eisschollen (kleine Kissen) im Weg. Diese müssen vorsichtig überstiegen werden. Wenn ihr Lust habt, den Schwierigkeitsgrad noch zu erhöhen, laßt doch die Eisberge immer höher wachsen!

Rätsel

Mit Kopf eine europäische Hauptstadt, ohne Kopf ein Körperteil des Elefanten.
Mit Kopf kann's gefährlich werden, ohne Kopf sieht man's an manchen Häusern.
Mit Kopf findet man's im Zoo, ohne Kopf unter der Erde.
(B-rüssel, P-ranken, N-erz)

Spiel zum Lied

Bei dieser Liebeserklärung wird das Geburtstagskind von vier Kindern an Händen und Beinen zu jeder Herzenszeile herzhaft geschaukelt.

Giraffenfütterung

❀ kleine Imbißpäckchen
❀ Besenstiel
❀ Draht

Kleine, mit einer Drahtschlaufe versehene Imbißpäckchen werden auf hohen Schränken und Regalen verteilt. Mit einem Besenstiel, an dem ein Drahthaken befestigt ist, machen sich die Kinder giraffengroß und holen sich ihr ›Futter‹.

Was macht denn da das Dromedar?

(Text und Melodie: G. Hennekemper)

Was macht denn da das Dro-me - dar, Dro-me - dar?
Es tram - pelt auf 'nem lan-gen Haar, lan-gen Haar.

Da kommt die klei-ne Mäu-se-schar zum gro-ßen, gro-ßen Dro-me-dar.

Dro-me-dar, Dro-me-dar, tritt nicht auf die Mäu-se-schar.
Dro-me-dar, Dro-me-dar krümm' ihr ja kein Haar!

2. Was macht denn da das Känguruh, Känguruh?
Es sucht sich ein Paar schöne Schuh', schöne Schuh'.
Da kommt der kleine Marabu zum großen, großen Känguruh.
Känguruh, Känguruh, wozu brauchst du ein Paar Schuh'?
Känguruh, Känguruh, gib' doch endlich Ruh'!
3. Was macht denn da der Pinguin, Pinguin?
Er springt auf einem Trampolin, Trampolin.
Da kommt die kleine Igelin zum großen, großen Pinguin.
Pinguin, Pinguin, laß das mit dem Trampolin!
Pinguin, Pinguin, das hat keinen Sinn.
4. Was macht denn da der Auerhahn, Auerhahn?
Er kämpft mit einem stolzen Schwan, stolzen Schwan.
Da kommt der schöne Pelikan zum starken, starken Auerhahn.
Auerhahn, Auerhahn, kämpf' nicht mit dem stolzen Schwan!
Auerhahn, Auerhahn, such' dir einen Hahn!
5. Was macht denn da der Papagei, Papagei?
Er sitzt auf einem Hühnerei, Hühnerei.
Da kommt das kleine Huhn herbei zum großen, großen Papagei.
Papagei, Papagei, mir gehört das kleine Ei.
Papagei, Papagei, brich es nicht entzwei.
6. Was macht denn da der Kakadu, Kakadu?
Er tanzt im Kreise immerzu, immerzu.
Da kommt die große braune Kuh zum bunten, bunten Kakadu.
Kakadu, Kakadu, tanz' doch mit dem Marabu!
Kakadu, Kakadu, ich mach' muh dazu!
7. Was macht denn da das Krokodil, Krokodil?
Es leckt an einem Eis am Stiel, Eis am Stiel.
Da kommt das große Pferd vom Nil zum grünen, grünen Krokodil.
Krokodil, Krokodil, du verträgst kein Eis am Stiel.
Krokodil, Krokodil, komm mit mir zum Nil!

Bilderbuchbuntes Bücherwürmerfest

Bei Bernhard Balthasar Blaubarts bilderbuchbuntem Bücherwürmerfest bezaubern bildschöne, butterweiche Buchstabenleckereien, blitzschnelle Bücherstapler, blondgelockte, barfüßige Brummbären, bahnbrechende Buchstabenspielereien, besonders bedeutende Bücherburgen, beliebte Buchstabenrätsel, beglückende Bücherspiele, beklebte Buchstabenbonbons, bewunderungswürdige, berühmte Buchautoren, bienenfleißige Blättersammler, bestechliche Buchstabenräuber bei blechtrommelbegleiteter Beatlesmusik begeisterte blumengeschmückte, bastelfreudige Bücherwürmer, bis beinharte Büchermonster Bennis Bücherwürmerfest barsch beenden.

● Welche Redewendung deuten zwei Kinder spielerisch an?

(Jemandem ein X für ein U vormachen)

Festvorbereitung

Bücherwürmer laden ein

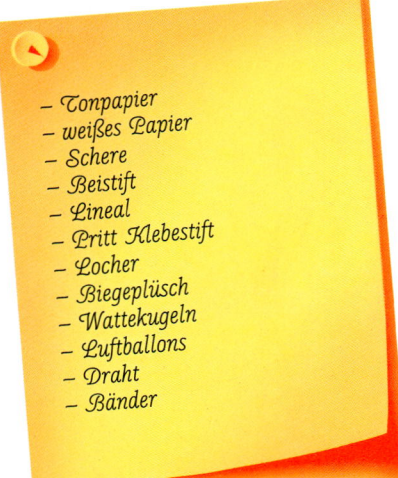

– Tonpapier
– weißes Papier
– Schere
– Beistift
– Lineal
– Pritt Klebestift
– Locher
– Biegeplüsch
– Wattekugeln
– Luftballons
– Draht
– Bänder

Lustige Bücherwürmereinladungen wecken die Vorfreude auf das Fest

1. Wir falten die Schmalseite eines 15 x 8,5 cm großen Stückes Tonpapier so auf die andere Seite, daß ein 1 cm breiter Rand bleibt, öffnen wieder und machen das gleiche mit der anderen Seite. Wenn der so entstandene Buchrücken von innen mit Klebstoff bestrichen ist, befestigen wir daran ein 14,5 x 8 cm großes weißes Papier und schreiben einen netten Einladungstext darauf.

2. Wer mit einem Luftballon einladen will, bläst diesen auf, schreibt mit einem geeigneten Stift den Text darauf und läßt die Luft wieder heraus.

3. Das zugeklappte Buch wird zweimal gelocht. Wir ziehen ein 20 cm langes Stück Biegeplüsch durch die Löcher und kringeln es. Den Luftballon können wir ebenfalls durch die Löcher ziehen, nur müssen wir ihn vorher mit einem doppelt gelegten Draht verstärken, dessen Schlaufe vorsichtig in den Ballon geschoben wird.

4. Dann stecken wir eine Wattekugel auf ein Plüsch- oder Luftballondrahtende und malen ein Gesicht.

5. Luftballons, Dreiecke oder Hutteile könnt ihr abpausen, ausschneiden und aufkleben. Schreibt ›Einladung‹, ›Party‹ oder den Titel des Festes auf die Vorderseite, und gestaltet das Buch ganz nach eurem Geschmack!

Buchstabenleckereien

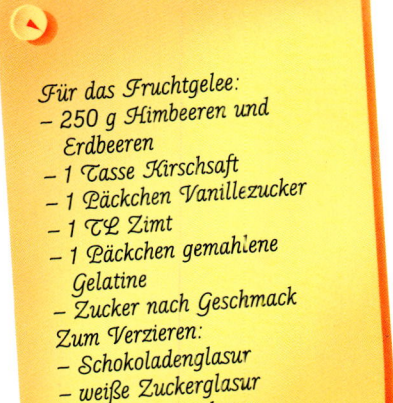

Für den Teig:
– ¼ l Wasser
– 60 g Butter
– 1 Prise Salz
– 190 g Mehl
– 4 Eier

Für die Schokoladenfüllung:
– 1 Becher süße Sahne
– 150 g Vollmilchschokolade
– 1 Päckchen Sahnesteif

Für den Vanillequark:
– 250 g Quark
– Saft von 1 Zitrone
– 2 Päckchen Vanillezucker
– einige Tropfen Rumaroma
– 1 TL feingeriebene
  Zitronenschale
– Zucker nach Geschmack

Für das Fruchtgelee:
– 250 g Himbeeren und
  Erdbeeren
– 1 Tasse Kirschsaft
– 1 Päckchen Vanillezucker
– 1 TL Zimt
– 1 Päckchen gemahlene
  Gelatine
– Zucker nach Geschmack

Zum Verzieren:
– Schokoladenglasur
– weiße Zuckerglasur
– Zuckerspritzglasur
– Liebesperlen, Zuckerstreusel
– farbstofffreie Gummibärchen

1. Das Wasser mit Butter und Salz in einem Topf zum Kochen bringen. Das Mehl dazugeben und mit dem Kochlöffel kräftig rühren, bis sich der Kloß vom Topf löst.

2. Vom Feuer nehmen, etwas abkühlen lassen und die Eier einzeln nach und nach unter den Teig schlagen.

3. Den Teig in einen Spritzbeutel füllen und Buchstaben auf ein bemehltes Backblech spritzen. Im vorgeheizten Backofen bei 180°C 15 bis 20 Minuten ausbacken. Herausnehmen und die leicht abgekühlten Buchstaben halbieren.

4. Für die Schokoladenfüllung die Sahne mit der Vollmilchschokolade in einem Topf verrühren, bis sich beides verbunden hat. Vollständig erkalten lassen und dann mit Sahnesteif schaumig schlagen.

5. Für den Vanillequark den Quark mit den Zutaten glattrühren und zuckern.

6. Für das Fruchtgelee die gewaschenen Früchte in einer Schüssel mit einer Gabel zerdrücken. Den Saft mit Vanillezucker und Zimt erhitzen und darin die Gelatine auflösen. Die Flüssigkeit zu den Früchten geben und zuckern. Im Kühlschrank erkalten lassen.

7. Die Füllungen auf den unteren Teil der Buchstaben streichen und abdecken. Die Oberteile mit Zucker- und Schokoladenglasur bestreichen und mit Zuckerspritzglasur und bunten Leckereien verzieren.

Bei so leckeren Buchstaben läuft jedem Bücherwurm das Wasser im Mund zusammen

Karten-ABC-Spielereien

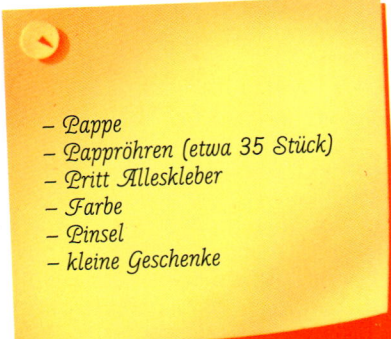

– 52 Fotokartonrechtecke
  (5,5 x 7,5 cm)
– Bleistift
– Schere
– Lineal
– Zeitungen
– Prospekte
– Pritt Klebestift
– Klarsichtfolie

1. Aus Großdruck-Überschriften schneiden wir zweimal das Alphabet aus.
2. Dann kleben wir die Buchstaben auf die Rechtecke.
3. Mit Klarsichtfolie überziehen wir die Karten. Dadurch werden sie etwas haltbarer.

Für ein ›Buchstabenmemory‹ legen wir die Karten verdeckt auf den Tisch. Nacheinander deckt jeder Spieler zwei Karten für alle sichtbar auf, merkt sich die Buchstaben und dreht die Karten wieder um. Zwei gleiche Buchstaben darf er an sich nehmen und dann noch einmal zwei Karten aufdecken. Wer hat am Ende die meisten Buchstabenpaare?

Beim ›Buchstaben-Kim‹ werden zehn Buchstaben von einer Zeitung verdeckt. Zehn Sekunden lang wird der Blick auf die Karten freigegeben. Dann schreibt jeder Spieler auf, welche Buchstaben er sich gemerkt hat. Wenn für die richtig erkannten Buchstaben die Punkte verteilt sind, beginnt eine neue Runde mit neuen Karten.

Nach den gleichen Regeln könnt ihr ›Bücher-Kim‹ spielen.

Beim ›Buchstaben-Mix-Max‹ versucht jedes Kind, aus sechs gezogenen Buchstaben ein möglichst langes Wort zu bilden.

Buchstabenburg

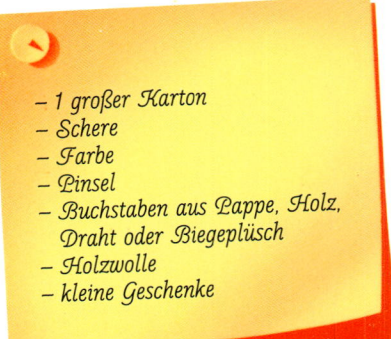

– Pappe
– Pappröhren (etwa 35 Stück)
– Pritt Alleskleber
– Farbe
– Pinsel
– kleine Geschenke

Habt ihr Lust, für unser Spiel ›Eroberung der Buchstabenburg‹ (Foto auf Seite 82) eine Burg zu bauen?
1. Auf eine große Pappunterlage oder einen ›Felsen‹ aus Pappmaché werden Röhren in verschiedenen Längen und Durchmessern aufgeklebt und grau angestrichen.
2. Auf jede Röhre schreiben wir einen Buchstaben. Die Vokale sowie die Konsonanten N, R, S und T sollten mindestens zweimal vorkommen.

Die Buchstabenburg und die folgenden Vorschläge sind originelle Möglichkeiten, Abschiedsgeschenke zu verteilen. Versteckt in einigen Röhren kleine Überraschungen! Durch Treffen mit einem Ring oder einer Perle erwirbt das Kind ein Geschenk.

Überraschungskiste

– 1 großer Karton
– Schere
– Farbe
– Pinsel
– Buchstaben aus Pappe, Holz,
  Draht oder Biegeplüsch
– Holzwolle
– kleine Geschenke

In eine Kartonseite schneiden wir zwei Löcher für unsere Hände. Sobald wir den Karton bunt bemalt oder beklebt haben, kann er mit vielen Buchstaben aus verschiedenen Materialien oder mit Holzwolle und kleinen Geschenken gefüllt werden. Wie lange brauchen die wählerischen Wühlwürmer, um vierbuchstabige Wörter wie ›Wurm‹ oder ›Affe‹ aus der Kiste zu holen?

Was mag wohl in der Kiste sein?

Wolligweiche Bücherwürmer

❀ Wolle
❀ Häkelnadel
❀ Perlen

Aus flauschiger Wolle häkeln wir eine lockere Luftmaschenkette aus etwa 50 Maschen. Wenn wir in jede Luftmasche drei feste Maschen häkeln, entsteht ein kringeliger Wurm. In die vorletzte Masche arbeiten wir zwei Perlen als Augen ein. Der Bücherwurm bietet euch seine Dienste als Lesezeichen an.

Anglerglück

❀ Schuhkarton
❀ kleiner Stock
❀ fester Draht
❀ Buchstaben oder kleine Geschenke

In einen bemalten oder mit Buntpapier beklebten Karton legen wir die mit kleinen Drahtschlaufen versehenen Buchstaben oder Geschenke. An ein 30 cm langes Drahtstück (oder an eine mit einem Korken beschwerte Schnur) biegen wir einen Haken. Sobald wir das andere Ende am Stock befestigt haben, ist die Angel fertig, und es kann losgehen mit dem fröhlichen fischen. Wer angelt zuerst ein Wort aus drei Buchstaben? Petri Heil!

Berühmte Kinderbuchautoren

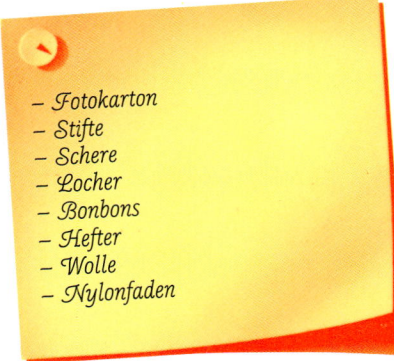

– Fotokarton
– Stifte
– Schere
– Locher
– Bonbons
– Hefter
– Wolle
– Nylonfaden

1. Den Fotokarton schneiden wir in 13 cm breite Streifen. Die Länge der Streifen hängt von den Wörtern ab, die wir mit einem Filz- oder Wachsmalstift daraufschreiben. Genauer gesagt schreiben wir nur die Vokale A, E, I, O und U.
2. Für jeden Konsonanten heften wir ein Bonbon auf den Karton (siehe Foto Seite 58).
3. Durch zwei Löcher ziehen wir kurze Wollfäden, mit denen die Kartonstreifen an einen durch den Raum gespannten Nylonfaden geknotet werden.
4. Für kleinere Kinder bereiten wir zehn Streifen mit Namen von Tieren vor, die im Wald, auf den Feldern, im Garten oder im Haus leben. Wer zuerst ein Wort errät, darf die Bonbons behalten.

. au .	. . a . .
. a . . e	. a . e
l . e .	. . . . e . . e
. ei . e	. u . . .
. . . . e . . e . . i . .	. e . e . . u . .

5. Größere Kinder erraten die Namen von Kinderbuchautoren:

. i . . . . e .	A . . e . . e .
. aa .	. i . .
. . i . .	. oe . . . i . . e .
. . eu . . . e .	. a . o . . .
. . ue . .	. . . . o .
. ae . . . e .	E . . e

(Lösungen im Anhang)

Mein liebes Kind, hör' meine Bitte:
Sag', welcher Buchstabe steht in der Mitte
im ABC, der Fibel
sowie auch in der Bibel.
(& SvD)

Ablauf des Festes

Plötzlich wimmelt es überall von Würmern, die sich über Tische und Stühle schlängeln, an Büchern, Buchstaben und Plakaten knabbern und dabei laut schmatzen.

Ein Wurm hat sich als Pippi Langstrumpf verkleidet, ein anderer stellt sich als Peter Karsten – genannt Tarzan – von der TKKG vor. Ein Wurm behauptet doch tatsächlich, ein bekannter Buchautor zu sein. Angeber! Eine Trommel ruft alle Bücherwürmer zusammen, um dem Geburtstagskind ein lustiges Ständchen zu bringen:

Liebes Geburtstagskind

(Melodie: Volkslied aus Schwaben, Text: G. Hennekemper)

Lie - bes Ge - burts - tags - kind, wir ka - men her ge - schwind,
las - set uns sin - gen, las - set uns sprin - gen,

um mit dir fröh - lich zu fei - ern,
laßt uns im Wal - zer - takt tan - zen.

Al - le Kin - der, die dich ger - ne ha - ben, drehn sich

jetzt im Krei - se, al - le Kin - der, die

dich ger - ne ha - ben, drehn sich jetzt im Krei - se.

2. Alle Kinder, die sechs Jahre alt sind, tanzen auf einem Bein.
3. Alle Kinder, die sieben Jahr' alt sind, rufen ganz laut ›Hurra‹.
4. Alle Kinder, die acht Jahre alt sind, tanzen in der Hocke.
5. Alle Mädchen mit langen Haaren tanzen wie die Popstars.
6. Alle Jungen mit blauen Hosen suchen sich eine Tanzfrau.
7. Alle, die gern Schokolade essen, tanzen mit dicken Bäuchen.
8. Alle, die Bücher mit Affen lieben, tanzen wie die Affen.
9. Alle Kinder, die gern musizieren, spielen ihr Instrument.

Spiel zum Lied

Alle Kinder bilden einen Kreis, haken einander unter und schunkeln beim Singen des Refrains. Bei jeder Strophe gehen die betroffenen Kinder für ihren Auftritt in den Kreis. Sicherlich fallen euch noch mehr Strophen ein, so daß jedes Kind mindestens einmal an die Reihe kommt.

Chor der Bücherwürmer

❀ Gläser mit Saft
❀ Kekse

Mit Keksen oder einem Schluck Saft im Mund schmatzen und gurgeln die Bücherwürmer ein lustiges ›Happy Birthday‹. Weil der Gesang so herrlich klingt, solltet ihr ihn auf Kassette aufnehmen.

Bandwürmertanz

❀ 60 cm lange Stöcke
❀ Klebeband
❀ lange Kreppapier- oder
    Stoffbänder
❀ Kassettenrecorder

Die Tänzer befestigen bunte Bänder mit Klebeband an den Stockspitzen. Sobald die Musik einsetzt, beginnt der große Tanzspaß. Alle schwingen tanzend die Bänder um ihre Arme, Köpfe oder Beine. Dann wollen sich die Bandwürmer treffen. Dazu schwingen alle ihre Stöcke hoch und versuchen, die Bänder der anderen zu berühren. Wenn sie einen langen Bandwurm in die Luft gezaubert haben, lassen sie ihre Bänder so über den Boden kreisen, daß die anderen darüberspringen müssen.

Habt ihr schon einmal tanzende Bandwürmer gesehen?

Mit den Lippen lesen

❀ kleine Buchstabenkekse
❀ 1 Tuch

Einem anderen ›einen Wunsch von den Lippen ablesen‹ ist eine bekannte Redewendung. In unserem Spiel lesen wir mit den Lippen.

Wörter essen: Wer erkennt den Buchstabenkeks mit der Zunge?

Wie das gehen soll? Ganz einfach! Einem lesewilligen Kind werden die Augen verbunden, und wir füttern es in der richtigen Reihenfolge mit vier Keksen, die ein Wort bilden, zum Beispiel A U T O. Kann es das Wort mit den Lippen und der Zunge lesen?

Die Königin von England liebt Tee

Wer gern wissen möchte, was die Königin von England außerdem noch liebt, wird herzlich eingeladen, bei diesem lustigen Spiel mitzumachen: Das Geburtstagskind erzählt am Kaffeetisch, daß die Königin von England Tee liebt, aber keinen Kaffee. Reihum fragen die anderen zum Beispiel:

> »Liebt sie Bücher?« – »Nein,
> aber sie liebt Zeitschriften.«
> »Liebt sie Kekse?« – »Nein,
> aber sie genießt Trüffel.«
> »Liebt sie Würfelspiele?« – »Nein,
> aber sie spielt gern Karten.«
> »Liebt sie Jacken?« – »Nein,
> sie bevorzugt Mäntel.«
> »Liebt sie Tennis?« – »Ja.«

Hilft das Geburtstagskind mit seinen Antworten, finden sicher alle heraus, daß die Königin von England alle Sachen liebt, die ein ›T‹ enthalten, weil sie ja ›Tee‹ liebt.

Wer stapelt die meisten Bücher?

Bücherhochstapelei

❀ Bücher

Daß Hochstapeln ganz schön anstrengend sein kann, merkt ihr bei diesem Spiel: Viele Bücher liegen weit verstreut auf dem Boden. Zwei Schubkarrenpaare starten, sammeln die Bücher einzeln ein und stapeln sie hoch. Wer am Ende den höchsten Bücherturm vorzeigen kann, ist der beste Hochstapler.

Bücherordnung

❀ Bücher

Auf dem Boden oder an einem Tisch gehen die Bücherordner ans Werk. Für jedes Kind liegen zehn verschiedene Bücher bereit, die beim Startkommando alphabetisch nach Autoren geordnet aufgestapelt werden sollen. Wird der Schnellste mit einem Ordnungsorden belohnt?

Rückenpost

Wenn dir jemand mit den Fingern Wörter auf den Rücken schreibt, fühlt sich das an, als ob Bücherwürmer über deinen Rücken kriechen. Verstehst du die Kriechsprache?

Mit Büchern zeichnen

❀ Buch
❀ Papier
❀ Filzstift

Bei diesem wunderschönen Spiel sitzen zwei Kinder einander gegenüber. Ein Kind hält den Filzstift in Schreibhaltung, ohne ihn zu bewegen. Das andere Kind legt das Blatt Papier auf das Buch und bewegt dieses so unter dem Filzstift und dem Papier umher, daß ein Gegenstand gezeichnet wird, zum Beispiel ein Auto. Ob der Partner das schnell erkennen kann? Der Buchzeichner erleichtert ihm das Raten, wenn er die Gegenstände auf dem Kopf stehend zeichnet. Ihr könnt auch Paare bilden und einen Wettkampf veranstalten: Ein Außenstehender flüstert den Buchzeichnern einen Begriff zu, wie Brille, Uhr, Drachen, Bett, Baum oder Igel, den alle gleichzeitig zeichnen. Wer erkennt diesen Begriff zuerst?

Buchzeichner bei der Arbeit

Großes und kleines Scherzfragenalphabet zu Büchern und Buchstaben

A Welcher Buchstabe kann laut brüllen? (O – Kuh)

a Was haben ein Bär und eine Mücke gemeinsam? (Einen Umlaut)

B Welchen Vogelnamen kann man mit zwei Buchstaben schreiben? (NT – Ente)

b Welches Wort wird immer falsch geschrieben? (Falsch)

C Was macht den Schmerz so schmerzhaft? (Das m)

c Kannst du Wasser mit drei Buchstaben schreiben? (Eis)

D Welcher Buchstabe kann wachsen? (C – Zeh)

d Was ist bei Tag und Nacht gleich? (Das a)

E Welcher Satz steht in keinem Buch? (Kaffeesatz)

e Was ist bei der Mücke größer als beim Kamel? (Das M)

F Welcher Buchstabe wird gern getrunken? (T – Tee)

f Was steht mitten in Paris? (Das r)

G Warum stehen Buchstaben so aufrecht? (Weil sie einen Stab verschluckt haben)

g Kennst du fünf aufeinanderfolgende Tage, in denen kein a vorkommt? (Vorgestern, gestern, heute, morgen, übermorgen)

H Welcher englische Buchstabe stellt eine Frage? (Y – why – warum)

h Wer hat immer das letzte Wort? (Echo)

I In welchem Buchstaben können englische Kinder schwimmen? (C – sea – Meer)

i Was macht ein Gelehrter, wenn er ein Buch lesen will? (Er schlägt es auf.)

J Welchen Buchstaben kann man in England essen? (P – pea – Erbse)

j Welcher Monat ist der kürzeste? (Mai – Er hat nur drei Buchstaben.)

K Vor welchen drei Buchstaben haben englische Diebe Angst? (I C U – I see you. – Ich sehe dich.)

k Womit fängt der Tag an und hört die Nacht auf? (Mit t)

L Wo findet ein Massenmörder Unterstützung? (Im Lexikon)

l Welcher Abschiedsgruß hat fünf Buchstaben? (Hau ab!)

M Welche Ratte kommt in den besten Familien vor? (Leseratte)

m Warum kann der Buchstabe e nicht arbeiten? (Weil er im Bett liegt)

N Welchen Planeten und welchen deutschen Fluß kann man mit jeweils zwei Buchstaben schreiben? (RD – Erde, LB – Elbe)

n Auf welchem Beet wächst keine Pflanze? (Alphabet)

O Nimmst du von fünf Buchstaben einen weg, so erhältst du acht. (N-acht)

o Kannst du Gras mit drei Buchstaben schreiben? (Heu)

P Wer trägt seinen Namen auf dem Rücken? (Das Buch)

p Wie heißt es richtig: M ist der zwölfte Buchstabe im Alphabet oder M ist der zwölfte Buchstabe des Alphabets? (M ist der dreizehnte Buchstabe.)

Q Was haben ein Buch und ein Chefarzt gemeinsam? (Titel)

q Was steht mitten im Feuer, ohne zu verbrennen? (Das u)

R Das Tier, das Hans verehrt, versteckt sich in diesem Satz. (Reh – ve-reh-rt)

r Zwei Eskimos wollen ein Iglu bauen. Womit fängt jeder an? (Mit I!)

S Welche Person ist in jedem Roman zu finden? (Oma)

s Womit fangen Zahnschmerzen immer an? (Mit Z)

T Welchen Schatz besitzt jeder? (Wortschatz)

t Was ist bei jedem Menschen groß? (Das M)

U Welche Aale kann man nicht essen? (Vokale)

u Was kann keiner mit Worten ausdrücken? (Einen nassen Schwamm)

V Welches Wort steht fast in jedem Buch? (Vorwort)

v Was haben London und München gemeinsam? (Zwei n)

W Wo kommt die Hochzeit vor der Verlobung? (Im Lexikon)

w Welches Wort hat drei Silben und 26 Buchstaben? (Alphabet)

X In welchen Wellen sind Sätze zu finden? (In Novellen)

x Welches ist der mittlere Buchstabe im ABC? (Das B)

Y Was haben Bücher und Parkett gemeinsam? (Sie werden verlegt.)

y Welcher Wurm kann sprechen? (Bücherwurm)

Z Was haben ein Arbeitsamt und eine Bisamratte gemeinsam? (Alle Buchstaben)

z Welche Sätze sind am letzten Tag des Jahres besonders beliebt? (Vorsätze)

Auf gute Zusammenarbeit kommt es bei der ›Bücherpresse‹ an

Puzzlen mit Bücherpresse

❀ kleine Bücher
❀ Puzzles (je 25 Teile)

Puzzlefans, gut aufgepaßt! Wir stellen euch ein lustiges Zweierpuzzlen vor: Die Teile eines Puzzles liegen auf dem Boden. Zwei Kinder nehmen ein Taschenbuch zwischen ihre Stirnen, setzen sich vorsichtig und beginnen damit, das Puzzle zusammenzusetzen. Funktioniert die Bücherpresse? Sobald das Buch fällt, müssen beide wieder aufstehen, die Bücherpresse in Gang setzen und sich auf den Boden zum Weiterpuzzeln begeben. Wenn euch das Spiel gut gefällt, dann probiert es so lange, bis euch die Bücherpresse ohne ›Störfall‹ puzzeln läßt.
Für einen Wettkampf meßt ihr mit einer Stoppuhr die Zeit, oder zwei Paare treten gegeneinander an. Viel Vergnügen!

Leseskaten

❀ Skateboard, Karre oder Buggy
❀ Buch
❀ Stoppuhr

Wenn zwei Leseratten leseskaten, kommen alle Bücherwürmer aus ihren Löchern gekrochen, um ihnen dabei zuzuschauen. Die beiden Leseratten setzen sich Rücken an Rücken aufs Skateboard. Während die eine das Skateboard über eine markierte Rennstrecke hin und zurück lenkt, ›liest‹ die andere eine ausgewählte Doppelseite in ihrem Buch. Wieder am Start angekommen, wechseln beide schnell ihre Plätze und starten noch einmal über die gleiche Strecke. Nach dem zweiten Durchlauf zählen beide auf, was sie gesehen oder gelesen haben, und bekommen für jede richtige Antwort einen Punkt. Für kleinere Kinder wählen wir eine Doppelseite mit vielen Tieren. Größere lesen die Überschriften im Inhaltsverzeichnis. Zieht von 60 vorgegebenen Sekundenpunkten die für die Fahrt verbrauchte Zeit ab!

Echte Leseratten nehmen ihr Buch selbstverständlich auch aufs Skateboard mit

Zuhörerwettbewerb

❀ Buch

Die meisten von euch kennen sicherlich Lesewettbewerbe, bei denen sich Kinder um möglichst fehlerfreies und ausdrucksvolles Lesen bemühen. In unserem Spiel darf der Vorleser seine Zuhörer testen. Während er eine Geschichte vorliest, sollen sie die vorkommenden A zählen. Wer zehn gehört hat, soll ›Stop‹ rufen. Hat das Kind recht, darf es die Geschichte weiterlesen. Wenn nicht, muß es in der nächsten Runde aussetzen. In den folgenden Runden werden O, U, I, E oder Wörter wie ›der‹, ›ein‹ oder ›und‹ gezählt. Euch fallen sicher noch mehr Möglichkeiten ein, bis die Geschichte zu Ende ist. Das Mädchen in der Zeichnung rechts zählt offensichtlich die R. Sie ist also eine . . .?
(Erzählerin)

Autor, Titel, Romanfigur

❀ Ball

Wenn ihr euch etwas mit Büchern auskennt und Pfänderspiele liebt, ist dieses Spiel genau das Richtige für euch. Alle Kinder sitzen im Kreis. Ein Kind wirft einem anderen einen Ball zu und ruft dabei: ›Autor‹. Das andere Kind fängt den Ball und nennt einen Autor, zum Beispiel Erich Kästner. Dann wirft es einem anderen Kind den Ball zu und ruft ›Titel‹. Sicherlich fällt diesem Kind schnell ein Titel ein. Wenn nicht, gibt es ein kleines Pfand ab.
Zum Auslösen der Pfänder schlagen wir folgende Aufgaben vor: ein Buch fünf Meter weit auf dem Kopf balancieren; herausfinden, welches das Lieblingsbuch eurer Lehrerin ist; einen Witz vorlesen, wobei das Buch verkehrt herum gehalten wird; sich zwei Minuten mit einem Freund über ein Buch unterhalten; für ein Buch werben; mit einem Buch auf dem Kopf ein Glas Saft austrinken.

»Komm her einmal, du liebes Buch;
Sie sagen immer, du bist so klug,
Mein Vater und Mutter, die wollen gerne,
daß ich was Gutes von dir lerne;
Drum will ich dich halten an mein Ohr;
Nun sag mir all deine Sachen vor.
Was ist denn das für ein Eigensinn,
Und siehst du nicht, daß ich eilig bin?
Möchte gern spielen und springen herum,
Und du bleibst immer so stumm und dumm?
Geh, garstiges Buch, du ärgerst mich,
Dort in die Ecke werf ich dich.«

Wilhelm Hey 1789-1854

Was fällt dir auf?

Bei jedem klugen Wort von Sokrates rief Xanthippe zynisch: Quatsch!

A quick brown fox jumps over the lazy dog.

(Alle Buchstaben des Alphabets kommen in diesen Sätzen vor.)

Geschichtenpuzzle

❀ Sätze auf Pappstreifen

Schreibt eine lustige Geschichte über eure letzte Geburtstagsfeier zweimal auf! Jetzt zerschneidet ihr die Geschichte so, daß ihr die Sätze einzeln auf Pappstreifen kleben könnt. Zwei Gruppen sollen diese Streifen wieder zusammensetzen. Welche Mannschaft ist schneller?

Bücherwürmerwettkriechen

❀ Bücher

Jeweils zwei Kinder bilden einen Bücherwurm, indem sie sich auf allen Vieren ein Buch zwischen den Popo des Vordermannes und den Kopf des Hintermannes klemmen. Das lustige Bücherwürmerwettkriechen kann beginnen. Wenn es euch Spaß macht, hängt noch ein Kind dran. Je länger die Bücherwürmer sind, um so lustiger wird es. Zum Abschluß des Spiels erklingt Musik für eine Bücherwürmerpolonaise.

Mannequinschule

❀ Bücher
❀ Becher

Wer kann ein Buch mit einem Becher am schnellsten auf dem Kopf tragen? Nur fliegen ist schöner, als mit zwei Büchern auf den ausgestreckten Oberarmen zu laufen. Für herunterfallende Bücher könnt ihr Pfänder verlangen.

Bücherbeugen

❀ Bücher

Habt ihr schon einmal mit einem oder mehreren Büchern auf dem Kopf Kniebeugen gemacht? Wie viele schafft ihr?

Büchersprung

❀ kleine Bücher

Ein Buch mit der Hand zu tragen ist kein Kunststück; ein Buch auf dem Fuß zu tragen ist schon eher eines. Wer hüpft mit einem Buch auf dem Fuß am schnellsten über eine Rennstrecke?

Bücherbrückenprüfung

❀ Bücher
❀ 2 lange Stöcke
❀ 2 Papprollen
❀ Stoppuhr

Über drei geich hohe Bücherstapel im Abstand von jeweils 1 m legen wir die beiden Stöcke. Vor und hinter der Brücke markieren wir Start- und Wendemarke einer Rennstrecke. An den Start stellen sich zwei Kinder mit je einem Buch in der Hand, auf dem eine Papprolle liegt. Beim Startkommando kriechen die Kinder unter der Brücke hindurch, ohne die Bücher loszulassen. Für jede heruntergefallene Rolle oder eingestürzte Brücke gibt es 5 Strafsekunden. Dann laufen die Wettkämpfer zur Wendemarke, schlagen an und springen auf dem Rückweg über die Brücke. Wer das am schnellsten schafft, ist Bücherbrückenkönig oder -königin. Probiert dieses Spiel auch mit zwei Staffeln aus!

Bücherstützen nützen

❀ großes Buch

Ein Mitspieler hält ein großes, auf dem Boden stehendes Buch fest, so daß es nicht umfallen kann. Drumherum sitzen die anderen Kinder im Kreis. Wenn die ›Bücherstütze‹ in der Mitte einen Namen ruft und dabei das Buch losläßt, muß das aufgerufene Kind das Buch blitzschnell abfangen und stützen, bevor es auf dem Boden liegt. Falls das nicht gelingt, wird ein Pfand abgegeben. Wer es geschafft hat, darf in der Mitte die nächste ›Bücherstütze‹ aufrufen.

Schätzen

❀ Tippzettel
❀ Bleistifte
❀ 10 Bücher

Gespannt warten die Spieler darauf, daß die ›Buchstütze‹ das Buch losläßt

Jeder schreibt auf einen Tippzettel seinen Namen und die erste Schätzaufgabe:
1. Gewicht des Buches in Gramm: . . .
Dazu wird ein Buch herumgereicht. Die Mitspieler dürfen es kurz halten, um das Gewicht schätzen zu können. Das Schätzergebnis wird im Tippzettel eingetragen.
2. Anzahl der Seiten in diesem Buch: . . .
Die Seitenanzahl zu schätzen wird euch sicher nicht schwerfallen.
Bevor ihr die drei nächsten Aufgaben aufschreibt, wird eine Seite im Buch etwa zehn Sekunden zur Ansicht hochgehalten. Danach schätzt ihr die
3. Anzahl der Sätze auf dieser Seite: . . .
4. Anzahl der Wörter auf dieser Seite: . . .
5. Anzahl der Buchstaben auf dieser Seite: . . .

Für die letzte Aufgabe stapeln wir zehn Bücher übereinander.
Geschätzt werden soll die
6. Stapelhöhe in Zentimetern: . . .
Jede Aufgabe wird mit Platzziffern bewertet. Wer die niedrigste Platzziffernsumme hat, verdient einen kleinen Preis.

Bilderwörter

❀ Papier und Bleistift

Ein Kind ›malt‹ ein Wort, indem es zu jedem Buchstaben einen Gegenstand zeichnet, der mit diesem Buchstaben anfängt, zum Beispiel malt es: (ɡlɘꓷ)
Wer den Begriff zuerst errät, darf das nächste Bilderwort malen.

Die große Buchstabenburg:
Reifen werfen will geübt sein!

»Warum bist du so traurig, Anne?«
– »Ich habe gerade ein Buch mit
einem sehr traurigen Ende gelesen!«
– »Welches Buch war das denn?«
– »Mein Sparbuch!«

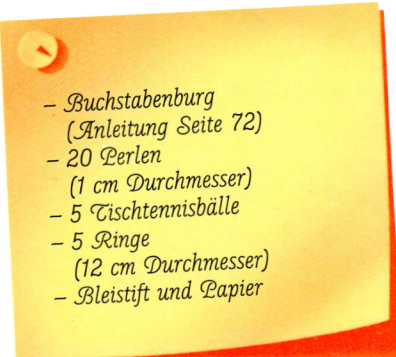

Eroberung der Buchstabenburg

– Buchstabenburg
  (Anleitung Seite 72)
– 20 Perlen
  (1 cm Durchmesser)
– 5 Tischtennisbälle
– 5 Ringe
  (12 cm Durchmesser)
– Bleistift und Papier

Aus einem Abstand von zwei bis drei
Metern versucht ein Kind, fünf Perlen in die Burgtürme zu werfen. Ist
eine Perle in einem Turm gelandet,
wird der dazugehörige Buchstabe
aufgeschrieben. Danach werden
fünf Bälle auf die Türme geworfen.
Zuletzt ›umzingeln‹ fünf Ringe die
Burgtürme.

Aus den getroffenen Buchstaben sollen nun Wörter oder Abkürzungen
gebildet werden. So kann zum Beispiel ein Q auch ohne U verwendet
werden, wenn auch ein I getroffen
wurde: IQ – Intelligenzquotient.
Aus den Buchstaben
    E H O D K I M Q S C A J
bilden wir: Asche, K.O., DM, IQ. Da
das J nicht berücksichtigt ist, werden von den 12 Treffern nur 11
gezählt. Wer die meisten Buchstaben verwenden kann, wird Herr oder
Herrin der Buchstabenburg.

Buchstaben verkleiden

❀ Papier und Bleistift

Jeder malt einen pfenniggroßen
Buchstaben auf ein Blatt Papier und
gibt es weiter. Der Nachbar zeichnet
etwas dazu, das der Nächste erkennen kann. Der Buchstabe darf dann
allerdings nicht mehr herauszufinden sein.

Buchstabenflügel

❀ Pappbuchstaben (etwa 12 cm
  hoch)

Mit Buchstaben zu schreiben ist
keine Kunst, mit Buchstaben zu fliegen schon eher.
Zwei Kinder stellen sich mit ausgebreiteten Armen an die Startlinie
einer eventuell mit Hindernissen
erschwerten Rennstrecke. Jedes
Kind hat einen Partner, der ihm beim
Startkommando etwa 15 Buchstaben einzeln (nicht übereinander) auf
die ausgebreiteten Arme, die Schultern und den Kopf legt. Dann laufen
die Buchstabenvögel los. Verlorene
Buchstaben darf der Partner aufheben und schnell wieder auflegen.
Welches Paar schafft die Aufgabe
am schnellsten?

Ein Zahlendieb ging um

❋ 1 Bogen Fotokarton
❋ Stifte

Wir schreiben die Überschrift und die folgenden Aufgaben auf einen großen Bogen Fotokarton. So wirken alle Kinder bei der Rückgabe der Beute mit. Der Zahlendieb hat aus allen Wörtern, in denen er Zahlen fand, diese gestohlen. Zum Glück hat er seine Diebesbeute auf der Flucht verloren. Wer kann die Zahlen den ›Besitzern‹ zurückgeben?
Beispiel: Jub(elf)eier
Das sind die Zahlen:

11	8	8	11	1	11	1	11
8	0	11	2	8	3	4	11
8	11	2	11	1	1	11	1
8	11	3	11	4	3	11	

Hier warten die beraubten Wörter:
Jubeier, amkeit, Kamelle, Nisch, Verflung, Guten, Runse, Wen, Wel, Klataste, Lamen, Nageile, Nager, Wurm, Rewmeister, Herin, enbammler, Viraß, Hanchung, Käseschel, Scher, Igorscher, Verarzt, Vergung, Spield, Wunnigung, Zioto, Ziegabrik, Trommell
(Lösungen im Anhang)

Blindes A

❋ Tücher
❋ Papp- oder Holzbuchstaben

Es werden zwei Mannschaften aus je sechs Kindern gebildet. Jeweils fünf Kindern werden die Augen verbunden, während die beiden anderen den Raum verlassen. Jede Mannschaft zieht einen Buchstaben. Dann legen sich die Kinder so auf den Boden, daß der gezogene Buchstabe entsteht, zum Beispiel ein großes A. Welches der hereingerufenen Kinder kann zuerst den ›dargelegten‹ Buchstaben erkennen?

1, 2, 3 – Galgenmännchen, du bist frei

Ein Kind denkt sich ein Wort mit drei Buchstaben aus, zum Beispiel ›Mut‹. Die anderen versuchen, dieses Wort herauszufinden, indem sie dreibuchstabige Wörter nennen und das Kind ihnen jeweils die Anzahl der mit seinem Wort übereinstimmenden Buchstaben sagt. (Die Buchstaben brauchen nicht an der gleichen Stelle des Wortes zu stehen.) Eine Fragenfolge könnte beispielsweise so ablaufen:
Ben: 0; Tor: 1; oft: 1; Tag: 1; Tip: 1; gut: 2; Hut: 2; Mut: 3, richtig.
Versucht es mal mit Wörtern wie: Typ, Jux, Max, Ski, Gnu, Klo, Yen, Wyk, Zug, Jan, Ulk, Aal oder Zoo.
Dieses Spiel kann man auch sehr gut mit englischen Wörtern spielen, zum Beispiel: sky, bed, ice, top, cat, car, boy, arm, leg, cry, cut, eye, fly, fox, pay, law, sun.
Wie beim bekannten Galgenmännchenspiel kann mit jeder Frage das Männchen am Galgen um einen Strich wachsen.

Was ist das?

A

(ɥɔnＱ ɯᴉ ᴚ :ɥɔnɐＱ)

Was bekommt Anna?

ES

(ɥɔn-sǝ-Ｑ)

Ein kluges Köpfchen und schnelle Beine haben die Spieler der Buchstabenparty

Druckfrisch an die Leine

❀ Wäscheleine
❀ 2 Hocker
❀ 20 Wäscheklammern
❀ 10 Papierbögen oder Buchstaben

Zwei Kinder halten die Wäscheleine straff gespannt hoch. Unter der Leine liegen zwei Stapel mit je fünf Bögen Papier. In 5 m Entfernung stehen zwei Gruppen. Beim Startschuß rennen die beiden ersten Läufer los, hängen ein Blatt auf, kommen zurück und schlagen die nächsten Läufer zum Start an. Welche Gruppe hat zuerst alle Blätter aufgehängt? Erschwert wird das Spiel, wenn man zum Aufhängen der Blätter auf einen Hocker klettern muß oder wenn die Wäscheleine ›vom Winde‹ geschüttelt wird.
Ältere Kinder hängen gern Buchstaben an die Leine: Wer kann ganz schnell das Wort ›GEBURTSTAG‹ aufhängen? Wer setzt verschiedene Buchstaben zuerst zum richtigen Lösungswort zusammen?

Bücherwettlauf

❀ 2 Bücher

Alle Kinder sitzen im Kreis. Sie bilden zwei Gruppen, indem sie abwechselnd ›Bücherwurm, Leseratte, Bücherwurm, Leseratte‹ rufen. Ein Bücherwurm und eine ihm gegenüber sitzende Leseratte bekommen je ein Buch in die Hand. Nun werden die Bücher in jeder Gruppe, also von jedem zweiten Kind im Kreis, weitergereicht. In welcher Gruppe erreicht das Buch zuerst den Ausgangsspieler? Spielt das Wettrennen auch einmal mit dem Ziel, daß ein Buch das andere überholen soll!

Reise durch das Alphabet

❀ 1 Bogen Tonpapier
❀ Filzstifte
❀ Stoppuhr

Auf einen großen Bogen Tonpapier malen wir unter der Überschrift ›Die Reise durch das Alphabet‹ alle 26 Buchstaben durcheinandergewürfelt auf. Als Schablonen können die Holzbuchstaben dienen. Das fertige Plakat hängen wir an eine Wand oder eine Tür. Mit einem dicken Filzstift ausgerüstet, kann das erste Kind die Reise durch das Alphabet antreten. In der richtigen Reihenfolge muß es in jeden Buchstaben einen Punkt tupfen. Wie lange dauert diese Reise? Ebenso könnt ihr HERZLICHEN GLÜCKWUNSCH auf dem Plakat um die Wette buchstabieren.

Mit großen Sprüngen durch das Alphabet

❀ Kreide
❀ Stoppuhr

Mit Kreide malen wir auf dem Gehweg ganz kunterbunt durcheinander (aber durch Sprünge erreichbar) alle 26 Buchstaben des Alphabets auf. Auf einem Bein oder auf beiden springt jedes Kind von A nach B, dann nach C und so weiter. Wer springt am schnellsten durch das Alphabet?

Rätselplakat

❀ 1 Bogen Tonpapier
❀ Stifte

Rätselfreudige Bücherwürmer können sich an diesem Plakat austoben.

Der richtige Buchstabe

Bessert in den folgenden vier Sätzen vier Rechtschreibfehler aus! Schon bekommen die Sätze einen lustigen Sinn. (Lösungen im Anhang)

Wenn es heute regnet, wird das Leder billiger. Wenn es morgen regnet, wird das Land billiger. Wenn es abermals regnet, wird das Bier billiger. Wenn es wiederum regnet, wird der Branntwein billiger.

Für Französischkenner

Der preußische König Friedrich II. lud einmal den französischen Dichter Voltaire mit einer merkwürdigen Einladung zum Essen ein (Lösungen im Anhang):

$$\frac{p}{venez} \quad à \quad \frac{6}{100}$$

Voltaire antwortete: Ga

Was für eine Einladung ist das?

 $à$

Ob alle diese Essensregel befolgen?

$$\frac{p}{il\ faut} \quad avec$$

Was ist das?

T   K   R   gg   bbT

K
Mann   HoKse   N L   GEHE RT

F G L   T Hemd   STD ST

e
e e
eeeee
SL   ⌐ ⌐ ⌐   T   OTTO

Des Rätselplakats Lösungen findet ihr im Anhang

»Tut mir leid, junger Mann, aber unser Verlag bringt nur Bücher von Leuten heraus, die einen bekannten Namen haben.« – »Das trifft sich gut: Ich heiße Müller!«

Buchstabenrechnen

Ersetzt die Buchstaben durch Ziffern, so daß eine sinnvolle Rechnung entsteht.

```
  S E N D
+ M O R E
---------
M O N E Y
```

```
  V A T E R
+ M U T T E R
-----------
  E L T E R N
```

```
  F O R T Y
+     T E N
+     T E N
---------
  S I X T Y
```

(Lösungen im Anhang)

Das klappt schon wunderbar: Gleich rutscht der Buchstabe auf die nächste Salzstange

Schwieriger Buchstabentransport

❀ Salzstangen oder Strohhalme
❀ Buchstabenkekse

Zwei Mannschaften werden gebildet. Jedes Kind steckt eine Salzstange oder einen Strohhalm in den Mund. Die beiden ersten nehmen mit der Stange einen Buchstaben hoch und reichen ihn an ihre Nachbarn weiter – ohne die Hände zu benutzen. Welche Gruppe schafft es am schnellsten? Für heruntergerutschte Buchstaben können Pfänder verlangt werden.

Vorsicht Buchstabenfalle

❀ Stoppuhr

Für dieses lustige Pfänderkreisspiel nennt ein Kind ein Wort, zum Beispiel ›Katze‹. Dann sagt jedes Kind reihum drei Buchstaben des Alphabets innerhalb von fünf Sekunden auf. Dabei müssen jedoch die Buchstaben ausgelassen werden, die in dem Wort ›Katze‹ vorkommen. Also nennt das erste Kind B, C und D, das zweite F, G und H und so weiter. Wer in die Buchstabenfalle gerät oder die Zeit überschreitet, muß ein Pfand abgeben.

Pfänder auslösen

● Blase einen Luftballon bis zum Platzen auf.
● Klebe an beiden Händen Daumen und Zeigefinger zusammen und schreibe ein Wort, falte ein Blatt Papier oder verknote zwei Fäden miteinander.
● Erzähle eine kurze Gruselgeschichte, in der alle Anwesenden eine Rolle spielen.
● Singe einen Zeitungsbericht vor.
● Erfülle mit einem Buch unterm Arm und einem Regenschirm in der Hand eine Aufgabe.
● Streichle jedem Kind über die Wange.
● Suche dir einen Partner: Ihr sollt euch eine Minute ganz ernst anschauen.
● Besorge einen Eiswürfel.
● Laß dir die Augen verbinden. Die anderen Kinder sagen nacheinander jeweils einen Vokal a, e, i, o, u. Du bist erlöst, wenn du ein Kind an der Stimme erkennst.
● Balanciere mit einem Buch auf dem Kopf über ein Seil.
● Sage das Abc rückwärts in weniger als 60 Sekunden auf.
● Erfinde einen lustigen P-Satz, der nur aus Wörtern besteht, die mit p anfangen.
● Erfinde einen Satz ohne E, der mindestens fünf Wörter hat.
● Rufe jemanden an, und sage ihm ein Gedicht auf!

Lebendige Buchstaben

Mehrere Kinder verlassen den Raum. Sie überlegen sich ein Wort, dessen Buchstaben sie mit ihren Körpern darstellen können, das K zum Beispiel durch Abspreizen des linken Armes und des linken Beines. Ob die anderen die ›Körperbuchstaben‹ entziffern und das Wort lesen können?

Buchstabenduell

❀ Karten-Abc ohne Q, X, Y
❀ Wäscheklammern

Zwei Spieler ziehen aus einem Karten-Abc je einen Buchstaben, der ihnen auf den Rücken geklammert wird. Der Wettkampf beginnt: Jeder versucht, den Buchstaben des Gegners zu erkennen, ohne an der Kleidung zu zerren, und einen Namen mit diesem Anfangsbuchstaben zu finden. Wer zuerst einen passenden ruft, gewinnt das Duell.

Welcher Spieler entdeckt zuerst den Buchstaben auf dem Rücken des Gegners?

Teekesselchen mit und ohne »Köpfchen«

Mit Köpfchen leisten die Beine viel, ohne Köpfchen kommt er fliegend zum Ziel.
(Mit Köpfchen ist es ein Radler, ohne Köpfchen ein Adler.)

Schreibt auf kleine Zettel Wörter, die auch ohne ›Köpfchen‹ Sinn haben, wie zum Beispiel:

Radler – Adler

Ein Kind zieht einen Zettel und beschreibt das Teekesselchen mit und ohne ›Köpfchen‹. Wer es errät, stellt das nächste Rätsel.
Das gleiche geht auch mit Teekesselchen mit und ohne ›Schwänzchen‹, zum Beispiel:

Mit Schwänzchen gefällt es allen gut, ohne Schwänzchen zeigt es Blut.

Wer ›Wunder‹ und ›Wunde‹ errät, darf ein neues Rätsel mit Wörtern stellen, die ohne den letzten Buchstaben Sinn haben. Weitere Beispiele für lustige Teekesselchen mit und ohne ›Köpfchen‹ oder ›Schwänzchen‹ findet ihr im Anhang.

Palindrome

Diese Sätze sind vorwärts wie rückwärts gelesen. Probiert es aus:
Eine treue Familie bei Lima feuerte nie.
Was it a cat I saw?
Madam, I'm Adam.
Elu par cette crapule.
Esope reste ici et se repose.

Ich stecke im Gedicht

❀ Bleistifte und Papier
❀ Stoppuhr

Wer kann innerhalb einer festgesetzten Zeit (etwa zehn Minuten) die Fürwörter

ich, du, er, sie, es, wir, ihr, sie

am geschicktesten in Substantiven verstecken? Streicht beim anschließenden Vorlesen die Verstecke, die mehrere Kinder gefunden haben! Für alle anderen Substantive mit verborgenen Fürwörtern gibt es jeweils einen Punkt. Beispiel:

ich: Bösewicht – Geschichtenerzähler

Schwieriger wird es, wenn die Begriffe einem bestimmten Gebiet angehören sollen, beispielsweise dem Tierreich: Kranich. Weitere Tips zum Verstecken im Anhang.

Ein ganz neues Lesevergnügen: Mit den Füßen Buchstaben ertasten

Mit den Füßen lesen

❀ Buchstaben aus Holz oder Pappe
❀ Tücher

Aus den Holz- oder Pappbuchstaben werden zwei gleiche Wörter auf den Boden gelegt. Zwei Kinder mit verbundenen Augen versuchen, mit den Füßen die Wörter zu ›lesen‹. Wer ruft zuerst das richtige Wort?

Wörter legen im Liegestütz

❀ 2 Karten-Abc

Zwei Kartenspiele mit allen 26 Buchstaben liegen aufgestapelt auf dem Boden. Zwei Kinder suchen im Liegestütz die Buchstaben für das Wort ›Party‹ heraus und legen das Wort auf den Boden. Natürlich kann man für größere Kinder auch längere Wörter auswählen. Im K.-o.-System wird der Liegestützkönig oder die -königin ermittelt.

Abrakadabra-Magie

Ein in den Trick eingeweihtes Kind geht aus dem Zimmer. Sobald die anderen einen Gegenstand bestimmt haben, ruft der Gehilfe das Kind und sagt:

> »Wir spielen jetzt Abrakadabra-Magie. Du sollst herausfinden, welchen Gegenstand wir ausgesucht haben.«

Er zeigt auf verschiedene Gegenstände und fragt dabei, ob dies das gesuchte Ding sei. Stets erkennt das Kind den richtigen Gegenstand. Wie es das macht, sollen die anderen herausfinden: Zeigt der Gehilfe auf einen Gegenstand mit dem Anfangsbuchstaben A (Abrakadabra-Magie!), weiß das Kind, daß das nächste Teil das gesuchte ist. Spielt dieses witzige Spiel immer wieder mit anderen Magien (Etepetete-Magie, Schicki-Micki-Magie). Aber nicht zu früh den Trick verraten!

Onkel Klaus mag die Ehe nicht

Das Geburtstagskind erzählt, daß Onkel Klaus die Ehe nicht mag, aber eine Braut, die mag er. ›Mag er Käse?‹ – ›Nein, aber Wurst.‹ – ›Mag er Hemden?‹ – ›Nein, nur Pullis‹ – ›Mag er Motorräder?‹ – ›Nein, aber Autos.‹ – ›Mag er England?‹ – ›Nein, aber Irland.‹ Bald merken alle, daß Onkel Klaus nichts mag, was e oder h enthält, weil er ja die ›Ehe‹ nicht mag. Vielleicht fällt euch eine Tante Emma ein, die keine Männer mag (sie mag nämlich nichts mit Doppelkonsonanten). Bei diesem Spiel erlebt ihr garantiert spaßige Raterunden.

Scharaden

Zur Einstimmung zwei ganz bekannte Scharadenrätsel:

Das erste frißt, das zweite ißt, das dritte wird gefressen, das Ganze wird gegessen: Sau-er-kraut.

Das erste hört man am Gericht, das zweite frißt gern leckren Fisch, das Ganze schmeckt am Frühstückstisch: Eid-otter.

Uns gefallen auch die Kelle-Rassel und die Eulen-spiegel-ei. Pantomimenfreunde werden viel Spaß an der Buchstabenscharade haben. Mehrere Spieler stellen pantomimisch Tätigkeiten dar, deren Anfangsbuchstaben das Lösungswort ergeben, zum Beispiel:

J-agen, U-ntersuchen, N-ähen, G-ähnen, E-rzählen.

Wer das Wort zuerst errät, sucht sich Partner für ein neues Rätsel.

Ein Wurm geht baden

❀ Schild ›ANGELN VERBOTEN‹
❀ Klapphocker oder Karton
❀ Angel mit Wurm
❀ Block, Stift

Angler: (kommt mit Angel und Hokker auf die Bühne) Mal sehen, ob es in diesem See wirklich so viele Fische gibt, wie Hanno gestern behauptet hat. (Er setzt sich auf den Hocker und wirft die Angelrute aus. Ein Polizist betritt die Bühne.)
Angler: Hallo, Herr Wachtmeister! Hat Sie das schöne Wetter an den See gelockt?
Wachtmeister: Mich führt der Dienst hierher wegen Menschen wie Ihnen. Was machen Sie gerade?
Angler: Aber Herr Wachtmeister, das sehen Sie doch.
Polizist: Ja, das sehe ich. Aber haben Sie das Schild ANGELN VERBOTEN (zeigt auf das Schild) nicht gesehen?

Angler: (entrüstet) Aber Herr Wachtmeister, ich angele doch gar nicht.
Polizist: (spöttisch) Aha, Sie angeln nicht. Und was soll dann die Angel im Wasser?
Angler: Lieber Herr Wachtmeister! Sie haben doch sicher nichts dagegen, daß ich bei diesem schönen Wetter meinem kleinen Würmchen ein Bad gönne?
Polizist: Darf ich das Würmchen mal bitte sehen?
Angler: Aber gern. (Er holt die Angel ein und hält dem Polizisten den Wurm unter die Nase.)
Polizist (sieht sich den Wurm genau an): So, so!
Angler: Ein hübsches Würmchen, nicht wahr, Herr Wachtmeister. Meinen Sie nicht auch, daß dieses Würmchen es verdient hat, bei dem herrlichen Wetter baden zu gehen?
Polizist: (zieht einer Block und einen Stift aus der Tasche) Natürlich, das kostet Sie aber 50 Mark.
Angler: Wieso das denn?
Polizist: Ihr Wurm trägt keine Badehose.

Abc-Band

(Text und Melodie: Klaus Neuhaus)
© AKTIVE MUSIK Verlagsgesellschaft mbH, 4600 Dortmund 5

Ein Af - fe aus Aa - chen, ein Brumm-bär aus Bre - men, ein Col - lie aus Cel - le, die hat - ten 'ne Ka - pel - le. Ein Din - go aus Duis - burg, ein E - sel aus Es - sen, ein Fluß-pferd aus Frank - furt, die ka - men da - zu und spiel-ten dub-di-du-ba-di - duh. Das ist die Band, die je - der kennt, die A - B - C - D - E - F - Band.

2. Ein Gamsbock aus Günzburg,
ein Hammel aus Hameln,
ein Igel aus Idstein,
die wollten gern dabei sein.
Ein Jaguar aus Jülich,
ein Käfer aus Kassel,
ein Lama aus Lemgo,
die kamen dazu
und spielten dubdidubadiduh.
Das ist die Band, die jeder kennt,
die ABCDEFGHIJKL-Band.

3. Ein Maulwurf aus München,
ein Nashorn aus Nürnberg,
ein Otter aus Otter,
die spielten immer flotter.
Ein Panther aus Pforzheim,
'ne Qualle aus Quickborn,
ein Rindvieh aus Rheine,
die kamen dazu
und spielten dubdidubadiduh.
Das ist die Band, die jeder kennt,
die ABC...MNOPQR-Band.

4. Ein Sittich aus Schweinfurt,
ein Tiger aus Traunstein,
ein Uhu aus Unkel,
es wurd' so langsam dunkel.
Ein Vogel aus Vreden,
ein Walroß aus Würzburg,
ein Xerus aus Xanten,
die kamen dazu
und spielten dubdidubadiduh.
Das ist die Band, die jeder kennt,
die ABC...PQRSTUVWX-Band.

5. Ein Yapok aus Yach und
ein Zebra aus Zwiesel,
die kamen am Abend als Letzte dazu
und spielten dubdidubadiduh.
Das ist die Band, die jeder kennt,
die ABC...XYZ-Band.

Lustige Büchertänze

❋ Bücher oder Prospekte
❋ Musikkassette

Mit einem Buch auf dem Kopf tanzt es sich besonders gut. Beim Musikstop dürfen die Kinder abwechselnd Kommandos erteilen: sich wie ein Wurm winden, eine besonders häßliche Grimasse ziehen, in die Knie gehen, einen Knicks machen, Arme zur Seite (nach vorn, nach hinten) strecken, ein Bein heben und die Hände unterm Knie verschränken, einem Partner die Hände geben, sich hintereinander aufstellen und die Hände auf die Schultern des Vorderkindes legen.

Vielleicht habt ihr paarweise schon einmal mit einem Luftballon oder einem Ball zwischen den Köpfen getanzt. Bei unserem Fest tanzen je zwei Bücherwürmer mit einem kleinen Buch zwischen den Stirnen.

Beim Bücherbrückentanz überbrückt ein aufgeklapptes Buch beide Köpfe. Wie lange könnt ihr so tanzen, ohne die Hände zu benutzen?

Wenn auf dem Boden Bücherinseln verteilt sind, und zwar eine weniger, als es Tänzer gibt, muß sich jeder beim Musikstop schnell auf eine retten. Wer es nicht schafft, scheidet aus. Während die Musik weiterspielt, geht immer wieder eine Insel unter, so daß beim nächsten Stop wieder ein Kind keine rettende Insel finden kann und ausscheiden muß, bis ein Inselkönig gekrönt wird. Wie gefällt euch die Variante, daß die Insellosen von anderen aufgenommen werden? Wie viele Kinder finden auf einer Insel Unterschlupf? Toll wäre es, wenn am Ende alle auf eine Insel paßten.

Buchstabentanz

❋ Musikkassette mit deutschen Liedern

Zu einem deutsch gesungenen Lied tanzen alle Kinder fröhlich durch den Raum. Plötzlich wird die Musik abgestellt. Hoffentlich wissen alle, welches Wort zuletzt gesungen wurde. Jedes Kind, dessen Vorname mit einem Buchstaben anfängt oder endet, der Anfangs- oder Endbuchstabe dieses Wortes ist, muß sich sofort auf den Boden setzen. War zuletzt das Wort ›sein‹ zu hören, müssen sich zum Beispiel Svenja, Nils, Ines, Nina, Maren und Kevin setzen. Wer nicht schnell genug sitzt, muß ein Pfand abgeben oder ausscheiden. Die Musik setzt wieder ein, und es darf bis zur nächsten Unterbrechung weitergetanzt werden.

Beim nächsten Lied wird die Aufgabe etwas erschwert: Jedes Kind, dessen Vor- oder Nachname mit einem Buchstaben anfängt oder endet, der Anfangs- oder Endbuchstabe des zuletzt gesungenen Wortes ist, muß sich schnell hinsetzen. Das klingt komplizierter, als es ist. Probiert diesen lustigen Buchstabentanz einfach mal aus. Ihr werdet begeistert sein.

Phantastische Weltreise in 333 Minuten

Jan will nach Japan, Tina nach China,
Nach Amerika zieht es Tim und Regina.
Stephan fordert pausenlos:
›Ich will zu den Eskimos!‹
Vom Karneval in Venedig träumt Stephanie,
Daniela und Michael begleiten sie.
Gamsbockspringen in der Schweiz
hat für Vio großen Reiz.
Der Krebsschmaus in Schweden
interessiert jeden.
Andrea will mit Nessie spielen,
Yves am Nil mit Krokodilen.
Inga in Singapur guckt auf die Uhr.
›Schluß mit der Tour!‹ sagt sie stur.
›Nur noch nach Mexiko,‹ bettelt Hagen,
›La Raspa tanzen und Piñata schlagen.
Dann fliegen wir nach Haus,
und das Fest ist aus.‹

● Kennt ihr fünf Länder, die Flaggen
in Rot und Weiß haben?
(Dänemark, Japan, Kanada,
Österreich, Schweiz)

Festvorbereitung

Pack deinen Sack!

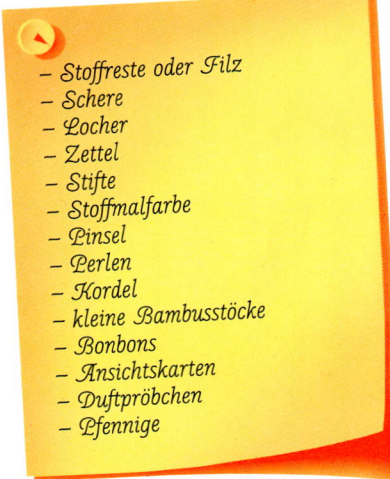

- Stoffreste oder Filz
- Schere
- Locher
- Zettel
- Stifte
- Stoffmalfarbe
- Pinsel
- Perlen
- Kordel
- kleine Bambusstöcke
- Bonbons
- Ansichtskarten
- Duftpröbchen
- Pfennige

Wenn ihr bedruckten Stoff wählt, braucht ihr die Außenseite des Säckchens nicht zu verzieren

In dieser ausgefallenen Einladung erhalten eure Freunde eine Woche vor Reiseantritt die Unterlagen für die große Weltreise.

1. Schneidet aus Stoff oder Filz einen großen Kreis aus, und stanzt 1 cm vom Rand entfernt Löcher in Abständen von 3 cm aus.

2. Mit Flicken, Filz, Perlen oder Farbe wird eine Seite des Kreises verziert. Auf die andere Seite malt ihr den Plan eines Mühlespiels. Das wird die Innenseite des Säckchens. Als Spielsteine eignen sich Perlen.

3. Wenn wir durch die Löcher eine Kordel ziehen, können wir den Kreis zu einem Säckchen schnüren.

4. Auf einen kleinen Zettel schreibt ihr die Einladung:

Liebe Vio!
Zu meiner Weltreise am ... bist Du
herzlich eingeladen. Komm bitte um ...
Uhr zum Einchecken! Bis dahin mußt
Du jeden Tag ein Päckchen öffnen und
die Reisevorbereitungen erledigen!
Viel Spaß dabei wünscht Dir
Dein Yves

5. Wir packen fünf kleine Päckchen:

– *Du mußt Dich impfen! Lutsche nach dem Mittagessen dieses Bonbon!*
– *Informiere Dich über Dein Urlaubsziel! Setze dazu dieses Ansichtskartenpuzzle zusammen!*
– *(mit Glückspfennig) Überprüfe Deinen Paß, stelle eine Adressenliste Deiner Freunde auf, und tausche Geld um!*
– *(mit Duftpröbchen) Brauchst Du Filme, Seife oder Sonnencreme?*
– *Kaufe Reiseproviant ein, und packe Deinen Koffer!*

6. Knotet den Sack mit der Kordel an einen Bambusstock.

Länderquiz-Salat

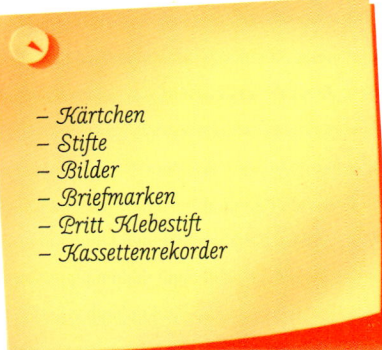

- Kärtchen
- Stifte
- Bilder
- Briefmarken
- Pritt Klebestift
- Kassettenrekorder

Posterversteckspiele

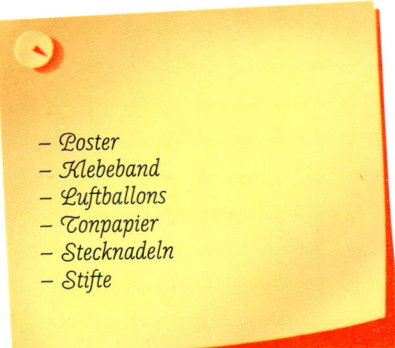

- Poster
- Klebeband
- Luftballons
- Tonpapier
- Stecknadeln
- Stifte

Welches Bild verbirgt sich unter den Puzzleteilen, und ...

Auf das erste Drittel der Kärtchen kleben wir Prospektbilder von berühmten Sehenswürdigkeiten, Zeitungsausschnitte oder Briefmarken, die den richtigen Ländern zugeordnet werden sollen. Auf das zweite Drittel malen wir Flaggen. Die restlichen Kärtchen beschriften wir mit Fragen zu Hauptstädten, Präsidenten, Dichtern, Sportlern, Tieren, Währungen, Autokennzeichen, Speisen, Begrüßungen, Musikstücken, Tänzen und Kleidungen. Zum Beispiel:
- Wie heißt Frankreichs Hauptstadt?
- Wie heißt der Präsident der USA?
- Wo lebte der Märchendichter Andersen?
- Aus welchem Land kommt der Skiläufer Alberto Tomba?
- Wo sind Pandas zu Hause?
- Wo bezahlt man mit Drachmen?
- Welches Land hat das Autokennzeichen DK?
- Wo ißt man gern Paella?
- Wo hört man ›Bonjour, Monsieur‹?
- Woher kommen Gospels?
- Wo wird Sirtaki getanzt?
- Wo tragen Männer karierte Röcke?
- Welche Sprache hört ihr? (Dazu nehmt ihr zum Beispiel aus Radiosendungen fremdsprachige Lieder oder Wortbeiträge auf Kassette auf.)
(Lösungen im Anhang)

An Wänden oder an Türen befestigen wir große Poster, oder wir kleben sie auf Styropor- oder Holzplatten und stellen sie auf eine Staffelei. Auf einfache Weise entstehen daraus tolle Spiele.
1. Kleine Luftballons verdecken die Poster vollständig. Wie viele Ballons müssen die Kinder mit nadelspitzen Papierpfeilen (Vorsicht!) zum Platzen bringen, um zu erraten, für welche Länder oder Städte auf dem Bild geworben wird?

2. Numerierte, mit Stecknadeln aufgespickte Puzzleteile bedecken die Bilder. Zu jedem Teil gehört eine Quizfrage. Die Kinder dürfen eine beliebige Zahl wählen. Lösen sie die zugehörige Aufgabe, wird das Teil weggenommen. Wer erkennt das Poster zuerst?

... welches Motiv steckt unter den Luftballons?

Die große Reise kann beginnen:
Das ›Tor zur Welt‹ ist geöffnet

Superbriefmarke

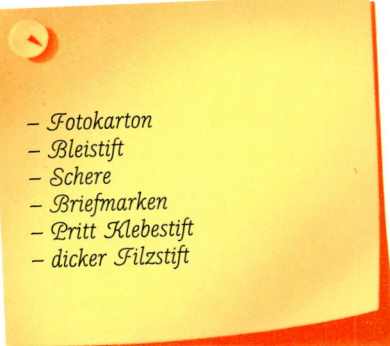

– Fotokarton
– Bleistift
– Schere
– Briefmarken
– Pritt Klebestift
– dicker Filzstift

Wenn euch dieses Geschenk gefällt, dann bastelt es schnell nach!

1. Übertragt die Konturen der Marke von der Vorlage auf weißen Fotokarton, und schneidet sie aus! Dann klebt ihr ein Rechteck aus Fotokarton in eurer Lieblingsfarbe darauf.

2. In die linke untere Ecke schreibt ihr HAPPY BIRTHDAY oder den Namen des Kindes, das ihr beschenken wollt. Rechts oben ist genügend Platz für das Geburtsdatum oder das Alter.

3. Die Briefmarken schneidet ihr aus Umschlägen oder Postkarten aus, die ihr an eurem Urlaubsort oder zu Hause gesammelt habt, und klebt sie auf den farbigen Fotokarton.

Wenn die bunten Fahnen wehen

Wenn bunte Fähnchen den Weg zu eurem Haus weisen, dann ist euer großer Tag. Die Haustür wird mit Fahnen, Luftballons, Ansichtskarten und Reiseandenken das ›Tor zur Welt‹. An den Wänden hängen Bilder aus Reiseprospekten, Poster und Flugzeugmodelle. Die Tischdecke bekleben wir mit Briefmarken und Reisebildern. In der Tischmitte ist eine Sandinsel mit Muschelmännchen, Palmen und kleinen Reiseandenken aufgebaut. Große Kartons und Decken liegen zum Flugzeug-, Schiff- oder Eisenbahnbauen und für das Drachenfest bereit. In einem Koffer finden die Kinder Verkleidungsutensilien. Im Nu verwandeln sie sich in Scheiche, Schotten, Franzosen, Holländerinnen und mexikanische Tänzerinnen.

Essen in fremen Ländern

In einem englischen Schloß wird den Ladies und Gentlemen der Fünfuhrtee von einem Butler serviert. Ob sich alle Kinder ganz vornehm benehmen können?

Auf dem Boden sitzend essen sie am Abend in China mit Stäbchen Reissalat. Natüllich splechen die Kindel dabei pelfekt Chinesisch: Jedes r wird durch ein l ersetzt.

Wer eine Pizza bevorzugt, geht in Italien in ein Ristorante.

Leckere Flugzeuge und Fesselballons

Für den Teig:
- 500 g Mehl
- 250 g Margarine
- 2 kleine Eier
- 2 Eigelb
- 125 g Zucker
- 2 Päckchen Vanillinzucker

Für den Guß:
- 2 Eiweiß
- 400 g Puderzucker
- Speisefarben

Wie gefällt euch als Tischkarte ein leckeres Flugzeug?

Tischkarten für Weltenbummler: Flugzeug und Fesselballon sehen nicht nur gut aus, sie schmecken auch hervorragend!

1. Aus den Teigzutaten einen Mürbeteig herstellen und 30 Minuten kühl stellen.
2. Schablonen für ein Flugzeug und einen Fesselballon anfertigen (siehe Vorlagebogen).
3. Den Teig 5 bis 10 mm dick ausrollen, mit den Schablonen Flugkörper ausschneiden und auf ein mit Backpapier ausgelegtes Blech legen. Bei 200° C etwa 15 Minuten backen. Zum Abkühlen auf ein Kuchengitter legen.
4. Eiweiße steif schlagen, mit Puderzucker mischen und mit Speisefarben einfärben. Mit dem Guß die Flugkörper beliebig verzieren. Die Schriften zum Schluß mit einer Spritztüte anbringen.

Ablauf des Festes

Wenn wir Bayern treffen

(Melodie: Von den blauen Bergen kommen wir, Text: G. Hennekemper)

Wenn wir Bay-ern tref-fen, ru-fen wir ›Grüß Gott‹,

wenn wir Bay-ern tref-fen, ru-fen wir ›Grüß Gott‹, wenn wir

Bay-ern tref-fen, freun wir uns und ru-fen laut ›Grüß

Gott‹, wenn wir Bay-ern tref-fen, ru-fen wir ›Grüß Gott‹.

2. ... Briten ... ›Hello‹.
3. ... Franzosen ... ›Bonjour‹.
4. ... Schweden ... ›God dag‹.
5. ... Dänen ... ›God dag‹.
6. ... Spanier ... ›Bueños días‹.
7. ... Japaner ... ›Konnichi wa‹.
8. ... Griechen ... ›Kalimera‹.
9. ... Türken ... ›Merhaba‹.

Pantomimische Weltreise

Mit dem Flugzeug, dem Fesselballon, dem Schiff, dem Bus oder dem Zug reisen wir in ein fernes Land, machen mit den Einheimischen tolle Spiele und reisen weiter. Kartons, Stühle, Regenschirme oder Decken unterstützen die Pantomime.

Flugzeug: Koffer packen, herzlicher Abschied von der Familie (Hände überkreuzt auf die eigenen Schultern legen und Küßchen verteilen), gegenseitige Leibesvisitation, Gangway hochgehen, anschnallen, star-

ten (immer schneller auf die Oberschenkel klatschen), im Flug die Landschaft bestaunen, landen.

Fesselballon: Passen alle mitreisenden Gäste unter zwei mit Luftballons geschmückte Regenschirme? Dann kann der Ballonflug beginnen.

Schiff: Auf einer großen Decke müssen alle mitrudern und Gefahren überstehen: beim großen Sturm schwanken; wenn ein Haifisch naht, den Rand der Decke hochziehen; durch lautes Geschrei und Winken die Besatzung eines anderen Schiffes auf sich aufmerksam machen; einen Eisberg übersteigen, indem die Decke ausgebreitet hinübergetragen wird; Wasser schöpfen, weil ein Ufo ein Leck ins Boot geschlagen hat; endlich Land in Sicht!

Gebirgswanderung: Um ins Gebirge zu gelangen, schnüren alle Kinder die Wanderstiefel und steigen und keuchen und steigen. Zwischendurch genießen sie die herrliche Aussicht.

Spiel zum Lied

Für unser internationales Begrüßungstanzlied bilden wir einen Innen- und einen Außenkreis ohne Handfassung. Singend bewegen sich die Kreistänzer und -tänzerinnen in entgegengesetzte Richtungen. Bei jedem Gruß bleiben sie stehen, und begrüßen ihren Partner oder ihre Partnerin mit einer freundlichen Geste:

1. Hut ziehen oder Knicks machen
2. Am Ohrläppchen zupfen
3. Auf die Wange küssen
4. Sich einhaken und im Kreis drehen
5. Nasen reiben
6. Mit den Popos berühren
7. Mit zusammengefalteten Händen voreinander verbeugen
8. Rückwärts durch die Beine an den Händen fassen
9. In Brusthöhe gegen die Hände des Partners klatschen

Gamsbockspringen

Wie die Gamsböcke im Gebirge klettern und springen die Kinder über Kartons, Tische, Baumstämme und Bäche.
Mit Kreide könnt ihr eine Weltkarte aufmalen und den ›Gamsböcken‹ zurufen, in welche Länder sie springen sollen. Sehr lustig sieht es aus, wenn einer mit einem Bein in England steht, mit dem anderen in Schweden, mit einer Hand Frankreich besucht und mit der anderen Deutschland. Wollt ihr dem besten Springer oder Kletterer einen ›Gamsbart‹ ankleben?

Zwischen zwei Walliser Stühlen

– 2 Stühle
– 2 Schuhe
– Brett
– Stock
– Stoppuhr

Wir legen das Brett über die beiden Stühle und stellen dann zwei Schuhe auf einen der Stühle. Beim Startschuß setzt sich ein Spieler auf das Brett und legt seine Beine über Kreuz darauf. Er darf sich dabei mit dem Stock auf den Boden stützen. Wenn er das Gleichgewicht gefunden hat, schlägt er den ersten Schuh mit dem Stock in der rechten Hand vom Stuhl und reicht anschließend den Stock unter dem Brett hindurch zur linken Hand, um den zweiten Schuh vom Stuhl zu schlagen. Mit der Stoppuhr messen wir, wer am schnellsten ist.

Die ›Gamsböcke‹ beim Länderspringen

Walliser Flaschensitz

❀ leere Flaschen
❀ Nadeln
❀ Fäden

Neben jeder liegenden Flasche gibt es Nadel und Faden. Beim Startkommando setzt sich jedes Kind auf eine Flasche, kreuzt die gestreckten Beine so, daß nur eine Ferse den Boden berührt, und nimmt Nadel und Faden zur Hand. Wer fädelt im lustigen Flaschensitz zuerst den Faden durch das Nadelöhr?

Apfelschuß von Wilhelm Tell

❀ weiche Bälle
❀ Joghurtbecher

Alle stellen sich paarweise zum Apfelschießen auf. Wer schießt als erster seinem Partner mit dem Ball den Joghurtbecher vom Kopf?

Ina bittet Arne: »Kannst du mir ein Foto von dir schenken?« – »Warum?« fragt Arne hoffnungsvoll. – »Ich sammle Bilder von Naturkatastrophen.«

Gefräßige Monster wollen mit Bällen gefüttert werden. Ob Nessie satt wird?

Monstergolf

– großer Karton
– weißes Tonpapier
– Bleistift
– Schere
– Cutter
– Pritt Klebestift
– Pinsel
– Farbe
– kleine Bälle
– Schläger

Immer wieder berichten britische Zeitungen über das Ungeheuer von Loch Ness. Ob Nessie unserem grünen Monster ähnelt? Auch vor den beiden anderen muß sich niemand fürchten, denn man kann herrlich Golf mit ihnen spielen.

1. Auf den weiß gestrichenen Karton übertragen wir von der Vorlage die Monsterköpfe. Nessies Augen schneiden wir aus Tonpapier aus und kleben sie auf.
2. Mit einem Cutter schneiden wir die Mäuler sorgfältig aus.

Sieht sie nicht schaurig-schön aus, diese Monstergolfkiste?

3. Dann malen wir die Monster bunt an.
Aus geeignetem Abstand versuchen die Golfer, die Bälle mit Schlägern oder Regenschirmen in die Mäuler zu schlagen: Das Blaumonster treffen zählt 10 Punkte, Feuermonster 20 Punkte, und wer Nessies Maul trifft, erhält 50 Punkte.
Ihr könnt den Karton auch umdrehen und mit Wattebällchen Pustegolf spielen.

Rotes Gift

Der Fänger streckt einen oder auch beide Arme aus. Die Mitspieler ergreifen jeweils einen seiner Finger, wobei sie möglichst weit von ihm in Startstellung stehen. Nun beginnt der Fänger, eine Geschichte zu erzählen, zum Beispiel:

> Gestern fuhr ich nach London. Ich wollte rote Tinte kaufen. Doch der Verkäufer gab mir rotes …

Wenn er ›rotes Gift‹ sagt, rennen alle blitzschnell weg. Wer gefangen wird, ist der nächste Fänger und Geschichtenerzähler.

TV-Stars

Beim populärsten Ratespiel in Großbritannien stellt sich ein Kind in einigen Metern Entfernung von den anderen auf und ruft ihnen dann die Anfangsbuchstaben eines Stars zu, zum Beispiel MJ für Michael Jackson. Sobald ein Spieler glaubt, den Namen des Stars zu kennen, rennt er zum fragenden Kind hin, rennt wieder zurück und ruft erst dann den Namen aus. Ist er richtig, wechselt das Kind mit dem Fragesteller die Plätze. Hat es falsch geraten, so ist es umsonst gelaufen. Gerade das macht den Spaß an diesem Spiel aus.

Katz und Maus im Labyrinth

Ein Kind wird Katze (Cat), ein anderes Maus (Mouse) und ein drittes Ausrufer (Caller). Die anderen stellen sich nebeneinander in gleichlangen Reihen auf, zum Beispiel in drei Dreierreihen. Diese werden zu unüberwindbaren Mauern, weil sich die Kinder anfassen. Der Abstand zwischen den Reihen soll zwei Armlängen betragen. Bei Spielbeginn rennt die Maus die ›Gänge‹ entlang, und die Katze versucht, sie zu erwischen. Die Spielsituation ändert sich schlagartig, wenn der Ausrufer ›Dreht euch (Turn)!‹ ruft. Jeder Spieler macht eine Vierteldrehung nach rechts und reicht demjenigen die Hand, der vorher vor beziehungsweise hinter ihm stand. Die Katze jagt die Maus durch die geänderten Gänge. Gelingt es ihr nicht, die Maus in einer festgelegten Zeit oder nach fünf Drehungen zu

Farewell, children

(englisches Volkslied)

Fare - well,   children!   Fare - well,   children!

Fare - well,   children!   We're going   to leave   you now.

Mer-rily we roll along, roll along, roll along, o'er the dark blue sea!

fangen, so wird sie zum Ausrufer, und zwei neue Kinder spielen Katz und Maus.
Zur Abwechslung dürfen Katz und Maus ›Dreht euch!‹ rufen.

Räven raskar över isen

(schwedisches Tanzlied)

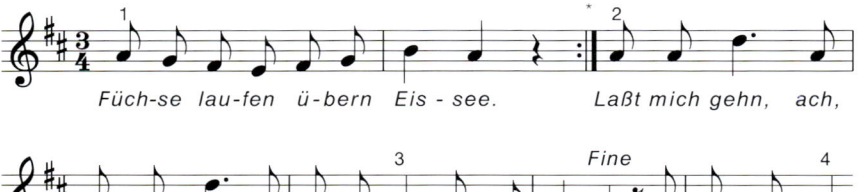

Füch-se lau-fen ü-bern Eis - see. Laßt mich gehn, ach,

laßt mich gehn, zu sin-gen der Mäd-chen Lie-der. So ma-chen's die

Mäd-chen, wenn sie gehn und wenn sie sit-zen und wenn sie stehn.

Baumstammspielereien

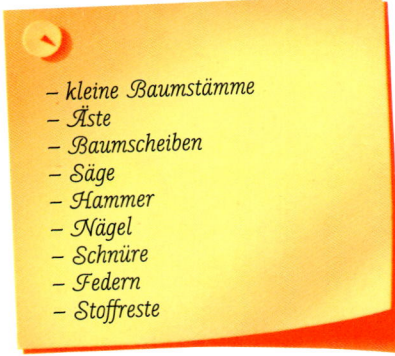

- kleine Baumstämme
- Äste
- Baumscheiben
- Säge
- Hammer
- Nägel
- Schnüre
- Federn
- Stoffreste

Beim Baumschnitt fallen oft dickere Äste an, die zum Spielen einladen. Wir können sie rollen oder zersägen, aus ihnen Hütten oder Flöße bauen. Aus Baumscheiben werden mit Nägeln, Schnüren, Federn, Stoffresten und so weiter schwimmende Robinsoninseln.

Schwedischer Nonsens-Kinderreim zum Auszählen:

Ole dole doff,
Kinkeliane koff,
Koffeliane, binkelibane,
Ole dole doff.

Tanz zum Lied

Alle Kinder stellen sich in einem Kreis auf und fassen sich an den Händen. Bei 1 beginnt sich der Kreis in lebhaftem Tempo zu drehen. Bei 2 stoppt er, die Kinder lassen sich los und tanzen einzeln gegen den Uhrzeigersinn rundherum. Bei 3, 4, 5, 6 und 7 machen alle den Knicks der kleinen Mädchen. In jeder neuen Strophe besingen die Tanzenden eine andere Person, deren typische Begrüßungen oder Bewegungen sie nachahmen: Jungen, alte Damen und Herren, Köche, Schornsteinfeger und so weiter.

Sturm auf dem ganzen Meer

❀ Musik
❀ Stühle

Für den Sturm auf dem Meer werden Stühle als Rettungsinseln benötigt, und zwar ein Stuhl weniger als Mitspieler. Die Stühle werden paarweise Rücken an Rücken in eine Reihe gestellt. Zur Musik marschieren die Kinder um die Stühle herum, bis die Musik plötzlich abbricht. Schnell sucht sich jeder einen Platz, denn wer keinen freien Stuhl mehr findet, scheidet aus. Wenn das ausgeschiedene Kind einen Stuhl weggestellt hat, setzt die Musik wieder ein. Die Kinder marschieren bis zum nächsten Musikstop. Das geht immer so weiter, bis nur noch zwei Spieler um einen Stuhl kämpfen. Dieses schwedische Spiel ist bei uns als ›Reise nach Jerusalem‹ bekannt und bereitet allen Kindern immer wieder jede Menge Spaß.

Krebsschmaus

- Schokolinsen
- Gummibärchen
- Teller und Teelöffel
- Tücher

Am Ende der Schonzeit für Krebse gibt es im August einen ersten Fangtag, den viele Schweden mit einem großen Krebsschmaus feiern. Natürlich feiern wir mit und bilden dazu Paare. Während sich jeweils ein Partner mit verbundenen Augen an den Tisch setzt, stellt sich der andere daneben oder gegenüber auf. Vor den Essern, denen die Augen verbunden sind, stehen Teller mit je fünf kleinen Süßigkeiten und einem Teelöffel. Mit diesem sollen die ›Krebse‹ gefangen und aufgegessen werden. Die Partner dürfen durch Zurufe helfen. Wer ist der schnellste Krebsfänger? In neu gefüllten ›Teichen‹ geht die nächste Mannschaft auf Krebsfang.

Ein besonderes Krebsessen für kleine Leckermäuler

Scherzfragen aus aller Welt

- Schweden: Was läuft und läuft und kommt nie zur Tür? (Uhr)
- Schweden: Was ist am Tage voll von Fleisch und Blut und in der Nacht gähnend leer? (Schuh)
- Türkei: Rote Schlange in dunklem Schacht, von bissigen Soldaten gut bewacht. (Zunge)
- USA: Es hat acht Beine, zwei Arme, drei Köpfe und zwei Flügel. (Ein Junge, der mit einem Papagei auf der Schulter auf einem Pferd sitzt)
- Brasilien: Es kommt stehend auf die Welt und läuft liegend davon. (Kanu aus einem Baumstamm)
- Rußland: Welches Kind kommt mit einem Schnurrbart auf die Welt? (Kätzchen)
- Java: Was hat vier Beine nur zum Stehen, nicht zum Gehen? (Stuhl)
- Java: Was geht auf drei Beinen und sieht mit vier Augen? (Alter Mann mit Stock und Brille)
- China: Was ist vor dem Waschen sauberer als nach dem Waschen? (Wasser)
- Indien: Welches Tier kann seinen eigenen Kopf verschlucken? (Schildkröte)

Urlaubsscherzfragen

- Wie fangen alle schottischen Kochrezepte an? (Man leihe sich ...)
- Welches Fieber hat jeder gern? (Reisefieber)
- In welchem Spiegel erkennst du nicht dein Spiegelbild? (Meeresspiegel)
- Welches kleine Tier trägt jeder Reisende mit sich? (Persona-laus-weis)
- Welche Pillen hat jeder Urlauber bei sich? (Pupillen)
- Was haben die Einwohner von Berlin, Prag und Warschau, was die von Bonn, London und Wien nicht haben? (Ein r im Stadtnamen)
- Wo führen die Flüsse kein Wasser? (Auf der Landkarte)
- Welcher Staat hat zwei Hauptstädte? (Tschech-oslo-wakei: Oslo und Prag)
- Was muß man machen, wenn man in der Wüste einer Schlange begegnet? (Sich hinten anstellen)
- Wann sagt ein Chinese ›Guten Morgen‹? (Wenn er deutsch sprechen kann)
- Welche Wiesen sind nicht grün? (Devisen)
- Welche Mieten steigen stark an? (Dolomiten)
- Auf welche Schüsse freuen sich die Urlauber? (Schnappschüsse)
- Was ist eine Bohrinsel? (Ferienort für Zahnärzte)
- Was steht mitten in Rom? (Ein o)
- Wer hat die meisten Reisen um die Erde gemacht? (Mond)
- In welchen Wellen kann keiner schwimmen? (Reisewellen)
- Welche Gassen sprechen? (Monegassen)

Gefallen euch diese Masken? Sie lassen sich ganz leicht nacharbeiten

Venezianische Masken

– Fotokarton
– Bleistift
– Schere
– Cutter
– Locher
– Farbe
– Pinsel
– Glitter
– Pritt Alleskleber
– Stoff
– Federn
– Gummiband

Für den Karneval in Venedig basteln sich alle Kinder schöne Masken.
1. Nach der Vorlage übertragen wir die Umrisse auf Fotokarton und schneiden sie aus. Für das Heraustrennen der Augen nehmen wir einen Cutter.
2. Wir verzieren die Maske mit Farbe, Stoff, Glitter oder Federn.
3. Durch die mit dem Locher gestanzten Löcher ziehen wir ein Gummiband und verknoten es.

Reise um die Welt

Bei der gemeinsamen Weltreise will Jan zuerst nach London fliegen. Andrea wünscht sich als nächstes Ziel Nizza. Daniel will nach Athen. Von dort möchte Mailin nach Nürnberg fliegen. Wenn Tini die Reise nicht an einen Ort mit G fortsetzen kann, gibt sie ein Pfand ab.

Kofferpacken

Das Geburtstagskind beginnt das Spiel mit dem Satz: ›Ich packe einen Teddy in den Koffer.‹ Regina fährt fort: ›Ich packe den Teddy und die Flossen ein.‹ Jan ergänzt ›Ich packe den Teddy, die Flossen und meine Computerspiele ein.‹ Wer beim Einpacken ein vorher genanntes Teil vergißt, gibt ein Pfand ab. Ideen zum Pfandauslösen:
● Male die italienische Flagge!
● Sprich den Zungenbrecher: Sopra la panca la capra campa, sotto la panca la capra crepa. (Auf der Bank überlebt die Ziege, unter der Bank stirbt die Ziege.)
● Bilde mit den Buchstaben des Wortes ›Italien‹ drei neue Wörter, zum Beispiel ›Latein‹!
● Schau dir Italien auf der Karte an, und besorge den Gegenstand, mit dem man Italiens Umrisse vergleicht!

Karneval in Venedig

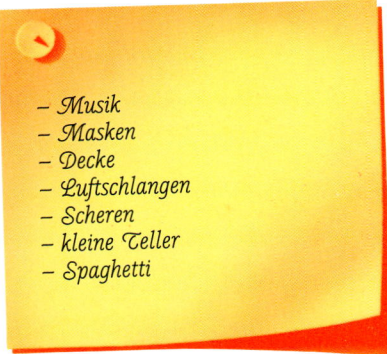

– Musik
– Masken
– Decke
– Luftschlangen
– Scheren
– kleine Teller
– Spaghetti

La bella bimba

(italienisches Volkslied)

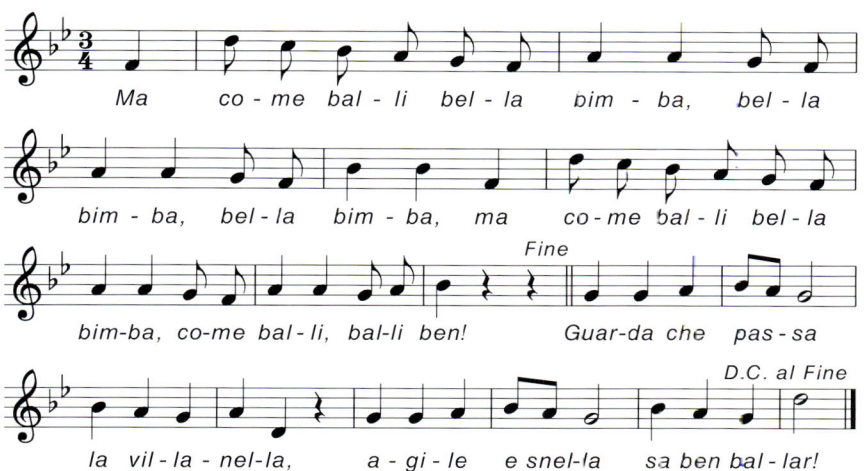

Ma co - me bal - li bel - la bim - ba, bel - la

bim - ba, bel - la bim - ba, ma co - me bal - li bel - la

Fine

bim - ba, co - me bal - li, bal - li ben! Guar - da che pas - sa

D.C. al Fine

la vil - la - nel - la, a - gi - le e snel - la sa ben bal - lar!

Mit ihren bunten Masken stürzen sich die Kinder in den Karneval von Venedig. In einer Spaßpolonaise machen sie alles nach, was ihnen das Geburtstagskind vormacht.

Gondeln: Unsere Gondel besteht aus einer großen Decke, auf die sich zuerst das Geburtstagskind legen darf. Die anderen heben die Gondel an den Schmalseiten hoch und schaukeln den Passagier.

Spaghettischlangen: Zum Spaghettischlangenkönig wird gekrönt, wer aus einer Luftschlange, die über einer Leine hängt, die längsten Spaghetti schneiden kann.

Spaghettitanz: Je drei Kinder bilden Spaghetti, indem sie zwischen sich zwei Luftschlangen spannen. Kreuz und quer, drunter und drüber tanzen die Spaghetti, bis die Luftschlangen reißen. Die kürzeren Spaghetti tanzen weiter, wickeln sich auf und wieder ab.

Spaghettiwettessen: Wer im Karneval von Venedig eine kleine Zwischenmahlzeit wünscht, muß mit Überraschungen rechnen. Die Spaghetti werden ohne Gabel serviert, und die Finger dürfen auch nicht helfen. Wer ißt seine Portion am schnellsten auf?

Das lustige Orangenspiel kommt aus Amerika

Orangen-Kinn-Unsinn

❀ Orangen oder kleine Bälle

Während bei uns der Tanz mit Apfelsinen zwischen den Stirnen ein beliebtes Partyspiel ist, spielen amerikanische Kinder gerne ›Pass the Orange‹. Dazu bilden die Teilnehmer zwei Kreise. Ein Kind in jedem Kreis klemmt sich eine Orange oder einen kleinen Ball unter sein Kinn. Ohne die Hände zu Hilfe zu nehmen, reicht es die Orangen seinem rechten Nachbarn unters Kinn weiter. Fällt sie herunter, wird es noch einmal versucht. Welche Orange ist zuerst wieder beim Starter? Zum Apfelsinenkönigspaar krönen wir das Paar, das sich am häufigsten eine Apfelsine hin- und herreichen kann.

Erdkugelspiel

❀ Erdkugel oder Ball
❀ Stock
❀ Slalommarkierungen
❀ Stoppuhr

Als Kolumbus beweisen wollte, daß die Erde eine Kugel ist, hat er Amerika entdeckt. So spielen wir ein spannendes Erdkugelspiel. Dazu bauen wir aus Flaschen, Stöcken, Fahnen und weiteren Markierungen einen Milchstraßenslalom auf. Mit einem Stock wird die Erdkugel nun so schnell wie möglich die Milchstraße entlang durchs All gelenkt.

Texanisches Hüpfballreiten

❀ 2 Hüpfbälle

Auf unseren beiden Hüpfbällen veranstalten wir ein lustiges texanisches Wettreiten.

Rinderfang

❀ Flaschen
❀ Ringe

Cowboys fangen Rinder geschickt mit Lassos ein. Unsere Amerikabesucher spielen Rinderfang, indem sie Ringe auf Flaschen werfen.

Verulktip

Wetten, daß man Amerika mit einem m und hinten mit h schreibt? (A-m-erika, h-inten)

Huliguli-Ball

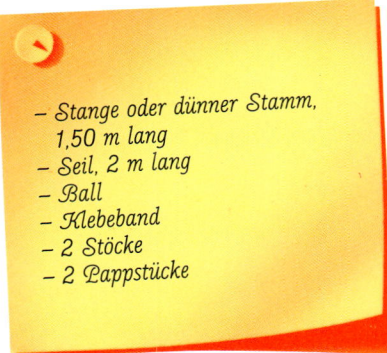

- Stange oder dünner Stamm,
  1,50 m lang
- Seil, 2 m lang
- Ball
- Klebeband
- 2 Stöcke
- 2 Pappstücke

Die Huliguli-Kämpfer befestigen das Seil an einem Ende der Stange und stellen sie senkrecht auf. An das andere Ende des Seils kleben sie einen Ball. Dann stellen sich zwei Spieler auf ihre ›Kampfzonen‹, also die Pappstücke, die sie nicht übertreten dürfen. Einer der Kämpfer versucht, in einer Minute das Seil mit dem Stock zweimal um die Stange zu wickeln. Der andere will das mit seinem Stock verhindern.

Nilwasserstaffel

❀ 1 großer, 2 kleine Eimer
❀ 2 Becher

Ein Eimer voll ›Nilwasser‹ und zwei Becher markieren den Start. Am Ende einer zehn Meter langen Strecke stehen zwei kleine Eimer. Die beiden Staffelläufer tragen jeweils einen Becher Wasser auf dem Kopf ins Ziel, leeren ihn aus und rennen zurück. Wessen Eimer ist zuerst voll?

Zwei Huliguli-Kämpfer in vollem Einsatz

Afrikanische Schnurbrücke

❀ Schnüre, 80 cm lang

Für dieses einfache, aber sehr witzige Spiel stellen sich die Kinder zu zweit hintereinander an einer Startlinie auf. Die Partner verbinden sich mit einer Schnur, die sie sich zwischen die Knie klemmen. Beim Startschuß laufen sie los. Stürzt die Schnurbrücke ein, müssen die Brückenbauer zum Start zurück.

Stampf-Tamtam

❀ 2 Eimer
❀ 2 Stöcke
❀ Knallerbsen oder Hagebutten

Habt ihr schon einmal auf Fotos gesehen, wie afrikanische Kinder Hirse in ausgehöhlten Baumstämmen stampfen? Wir legen in zwei Eimer je zehn Knallerbsen oder andere kleine Kügelchen. Zwei Kinder stellen sich mit ihrem Stock vor die Eimer. Wer hat die Kugeln zuerst zerstampft?

Auch ohne Schneiderkenntnisse kann man diesen Kimono selber nähen

Thailändisches Steinchenspiel

❀ kleine Kieselsteine

Für dieses in Thailand sehr beliebte Wurfspiel benötigen wir pro Spieler zwei kirschgroße Kieselsteine. Die Steine werden zu gleichen Teilen in Wurf- und Spielsteine aufgeteilt. Die Kinder sitzen im Kreis um die verstreuten Spielsteine herum. Jedes Kind hat einen Wurfstein in der Hand. Ein Kind wirft diesen in die Höhe, hebt mit der gleichen Hand schnell einen Spielstein auf und versucht, den Wurfstein mit dem Spielstein in der Hand zu fangen. Gelingt es, so behält es den Spielstein und versucht sein Glück noch einmal. Gelingt es nicht, so legt es den Spielstein wieder zurück, und ein anderes Kind ist an der Reihe. Wer erobert die meisten Spielsteine?

Perlentauchen

❀ Tassen, mit Wasser und Perlen gefüllt
❀ Nylonfäden

Auf das Wunder, eine Naturperle zu finden, hoffen noch heute viele japanische Frauen, wenn sie stundenlang nach Austern und anderen Muscheln tauchen. Künstlich züchtet man Perlen, indem aus einer Muschelschale ein Kügelchen geschnitten und in eine Auster eingesetzt wird. Diese wehrt sich gegen den Fremdkörper, indem sie ihn mit Perlmutt umhüllt. Unsere Perlentaucher sollen innerhalb einer Minute Perlen aus ihren Tassen holen und auffädeln. Wer stellt die längste Perlenkette her?

Kimono

❀ Stoff
❀ Seidenmal- und Nähutensilien
❀ Bügelvlieseline
❀ Haken und Ösen

Den Kimono nähen wir aus schulterbreiten, körperlangen Stoffstreifen zusammen. Der breite Gürtel, Obi genannt, wird mit Vlieseline verstärkt und mit Haken und Ösen hinten verschlossen. Den Schmetterling übertragen wir vom Vorlagebogen und bügeln ihn mit doppelseitiger Bügelvlieseline auf den Stoff, nachdem er mit Seidenmalfarben schön bemalt worden ist.

Ärmel   Rücken   Vorderteil   Vorderteil

Indonesische Kissenschlacht

❀ Kissen oder Strohsäcke
❀ Balken auf 2 Stützen
❀ weiche Unterlage (Kissen, Heu)

Anders als bei der Kissenschlacht, die bei uns in manchen Kinderbetten vor dem Einschlafen stattfindet, sitzen Kinder auf Java auf einem Bambusrohr und versuchen, mit einem Kissen oder einem Strohsack ihren Gegner vom Rohr zu schlagen. Der Verlierer fällt auf eine weiche Unterlage. Ein tolles Spiel!

Jan-ken-pon und Kitsuneken

Jan-ken-pon – bei uns als Schere-Stein-Papier bekannt – eignet sich hervorragend zum Entscheiden, wer ein anderes Spiel bestimmen oder anfangen darf. Je zwei Kinder stehen einander mit der rechten Hand auf dem Rücken gegenüber. Dreimal schnellen die Hände der Spieler bei dem Kommando Jan-ken-pon gleichzeitig hervor: scherenförmig gespreizt (Schere), flach ausgestreckt (Papier) oder zur Faust geballt (Stein). Es gewinnt Papier gegen Stein, weil Papier den Stein einwickeln kann, Stein gegen Schere, weil der Stein die Schere schleifen kann, und Schere über Papier, weil die Schere das Papier schneiden kann. Diejenigen, die in drei Durchgängen gewonnen haben, bilden neue Paare, so daß im K.-o.-System der Sieger ermittelt wird.
Bei Kitsuneken stehen die Kinder paarweise Rücken an Rücken. Beim Umdrehen stellen sie einen Fuchs mit spitzen Ohren, einen Jäger mit Gewehr oder einen Dorfvorsteher mit erhobenem Zeigefinger dar. Der Fuchs überlistet den Dorfvorsteher, dieser besiegt den Jäger, und der Jäger erschießt den Fuchs.

Bei der indonesischen Kissenschlacht haben alle Kinder viel Spaß

Fächerabschlagen

❀ Fächer oder Fahne
❀ Tuch

Die Kinder bilden einen Sitzkreis um zwei Spieler: Einer will mit verbundenen Augen den anderen mit dem Fächer abschlagen. Das versucht dieser natürlich zu verhindern.

Japanischer Zahlentrick

❀ 3 Streichhölzer

Das Geburtstagskind erzählt, daß es in einem alten Buch gelesen hat, mit welchen Zeichen die alten Japaner Zahlen darstellten. Es legt nun ein ›japanisches Zahlenzeichen‹ aus drei Streichhölzern und fordert seine Freunde auf, sich hinter es zu stellen, um das Zeichen gut erkennen zu können. Die gesuchte Zahl liegt zwischen eins und zwölf, das ist für den Anfang leichter.

Das System: Für die Eins legt ihr das erste Streichholz mit der roten Spitze so, als wäre es der kleine Uhrzeiger, der auf ein Uhr zeigt. Die beiden anderen Hölzer legt ihr irgendwie darüber, zum Beispiel so:

Die Sechs und die Neun können so aussehen:

Mehrstellige Zahlen entstehen aus mehreren einzelnen Zahlenzeichen. Welche Zahl ist das?   (381)

>Echte< chinesische Wasserträger bei der Arbeit

Chinesische Wasserträger

❀ 2 Stangen
❀ 4 kleine Eimer
❀ Meßbecher

Je zwei Kinder transportieren auf ihren Schultern gemeinsam eine Stange mit zwei Eimern, die am Start bis zum Rand mit Wasser gefüllt sind. Dabei müssen sie auch eine kleine chinesische Mauer übersteigen. Im Ziel füllen wir die Eimer mit einem Meßbecher wieder voll, so daß wir feststellen können, wieviel Wasser die Träger verloren haben. Welches Paar schafft den Parcours mit dem geringsten Wasserverlust? Die Zeit spielt diesmal keine Rolle. Zur Abwechslung lauft mal die Nilwasserstaffel (Seite 107).

Nim-Spiel

❀ Perlen oder Stöckchen

Je zwei Kinder spielen mit 16 Perlen, die auf zwei Vierer-, zwei Dreier- und auf einem Zweierhaufen liegen. Abwechselnd nehmen die Kinder so viele Perlen, wie sie wollen, doch jedes Mal nur von einem Haufen. Es gewinnt derjenige, der die letzte Perle nehmen kann. Im Lösungsanhang beschreiben wir eine Strategie, mit der der beginnende Spieler immer gewinnt.

Yang Li, der Panda

❀ weißer Fotokarton
❀ Schere, Cutter
❀ Stifte
❀ Gummifaden

Die Kinder freuen sich mit Yang Li, einem großen Panda, an. Er erzählt ihnen, daß die Suche nach seiner Lieblingsspeise, den Bambussprossen, immer mühevoller wird. Dennoch will er in seiner Heimat bleiben und nicht von den Männern gefangen werden, die Pandas an Zoos in Europa verkaufen.
Für die Pandamaske übertragt ihr die Umrisse von der Vorlage auf Fotokarton und schneidet sie aus. Mit dem Cutter schneidet ihr die Augen aus. Dann die Nase zum Hochklappen aufschneiden. Augen, Ohren und Nase nach der Vorlage in Schwarz bemalen und die Augenlöcher in Orange einrahmen. Durch zwei kleine Löcher in Augenhöhe knotet ihr den Gummifaden.

Chinesisches Drachenfest

- große Kartons
- Schere
- Stoff
- Kreppapier
- Schnur
- Farbe
- Pinsel
- Luftballons
- Musik
- Stangen

Die Gelegenheit, an diesem wunderbaren Fest teilzunehmen, läßt sich niemand entgehen. Jedes Kind bemalt und schmückt einen Karton: Eins fertigt den Drachenkopf mit einem riesigen Maul an und ein anderes das Schwanzende. Die fertigen Drachenteile werden mit Schnüren zusammengebunden, der Kamm entsteht aus lauter Luftballons. Stolz und mächtig schwebt der Drache durch die Lüfte, wenn jedes Kind mit einer Stange sein Drachenteil anhebt. Bei flotter Musik tanzen so alle durch die Gegend. Weil die Chinesen dabei Feuerwerkskörper abbrennen, lassen wir die Ballons knallen, indem wir den Drachen mit spitzen ›feindlichen‹ Gegenständen in Berührung bringen.

Ideen-Länder-Mix

Skifahren in Österreich, Käse rollen in Holland, in Griechenland Tempel bauen mit Papprollen als Säulen, in Rußland Kasatschok tanzen, in Australien Bumerangs basteln und wie Känguruhs laufen, in Neuseeland Bilder mit gefärbter ungesponnener Wolle basteln, in den USA den Square dance und Indianertänze aufführen, in Ägypten Mumien wickeln und Pyramiden bauen, knüpfen oder weben in Indien, in Brasilien jonglieren und Schuhputzerlied singen, in Japan Origamikraniche falten.

Alle Kinder machen bei dem ›Tanz mit dem Drachen‹ begeistert mit

La raspa

(mexikanischer Tanz, Text: G. Hennekemper)

La ri la ra la ras-pa, das ist ein tol-ler Tanz, von
Kap-stadt bis A-las-ka, wer tan-zen will, der kann's. La
kann's. **1.** Ja, wir lie-ben al-le la ras-pa sehr, das
Tan-zen fällt uns gar nicht schwer, wir hüp-fen, sprin-gen und
sin-gen laut, la ras-pa geht un-ter die Haut. Ja, wir Haut.

2. Alle Kinder sollen fröhlich sein, die Kinder am Nil und die am Rhein, in Japan, Schweden und in Peru, das Tanzen gehört dazu.

Tanz zum Lied

Je zwei Kinder stehen voreinander und reichen sich die Hände.

Teil A (Takt 1 bis 16)

Raspa-Schere: 1 und 2: Raspa-Schritt rechts vorwärts:

In dem Rhythmus kurz-kurz-lang machen beide Partner am Platz drei Spreizsprünge: rechter Fuß vorwärts und gleichzeitig linker Fuß rückwärts, rechter Fuß rückwärts und gleichzeitig linker Fuß vorwärts, rechter Fuß vorwärts und gleichzeitig linker Fuß rückwärts. Die Arme werden dabei mitbewegt.

3 und 4: Raspa-Schritt wie oben links vorwärts

5 bis 16: Die Schritte zu den Takten 1 bis 4 dreimal wiederholen, dann die Hände lösen.

Teil B (Takt 17 bis 32)

Raspa-Runde: 17 bis 24: Raspa-Runde rechtsherum:

Rechts eingehakt im Hüpfschritt rechtsherum tanzen, dabei den linken Arm über den Kopf halten, zum Schluß die Arme lösen.

25 bis 32: Raspa-Runde linksherum:

Die Kinder wenden sich einem anderen Partner zu und beginnen den Tanz von neuem.

Mit einer Flasche zwischen den Partnern, die natürlich nicht umkippen darf, wird ›La raspa‹ ein lustiger Geschicklichkeitstanz.

Wie man sieht, macht es den Weltenbummlern Spaß, neue Tänze kennenzulernen

Mexikanische Piñata

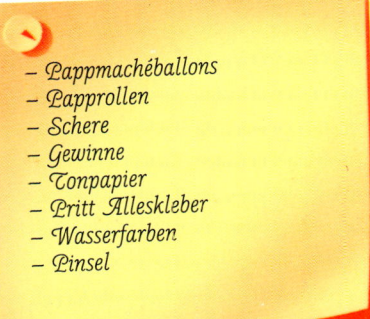

- Pappmachéballons
- Papprollen
- Schere
- Gewinne
- Tonpapier
- Pritt Alleskleber
- Wasserfarben
- Pinsel

Piñatas sind Phantasietiere, die, an der Decke oder im Baum hängend, auf den Höhepunkt des Festes warten. Mexikanische Kinder stellen sich der Reihe nach mit verbundenen Augen darunter und versuchen mit einem Stock, die Piñata zum Platzen zu bringen, um die darin verborgenen Gewinne zu bekommen.

1. Wir schneiden in den Pappmachéballon, der die Gewinne enthalten soll, eine Öffnung, stecken die Gewinne in den Ballon und kleben ihn wieder zu.

2. Mit Rundballons, Zeppelinballons oder Papprollen gestalten wir ein Phantasietier, das wir anschließend bunt bemalen oder bekleben.

Der Höhepunkt des Festes: aus der Piñata die Gewinne herausholen

»Blinde« Reisende

❀ Tücher

Wir benötigen mindestens acht Teilnehmer. Der Hälfte der Mitspieler werden die Augen mit Tüchern verbunden. Während sie in der Raummitte stehen, verteilen sich die anderen in den Ecken und an den Wänden. Nacheinander darf sich jeder Spieler in der Mitte eine Stadt wünschen, in die er reisen will. Jeweils ein Außenspieler meldet sich, um diese Stadt »darzustellen«. Bei Reisebeginn rufen die Außenspieler immer wieder den Stadtnamen, um den anderen ihre Reise zu erleichtern. Wer ist zuerst am Ziel?

Im Reisebüro

Ein Verkäufer zieht einen Zettel, auf dem steht, für welches Land er werben soll. Mit allen Mitteln versucht er, einen Kunden zu einer Reise dorthin zu überreden. Oder ihr spielt, wie sich ein unzufriedener Urlauber an der Hotelrezeption beschwert.

Marsmännchen auf Weltreise

Ein lustiger Abschiedszug bringt die Kinder nach der aufregenden Weltreise nach Hause: Stellt euch vor, ihr seid Außerirdische, die stumm durch die Straßen ziehen. Alle machen nach, was der Führer der Außerirdischen ihnen vormacht. Sie machen klitzekleine, schnelle Tippelschritte auf Zehenspitzen, mustern jeden Fußgänger von oben bis unten, fotografieren die allerunwichtigsten Dinge, kratzen sich am ganzen Körper und machen verrückte Lachgrimassen. Euch fällt sicher noch mehr außerirdischer Blödsinn ein. Auf Wiedersehen im nächsten Jahr!

Sherlock Holmes gibt sich die Ehre

Dude machstde beide deidenerde Gedeburtsdetagsdepardetyde dasde Undemögdelichde mögdelichde: Sherdelockde Holmesde, Dokdetorde Watdesonde, Missde Mardeplede, Kaldelede Blomdequistde undde Edemilde Tischdebeinde ardebeidetende inde bedesondedersde schwiederidegende Fäldelende zudesamdemende. Siede verdestedehende sichde sode gutde, daßde siede ihderede Erdefoldegede mitde herrdelidechende Spiedelende undde Sketdechende feideernde.
(Wer Hilfe zum Entschlüsseln braucht, schaut auf Seite 118 unter ›Buchstaben einfügen‹ nach.)

● Ordnet die Gewichte und die Größen den richtigen Kindern zu (Gewicht mit Kleidung, Größe ohne Hut)!

A: 38 kg, 148 cm
B: 41 kg, 156 cm
C: 39 kg, 146 cm
D: 40 kg, 156 cm
E: 37 kg, 150 cm
(Lösung im Anhang)

Festvorbereitung

Geheimnisvolle Hände

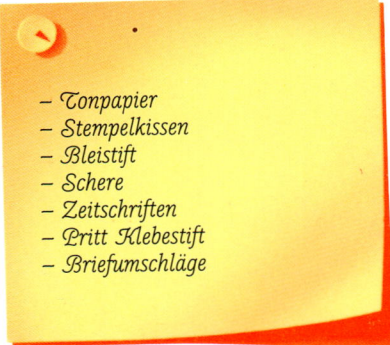

- Tonpapier
- Stempelkissen
- Bleistift
- Schere
- Zeitschriften
- Pritt Klebestift
- Briefumschläge

Sherlock Holmes lädt mit ›geheimnisvollen Händen‹ zu seinem kriminalistischen Detektivfest ein.

1. Er legt seine rechte Hand mit gespreizten Fingern auf Tonpapier, umfährt sie mit einem Bleistift und schneidet die Handform entlang der Umrißlinie aus.

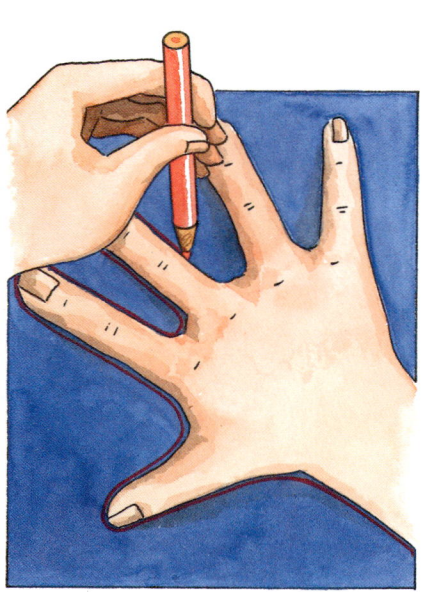

2. Aus Zeitungen und Zeitschriften schneidet er kriminalistische Wörter und Bilder aus und klebt sie auf die Papierhand.

3. Auf die Rückseite schreibt er den Einladungstext:

MJFCFS KBO-EJSL!

TIFSMPDL IPMNFT, EFS
NFJTUFSEFUFGUJW, NVTT
BN TBNTUBH, EFN
19. NBJ, BC 15 VIS WJFMF
TDIXJFSJHF GBFMMF
MPFTTFO. EBCFJ CSBVDIU
FS VOUFSTUVFUAVOH. PC
NJTT NBSQMF, CBMEVJO
QGJGG PEFS LBMMF
CMPNRVJTU LPNNFO
LPFOOFO? XFOO EV
IPMNFT CFJ TFJOFS
BSCFJU NJU EFUFLUJWJT-
DIFN TQVFSTJOO IFMGFO
LPFOOUFTU, XVFSEF JDI
NJDI TFIS GSFVFO.

EFJO TUFQIBO

Ob alle die Einladung entschlüsseln können? Der Hinweis, daß jeder

Buchstabe durch den im Alphabet folgenden ersetzt wurde, hilft bestimmt. Außerdem findet ihr den Lösungstext im Anhang.

4. Um seine Freunde noch mehr zu verwirren, schneidet Holmes die Hand in viele Stücke (etwa 30), die er in einen mit zahlreichen Fingerabdrücken verzierten Briefumschlag steckt. Daß er die Umschläge nicht übergibt, sondern an geheimen Orten versteckt, versteht sich von selbst. Hoffentlich sind seine Freunde so gute Detektive, daß sie mit Hilfe seiner rätselhaften Hinweise die Einladungen finden!

Mein Teekesselchen ist ein Jungenname.
Mein Teekesselchen hilft manchem Dieb, in Wohnungen einzubrechen. (Dietrich)
Mein Teekesselchen duftet gut.
Mein Teekesselchen ist wertvoll und wertlos zugleich. (Blüte)

Sherlock Holmes' Teetafel

- 2 Rührkuchen
  (Fertigteigmischungen)
- Alufolie
- Zettel mit Botschaften
- Zucker- und Schokoladenguß
- Feile
- Negerküsse
- Pfefferminzplätzchen,
  Liebesperlen oder
  andere süße Verzierungen
- weißes Bettuch
- schwarze Wasserfarbe

›Knastkuchen‹ und ›Negerkußgauner‹

Daß die Gäste bei Sherlock Holmes' Teetafel mit einigen Überraschungen rechnen müssen, wird keinen verwundern. Der große Meister backt in einen ›Knüllerkuchen‹ in Alufolie verpackte Zettel ein, auf denen lustige Botschaften stehen, und verziert ihn mit einem Selbstportrait aus Zucker- und Schokoladenguß. In den ›Knastkuchen‹ backt er eine Feile ein. An den ›Negerkußgaunern‹ hat er besonderen Spaß: Mit leckeren Naschereien und Zuckerguß garniert, entstehen aus Negerküssen herrlich garstige Gauner.

Ein weißes Bettuch verziert der Meister mit seinen Handabdrücken. Als Tischkarten bereitet er Detektivpässe (siehe Seite 118) zum gemeinsamen Ausfüllen nach dem Tee vor.

Verbrecherkartei

❀ 10 Stücke Tonkarton (DIN-A5)
❀ Stifte
❀ Stoffreste
❀ Pritt Klebestift

Für ein Erkennungsspiel legt Holmes eine Gaunerkartei mit Stoffproben und Schuhabdrücken an: In die linke obere Ecke schreibt er Gaunernamen: wie Knacki Knastgast, Gülli Murkskopp, Paule Pickel. Rechts oben malt er die dazugehörigen Portraits. In die linke untere Ecke klebt er die Stoffetzen. Rechts davon malt er Sohlenprofile. Vor dem Fest schneidet er von einem Stoff ein Stück ab und versteckt es sichtbar im Raum. Einen Schuhabdruck malt er auf den Boden. Wer erkennt mit Hilfe der Kartei als erster den Gauner, der bei seinem Einbruch den Stoffetzen und den Schuhabdruck als Indizien am Tatort zurückließ?

Detektivpaß mit Geheimschriften

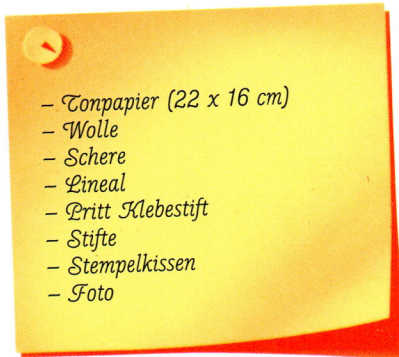

- Tonpapier (22 x 16 cm)
- Wolle
- Schere
- Lineal
- Pritt Klebestift
- Stifte
- Stempelkissen
- Foto

1. Falte das Tonpapier zu einer Doppelkarte, schreibe in großen Buchstaben ›Detektivpaß‹ auf das Deckblatt, und verziere es!
2. Schreibe auf die linke Innenseite deine Personalien, klebe ein kleines Foto ein und stempele es mit einem Fingerabdruck. Darunter schreibst du deinen Detektivnamen in den

Geheimschriften, die dir am besten gefallen. Wer Lust hat, fertigt eine Schablone für die Schablonenschrift an. Ein Wollfaden mit deinem Knotenschriftnamen wird zuletzt eingeklebt.

Codealphabet

Wählt ein Codewort, in dem kein Buchstabe mehrfach vorkommt, zum Beispiel

U H R Z E I T.

Dieses Wort stellen wir an den Anfang unseres Codealphabets. Die restlichen Buchstaben des Alphabets werden in normaler Reihenfolge angehängt:

Das normale Alphabet haben wir daruntergeschrieben, um eine übersichtliche Verschlüsselungstabelle zu erhalten. Wir verschlüsseln die Botschaft WIR MUESSEN DEN EISVERKAEUFER BEOBACHTEN, indem wir jeden Buchstaben durch den in der Tabelle darüberstehenden des Codealphabets ersetzen:
VBN GQEOOEJ ZEJ EBOSENDUE-QIEN HEKHURAPEJ.
Noch geheimnisvoller wird dieser Text, wenn die Buchstaben in Fünfergruppen aufgeschrieben werden:
VBNGQ EOOEJ ZEJEB OSEND UEQIE NHEKH URAPE J.
Aufgabe: Entschlüssele die Botschaft:
BGTUN PEJBO PEBJO RAUPY SENTN UHEJ.
(Im Garten ist ein Schatz vergraben.)

U	H	R	Z	E	I	T	A	B	C	D	F	G	J	K	L	M	N	O	P	Q	S	V	W	X	Y
A	B	C	D	E	F	G	H	I	J	K	L	M	N	O	P	Q	R	S	T	U	V	W	X	Y	Z

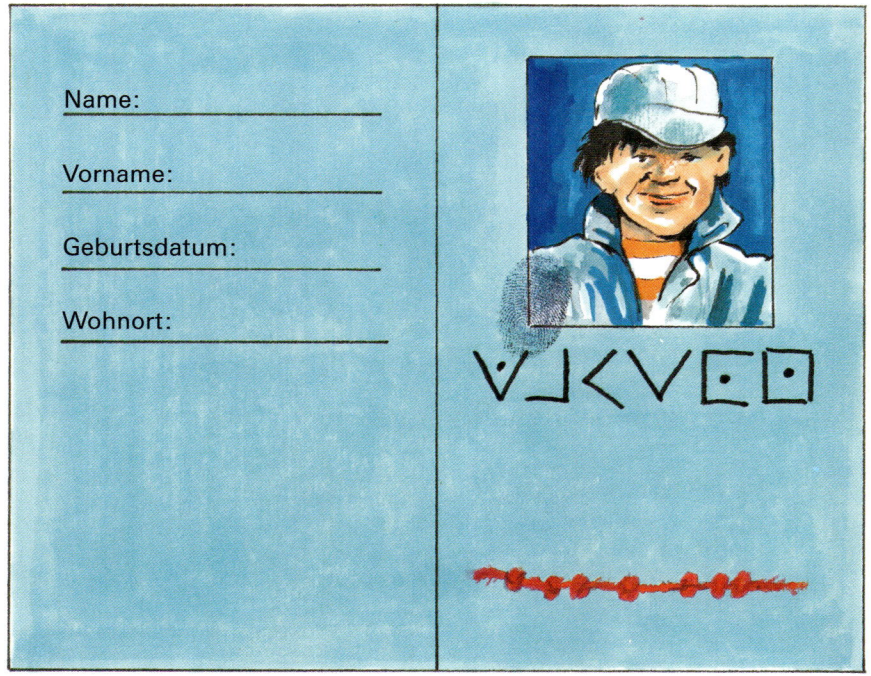

Name:

Vorname:

Geburtsdatum:

Wohnort:

Buchstaben einfügen

Hinter jeden Buchstaben fügen wir zwei beliebige Buchstaben ein DAREMIROS DUMIKLEBOBUS WIBOSUHINNUSTIN HOSILLEMURIM.
Hinter jeden Vokal zwei beliebige Buchstaben einfügen, zum Beispiel:
DEBOR DIMMEBOB WOKUHNT HISTEMIR.
(Der Dieb wohnt hier.)

Satz einfügen

In unsere Botschaft
UNTER DEM STEIN LIEGT EINE NACHRICHT
fügen wir den Satz
KALLE IST EIN MEISTERDETEKTIV
ein und bilden Fünfergruppen:
KAUNT LERLE DEIST MESIN TEMIN EILIS TEERG TDEEI TENEN AKCHT IRVIC HT

Vokaltabelle

	A	E	I	O	U
A	A	B	C	D	E
E	F	G	H	IJ	K
I	Ⓛ	M	N	O	P
O	Q	R	S	T	U
U	V	W	X	Y	Z

IA bedeutet L.

Zahlentabelle

	1	2	3	4	5
1	A	B	C	D	Ⓔ
2	F	G	H	IJ	K
3	L	M	N	O	P
4	Q	R	S	T	U
5	V	W	X	Y	Z

15 bedeutet E.

Alphabet um einen Buchstaben nach rechts verschieben

Schreibe alle Buchstaben des Alphabets in eine Zeile. Darunter wiederholst du die Buchstaben, beginnst aber mit B und hängst das A an.

A B C .... X Y Z
B C D .... Y Z A

Beispiel: XJS USFGGFO VOT BN CPPUTIBVT.

(ˑsnɐɥsʇooꓭ ɯɐ sun uǝɟɟǝɹʇ ɹıM)

Namenstabelle

	A	N	D	R	E
1	A	B	C	D	E
2	Ⓕ	G	H	IJ	K
3	L	M	N	O	P
4	Q	R	S	T	U
5	V	W	X	Y	Z

2A bedeutet F.

Hunde-Katzen-Tabelle

	K	A	T	Z	E
H	A	B	C	D	E
U	F	G	H	IJ	K
N	L	M	N	O	P
D	Q	Ⓡ	S	T	U
E	V	W	X	Y	Z

DA bedeutet R.

Beispiele: Wir verschlüsseln die Botschaft: EMIL UND DIE DETEKTIVE

> (Vokaltabelle) AU IE EO IA OU II AO AO EO AU AO AU OO AU EU OO EO UA AU
>
> (Namenstabelle) 1E 3N 2R 3A 4E 3D 1R 1R 2R 1E 1R 1E 4R 1E 2E 4R 2R 5A 1E
>
> (Zahlentabelle) 15 32 24 31 45 33 14 14 24 15 14 15 44 15 25 44 24 51 15

Aufgabe: Könnt ihr diese André-Botschaft lesen?
2R2D4N 4D1E2R1R 2N4E4R1E 1R1E4R1E2E4R2R5A1E.
(ˑǝʌıʇʞǝʇǝꓷ ǝʇnɓ pıǝs ɹɥI)

Gut getarnte Botschaft

Im folgenden Satz ist eine Botschaft gut versteckt:

> *Ingos kleine Schwester erzählt dauernd dem erblindeten Spanier wichtige Geheimnisse.*

Nimmt man aus jedem Wort den dritten Buchstaben, erhält man:

> *Geh zum Bach!*

Der Detektiv kann einen Hinweis zum Entschlüsseln einbauen, indem er die Zahl ›Drei‹ geschickt einfügt:

> *Ingos kleine dreijährige Schwester erzählt dauernd dem erblindeten Spanier wichtige Geheimnisse.*

Beim Entschlüsseln wird dem Zahlwort kein Buchstabe entnommen.
Aufgabe: Verschlüssele die Botschaft

> *Geh zu Ralf!,*

indem die Buchstaben Anfangsbuchstaben von Wörtern eines ›sinnvollen‹ Satzes werden. Füge ›Eins‹ als Hinweis ein! (ˑlǝpǝısuıƎ
puɐuıpɹǝℲ ɹǝɹɥǝ˥ uǝʇlɐ sɹǝʇɥɔıꓤ
ǝʍ∩ ɓıllǝɟnz suɐH ǝʇuuɐʞɹǝ uɹǝʇsǝפ)

Winkelschrift

A	B	C	J .	K .	L .
D	E	F	M .	N .	O .
G	H	I	P .	Q .	R .

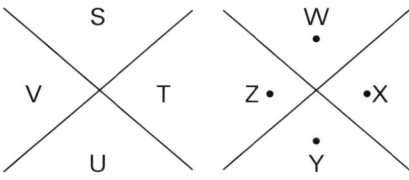

Die Buchstaben im Uhrzeigersinn eintragen.

Ben Beispiel:

⊐⊏ < ⊓⊔ < Γ >

D E T E K T I V

Aufgabe: Schreibe in Winkelschrift:
    E D E I S T D E R D I E B
(Lösung im Anhang)

Musikalische Geheimschrift

Für musikalische Detektive ist diese Geheimschrift wie geschaffen. Die folgenden Buchstaben ersetzen wir durch die italienischen Notennamen

c d e f g a h
do re mi fa sol la si

Alle anderen Buchstaben bleiben unverändert.

Beispiel:

*Simiutmi labminre um ladosit trmifa-
fami idosi reidosi lan remir Kirdosimi.
(·əyɔɹıʞ ɹəp un
ɥɔıp ɥɔı əɟɟəɹʇ ɥɔı ʇɥɔɐ un puəqɐ əʇnəH)*

Aufgabe: Was bedeutet die Botschaft

Solmirsilarre silat relas solmilre?

Erst entschlüsseln, dann kannst du im Anhang die Lösung nachsehen.

Geheimnisvolle Schreibtechniken

❀ Milch
❀ Zitronen-, Zwiebel- oder Kartoffelsaft
❀ weißes Papier
❀ feiner Pinsel

Auch ein weißes Blatt Papier kann versteckte Informationen enthalten. Durch Wärme (Papier vorsichtig über einen Heizkörper halten oder kurz auf höchster Stufe bügeln) wird sichtbar, was der Informant mit einem feinen Pinsel und Saft oder Milch aufgeschrieben hat.

Knotenschrift

❀ Buchstaben zum Aufkleben
❀ heller Faden
❀ Lineal
❀ Stift

An einem langen Faden werden mit Knoten, Perlen oder mit Filzstift ›Buchstaben‹ gekennzeichnet. Dazu wird der Faden an ein langes Lineal angelegt. Im normalen Alphabet entspricht 1 cm dem A, 2 cm dem B, 3 cm dem C, 4 cm dem D und so weiter (auch $\frac{1}{2}$ cm Abstand ist möglich). Wir lesen den Faden, indem wir jeweils einen Knoten oder Strich bei Null anlegen und bis zum nächsten Knoten messen. Das Lesen wird erleichtert, wenn man auf die Zentimetereinteilung des Lineals die zugehörigen Buchstaben klebt.

Kürzere Fäden benötigt man, wenn man die Buchstaben nach ihrer Häufigkeit in der deutschen Sprache anordnet:
E N R S I T D A L U O G H C B M F P W K V Z Y X Q J

Wickelschrift

❀ Bleistift
❀ Stift
❀ Papierstreifen

Ein schmaler Papierstreifen wird um den Bleistift gewickelt und dann beschrieben:

Ich bin in Gefahr.

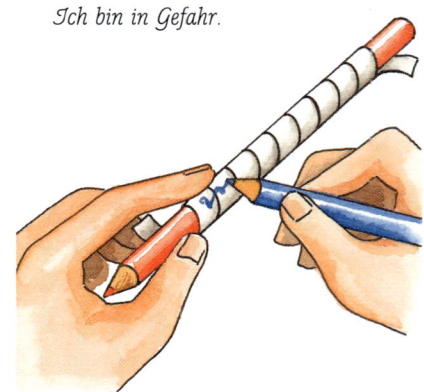

Wenn er wieder abgewickelt ist, findet man nur noch verstreute Zeichen. Erst erneutes Aufwickeln auf einen gleich dicken Bleistift ermöglicht dem Empfänger der Botschaft das Entziffern.

Stecknadelschrift

❀ Zeitung
❀ Stecknadel

Ganz unauffällig lesen Detektive auf ihren Beobachtungsposten gerne Zeitung. Da liegt es doch nahe, den Kollegen durch die Zeitung Botschaften zu vermitteln. Mit einer Nadel stechen sie zeilenweise unter die Buchstaben, die den Text ergeben sollen. Die Seite, auf der die Botschaft zu finden ist, wird rechts unten durch einen Nadelstich markiert. Der Empfänger hält diese Seite gegen das Licht und liest die gestochene Botschaft.

Schablonenschrift

❀ weißes Papier
❀ Lineal
❀ Schere
❀ schwarzer Filzstift

Nach der Vorlage wird die Schablone mit den zehn Fenstern sorgfältig ausgeschnitten. Wir beschriften die Ecken auf der Vorderseite mit den Ziffern Eins bis Vier. Die Ziffern Fünf bis Sieben kommen auf die Rückseite.

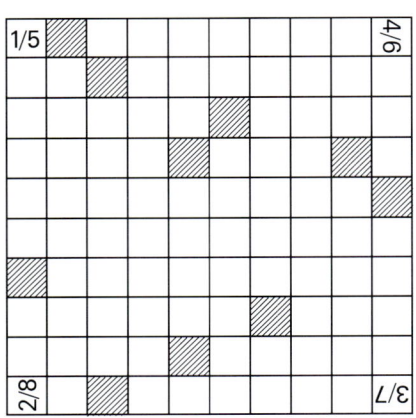

Diese Schablone ermöglicht es, Texte zu verschlüsseln, die maximal aus 80 Buchstaben bestehen dürfen. Bei kürzeren Texten setzen wir am Ende beliebige Buchstaben in die freien Fenster ein. Wir verschlüsseln folgenden Text:

EIN GUTER RAT VON KALLE:
LASST ERST ANDERE ESSEN!
DAS ESSEN KOENNTE VERGIFTET
SEIN MIT ARSEN! KALLE

Dazu legen wir die Schablone mit der Ecke Nr.1 oben links auf ein Blatt Papier. In die Fenster schreiben wir reihenweise von links nach rechts die ersten Buchstaben unseres Textes (ohne Satzeichen):

	E							
		I						
			N					
			G			U		
								T
E								
				R				
		R						
	A							

Wir drehen nun die Schablone im Uhrzeigersinn so, daß die Ecke Nr. 2 links oben liegt, und tragen die nächsten zehn Buchstaben ein. Das machen wir entsprechend für die Ecke Nr. 3 und Nr. 4. Dann ist die erste Hälfte des Textes verschlüsselt. Die Schablone wird gewendet. Wenn die Ecke Nr. 5 links oben liegt, kann das Eintragen fortgesetzt werden. Dann drehen wir die Schablone wie zuvor im Uhrzeigersinn so, daß jetzt die Ecke Nr. 6 links oben liegt. Eintragen, weiterdrehen, eintragen, weiterdrehen, eintragen – folgendes Bild entsteht:

	E	A	T	D	T	A	A	N	
S		I	E	R	S	E	N		V
O	E		S	T	N	S		N	S
E	E	T		G	V		R	U	T
E	K	E	S			A	S	E	T
E	E	N	E			I	L	S	N
E	R	L		K	S		K	A	R
N	S		G	T	L	R		M	E
N		L	O	R	I	E	A		I
	E	A	T	E	L	D	F	N	

In die freien Felder schreiben wir beliebige Buchstaben.

Aufgabe: Die folgende Botschaft ist nach dem eben beschriebenen Verfahren verschlüsselt worden. Versucht sie mit eurer Schablone zu lesen, indem ihr diese zuerst mit der Ecke Nr. 1 links oben auflegt und die erkennbaren Buchstaben lest. Danach dreht und wendet ihr, wie es oben beschrieben wurde.

A	N	R	U	E	B	L	I	B	
W	C	O	E	T	L	R	M	D	R
R	A	E	E	M	C	I	F	A	N
M	E	F	G	H	R	H	F	E	N
S	T	E	Z	K	L	V	E	E	I
E	I	N	S	M	N	N	O	T	M
N	B	N	O	E	E	P	I	R	I
D	E	Q	N	R	M	G	R	H	T
S	S	I	M	U	D	K	P	U	O
T	T	T	E	Z	A	O	D	R	V

(Noch ein guter Rat von Kalle: Überprüfe stets, ob Wanzen im Zimmer sind! Der Feind hört immer mit!)

Ablauf des Festes

Wenn Sherlock Holmes im Erdgeschoß wohnt, erleben die Gäste gleich bei ihrer Ankunft die erste Überraschung: Die Haustür bleibt trotz lauten Schellens verschlossen. Wie schaffen sich die tüchtigen Detektive Zutritt? Ist irgendwo ein Fenster offen? Können sie durch den Keller oder die Garage ins Haus gelangen? Gibt es vielleicht ein Geheimversteck für den Hausschlüssel? Mit großer Freude beobachtet Sherlock Holmes die Anstrengungen seiner Freunde. Seine Freude vergeht, als er ihre leeren Hände sieht. Keine Geschenke? Die haben die Gäste auf ihren Irrwegen zu ihm gut versteckt. Jetzt muß Sherlock Holmes zeigen, daß er wirklich ein guter Detektiv ist, und schnell die Geschenke finden.

Wenn so viele berühmte Detektive zusammenkommen, gibt es natürlich viel zu erzählen. Sicherlich will jeder von seiner größten Meisterleistung berichten. Dann geht es an die Arbeit. Auch berühmte Detektive können immer noch lernen. Deshalb tauschen sie ihre besten Geheimschrifttechniken aus. Jeder fertigt einen Detektivpaß mit seinem Foto, seinem Fingerabdruck und den wichtigsten Geheimschriften an. Ob das bei der anschließenden Detektivrallye helfen wird? Vorher stärken sich alle mit Negerkußgaunern und einer Sherlock-Holmes-Torte, die scharfsinnige Denker noch schlauer macht.

Tabu-Sprache

Wir erklären einen Buchstaben, zum Beispiel das A, für tabu. Dann darf kein A mehr gesprochen werden. Wem dennoch eins entschlüpft, der muß ein Pfand abgeben.

Lustige Teegespräche

Wie in der Einleitung fügen wir nach jeder Silbe ›de‹ ein:

Dade diedesede Spradechede sode eindefachde istde, woldelende wirde unsde daderinde undeterdehaldetende.

(Da diese Sprache so einfach ist, wollen wir uns darin unterhalten.)

In der Tee-Sprache fügen wir hinter jeden Vokal ein ›T‹ ein und wiederholen den Vokal noch einmal:

Witir treteffeten utuns utum atacht Utuhr itin deter Scheteutunete.

(Wir treffen uns um acht Uhr in der Scheune.)

Zahlentrick von Sherlock Holmes

Sherlock Holmes verläßt das Zimmer. Die anderen Kinder – unter ihnen sein Gehilfe Dr. Watson – bestimmen eine Zahl, zum Beispiel die 736, die der Meisterdetektiv herausfinden soll. Dr. Watson ruft ihn ins Zimmer und fragt:

Ist es die Zahl 311?

Ohne zu zögern antwortet Holmes:

Nein!
Ist es 46? – Nein!
Ist es 873? – Nein!
Ist es 399? – Nein!
Ist es 736? – Ja!

Was der geniale Detektiv leistet, ist sehr beeindruckend. Ob er es noch einmal schafft? Wieder geht er hinaus, eine Zahl wird bestimmt, und der Gehilfe befragt ihn. Selbstverständlich findet Sherlock Holmes die richtige Zahl heraus. Er verrät euch seinen Trick im Anhang.

Was steht auf dem Zettel?

❀ Zettel
❀ Stift

Für dieses Bluffspiel bittet Sherlock Holmes einen Kollegen, einen beliebigen Satz auf den Zettel zu schreiben, ihn zu falten, auf den Boden zu legen und einen Fuß daraufzustellen.

Dank meines täglichen Gehirnintensivtrainings finde ich nach kurzem Gedankendurchlauf heraus, was auf diesem Zettel steht,

kündigt Sherlock Holmes sein Können an. Mit einigen geistigen Verrenkungen steigert er die Spannung. Und wahrhaftig löst er die Aufgabe:

Auf diesem Zettel steht dein Fuß!

Langfinger am Werk

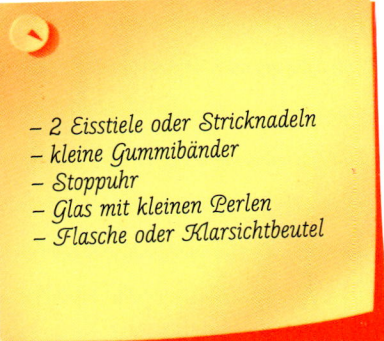

- 2 Eisstiele oder Stricknadeln
- kleine Gummibänder
- Stoppuhr
- Glas mit kleinen Perlen
- Flasche oder Klarsichtbeutel

Mit zwei Gummibändern werden die beiden Eisstiele an Daumen und Zeigefinger so befestigt, daß ›lange Finger‹ entstehen. Dabei kann man erleben, wie schnell aus einem braven Kind ein ›Langfinger‹ werden kann. Sofort macht der Gauner sich ans Werk: Aus der ›Glasvitrine‹ holt er sich mit seinen langen Fingern die ›Edelsteine‹ und läßt sie in seine Flasche fallen. Doch weil Sherlock Holmes ihm auf den Fersen ist, hat er nur 30 Sekunden Zeit. Wie viele Edelsteine kann er wohl in dieser Zeit erbeuten?

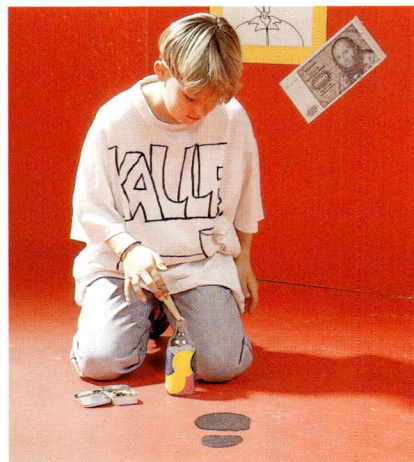

Hier ist ein Langfinger am Werk

Eine knifflige Aufgabe, die dieser Tresorknacker bewältigen muß

Tresorknacker

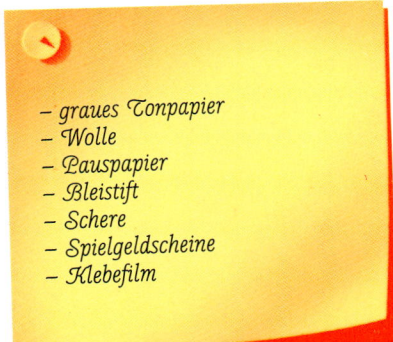

- graues Tonpapier
- Wolle
- Pauspapier
- Bleistift
- Schere
- Spielgeldscheine
- Klebefilm

Ob Emil Tischbein das Geld aus dem Tresor holen kann, ohne den Faden zu zerschneiden? Das Basteln dieses Geschicklichkeitsspiels ist einfach, die Lösung steht im Anhang.
1. Wir übertragen die Tresorvorlage vom Bogen auf das Tonpapier und schneiden den Tresor aus. Das Quadrat wird ausgeschnitten, der Längsstreifen nur eingeschnitten.

2. An ein Ende eines 20 cm langen Fadens kleben wir einen Geldschein, das andere Ende ziehen wir zuerst von unten durch das Loch, dann führen wir es unter dem Längsstreifen hindurch und fädeln es wieder durch das Loch. Auch an dieses Fadenende wird ein Geldschein geklebt.

Pfänder auslösen

Detektive müssen zum Pfandauslösen detektivische Aufgaben lösen:
Wann hat der Deutschlehrer Geburtstag?
Wer ist die geistige Mutter von Kalle Blomquist? (Astrid Lindgren)
Wer ist der geistige Vater von Emil Tischbein? (Erich Kästner)
Entschlüssele die Botschaft: Remir Tmimi ist vmirsolifatmit.
(Musikalische Geheimschrift: Der Tee ist vergiftet.)

Detektivrallye

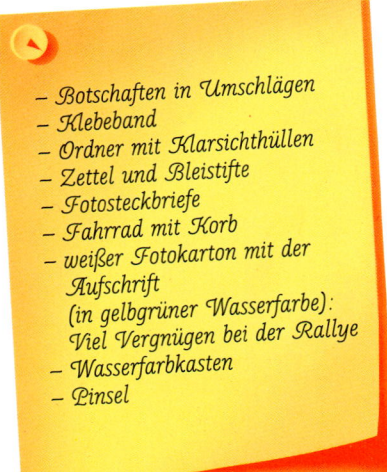

– Botschaften in Umschlägen
– Klebeband
– Ordner mit Klarsichthüllen
– Zettel und Bleistifte
– Fotosteckbriefe
– Fahrrad mit Korb
– weißer Fotokarton mit der
  Aufschrift
  (in gelbgrüner Wasserfarbe):
  Viel Vergnügen bei der Rallye
– Wasserfarbkasten
– Pinsel

Mit versteckten Botschaften in Geheimschrift oder als Denkaufgabe werden die Kinder in zwei (oder mehr) Gruppen durch die Gegend geleitet. Mögliche Verstecke sind: Telefonzelle, Briefkasten, Auto, Garagendach, Fußmatte, Besen im Keller, Mauervorsprung, Innenfensterbank (ohne zu schellen!), Blumenkasten, Blumenbeet, Baum, Straßenlaterne, Schild.

Jede Gruppe bekommt einen Ordner mit Klarsichthüllen und Bleistiften (Aufschrift: Detektivrallye), um die Botschaften darin aufzubewahren und um die Aufgaben zu lösen. Weiterhin erhält jede Mannschaft einen Steckbrief (siehe Seite 128) mit Fotos von Gebäudeteilen, markanten Gegenständen, Bäumen oder Blumenbeeten, deren Standorte sie beim Herumlaufen auf ihrer Rallyeroute ausfindig machen soll. Auch ein kleiner Hund oder ein kleines Kind könnte steckbrieflich gesucht werden.

Vielleicht wird dem gesuchten Kind nachher ein kleines Geschenk gebracht?

Unterwegs begegnet den Kindern gelegentlich ein radelnder Detektiv. Ihm dürfen sie kleine Botschaften – Zettel mit ihrem Gruppennamen – in den Korb werfen. Die Gruppe, die die meisten Botschaften in den Korb wirft, bekommt bei der Auswertung einen Zusatzpunkt.

Bei der Rallye spielt die Zeit keine Rolle. Wichtig ist aber, daß die Kinder die Route nur einmal – langsam und mit offenen Augen für alle Kleinigkeiten – gehen dürfen. Zurückgehen ist nicht erlaubt, weil dann der Witz der Beobachteraufgaben verlorenginge. Die vorgeschlagenen Botschaften und Aufgaben lassen sich leicht an jede Umgebung anpassen. Natürlich könnt ihr weitere Aufgaben hinzufügen. Für unsere Rallye benötigten zehn- und elfjährige Kinder etwa eineinhalb Stunden, wobei die Entfernungen nicht groß waren.

Botschaft 1

Eure erste Aufgabe findet ihr in der Heinrich-Lübke-Straße in einem Hauseingang. Die Hausnummer wollt ihr wissen? Dann lest die folgende Geschichte. Darin sind 16 Zahlen versteckt, und zwar so wie die Acht und die Eins in:

*Heute **nacht** geht Elke **ins** Kino.*

Kalle Blomquist hat einen Zettel unter der Fußmatte gefunden. Darauf steht:
8 komm 9
Was soll das bedeuten?
(ʻunǝu pun ʇɥɔɐ uǝɥɔsımz ɯɯoʞ)

Sherlock Holmes, der Meisterdetektiv, sitzt in seinem Lieblingssessel, raucht Pfeife und liest in einem Buch. Da klopft es an die Tür. Es ist sein treuer Freund und Assistent Doktor Watson. »Ah, guten Morgen, mein lieber Watson. Finden Sie es nicht schon ein wenig zu warm für rote Flanellunterhosen?« Doktor Watson ist wie immer verblüfft über die unfehlbare Logik des berühmten Detektivs und fragt: »Holmes, woraus haben Sie nur um Himmels willen schließen können, daß ich meine rote Flanellunterhose anhabe?« – »Ganz einfach, lieber Watson. Sie haben vergessen, sich die Hose anzuziehen.«

Wenn ihr die Summe der 16 versteckten Zahlen durch zwölf teilt, wißt ihr, in welchem Hauseingang ihr etwas findet.

Gern will ich euch bei der Suche nach der richtigen Hausnummer helfen. Wenn ihr alle meine Andeutungen beachtet, braucht ihr nicht zu verzweifeln.
Es ist ein schönes Haus. Der schöne Giebel fällt auf. Oft hört man schon von weitem, daß jemand auf dem Klavier spielt. Manchmal erklingt ein Nachtigallenlied. Ein Nachbar hat vor kurzem nachts das Polizeirevier angerufen, weil ihn das Klavierspiel störte. Der Wachtmeister konnte die Klavierspielerin zur Einsicht bringen. Sie benimmt sich jetzt rücksichtsvoller. Ein anderes Problem ist ihr Hund. Er trampelt oft die Blumen der Nachbarin nieder. Auch den Spargel frißt er manchmal.

(elf, acht, zwei, eins, elf, vier, acht, acht, vier, vier, acht, vier, eins, sieben, hundert, elf; 192 : 12 = 16)

Botschaft 2 (am Haus)

Im Umschlag finden die Detektive eine Schablone und diesen Text:

L	G	T	S	U	H	F	U	H	A
A	B	E	N	T	E	T	N	I	H
E	M	O	B	E	H	E	P	I	I
Z	N	D	A	T	D	F	W	Z	K
O	N	I	L	S	R	R	A	I	U
E	N	E	E	C	O	A	I	V	U
M	S	C	I	R	T	G	N	B	R
C	I	N	T	R	U	H	O	H	E
L	A	D	W	A	G	H	N	B	B
C	E	U	I	O	L	E	E	E	I

Wie diese Geheimschrift entziffert wird, könnt ihr auf Seite 121 nachlesen unter ›Schablonenschrift‹.

(Geht zum Haus Heinrich-Lübke-Straße Neun! Wie viele Familien wohnen dort? Geht danach bitte zur Bude!)

Botschaft 3 (an der Bude)

Wart ihr gute Beobachter? Erinnert ihr euch an zwei Familiennamen in dem Haus Heinrich-Lübke-Straße 9? Schreibt sie auf! Denkt daran, daß ihr nicht zurückgehen dürft!
An der Bude fragen drei verschiedene Kinder den Verkäufer:

1. Was kostet ein Überraschungsei?
2. Was kostet ein Onkel-Sam-Kaugummi?
3. Was kostet die Samstagsausgabe der … Zeitung?

Wohin ihr jetzt gehen sollt?
    A V N   C S J F G L B T U F O

(Zum Briefkasten: ›Alphabet … nach rechts verschieben‹, Seite 119)

Botschaft 4 (am Briefkasten)

Wart ihr gute Beobachter? Wie alt ist ungefähr der Verkäufer oder die Verkäuferin an der Bude? Welche Haarfarbe hat er oder sie? Nennt etwas Auffälliges an der Person (zum Beispiel Schnurrbart, kurzes gewelltes Haar, goldene Brille, Narbe, Kleidung)!
Trug die Verkäuferin eine Kette? Trug der Verkäufer einen Ring?
Könnt ihr ein Phantombild anfertigen (ihr dürft nicht zurückgehen)? Schreibt auf, wann der Briefkasten donnerstags geleert wird!
Wie viele Kilometer fährt der Bus Linie 150 von … bis …?
Wohin ihr nun gehen sollt, erfahrt ihr in Winkelschrift (siehe Seite 120).

Beispiel:

⊐⊏ ⟨ ⊐⎵ ⟨ Γ⟩
(D e t e k t i v)

Euer nächstes Ziel:

⋃ Γ ⊐ ⊐ ⊏ ˙ ⌐⎦ Γ ⟨ ⊐ ⊐
(K i n d e r g a r t e n)

Botschaft 5 (am Kindergarten)

Schaut euch das Gebäude gut an! Wird der Briefkasten sonntags geleert? Wann wird er samstags geleert?
Wohin geht es nun? Das erfahrt ihr im Uhrzeitalphabet, das auf Seite 118 unter der Überschrift Codealphabet erklärt wird.

Euer nächstes Ziel ist:
A U Q O Z E O G E B O P E N Z
E P E D P B S O

(Haus des Meisterdetektivs)

Botschaft 6
(am Haus des Meisterdetektivs)

Wart ihr gute Beobachter? Wie viele Blumenkästen hängen am Kindergarten? Wie viele Stufen führen zum Kindergarteneingang?
Ihr seid an einer Plakatwand vorbeigekommen. Wofür wird dort geworben?
Habt ihr das für euch bestimmte Plakat mit dem Fehler gesehen? Kommt ins Haus, mischt die Farbe der Aufschrift, schreibt damit den richtigen Buchstaben, und erholt euch dann von der anstrengenden Arbeit!

Gefesselte Detektive

❀ 2 Schnüre (60 cm)

Sherlock Holmes will seinen Freunden einen neuen Entfesselungstrick zeigen. Er bindet ein Schnurende so um ein Handgelenk von Miss Marple, daß die Schnur nicht über die Hand geschoben werden kann. Danach knotet er das andere Ende um das zweite Handgelenk. Die zweite Schnur führt er zunächst um Miss Marple's Fessel, dann verknotet er die Enden an Dr. Watson's Handgelenken. Können sich die beiden von den Fesseln befreien, ohne sie zu zerschneiden? Aber klar! Miss Marple nimmt die Mitte von Dr. Watson's Fessel und zieht sie unter der Fessel am linken inneren Handgelenk vom Unterarm zur Hand hindurch. Sie zieht die Schlaufe über die Fingerspitzen, dann über den Handrücken und wieder unter der Fessel hindurch.

Der Gefängnispfarrer besucht den Bankräuber Knacki. »Ich werde Sie in der nächsten Zeit öfter besuchen und mich mit Ihnen unterhalten«, kündigt der nette Pfarrer mit gütiger Stimme an. »Auch nach Ihrer Entlassung werde ich Ihnen gerne behilflich sein.« Da lächelt Knacki und meint: »Herr Pfarrer, stellen Sie sich diesen Job bloß nicht zu einfach vor!«

Sherlock Holmes verrät
den neuesten Entfesselungstrick

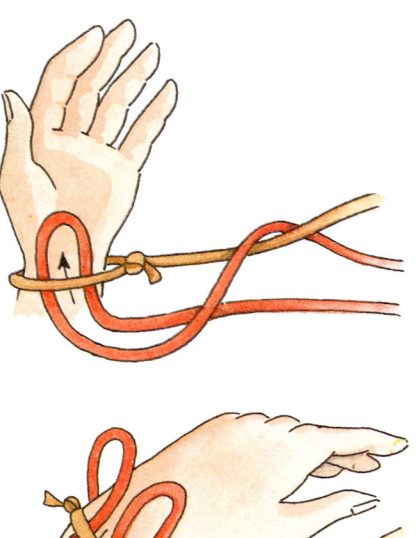

Versteckt Botschaft entdecken

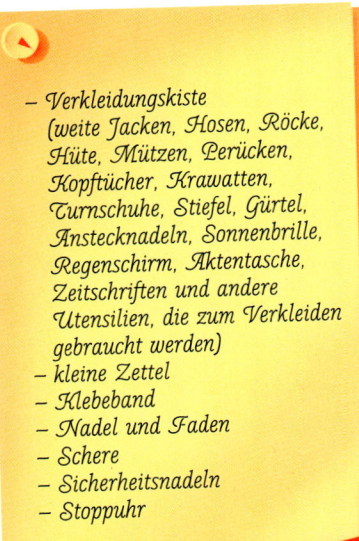

– Verkleidungskiste
  (weite Jacken, Hosen, Röcke,
  Hüte, Mützen, Perücken,
  Kopftücher, Krawatten,
  Turnschuhe, Stiefel, Gürtel,
  Anstecknadeln, Sonnenbrille,
  Regenschirm, Aktentasche,
  Zeitschriften und andere
  Utensilien, die zum Verkleiden
  gebraucht werden)
– kleine Zettel
– Klebeband
– Nadel und Faden
– Schere
– Sicherheitsnadeln
– Stoppuhr

Innerhalb einer festgesetzten Zeit – etwa fünf Minuten – verkleidet sich ein Kind zum ›Ganoven‹ und versteckt dabei den kleinen Zettel mit der geheimen Botschaft in seiner Kleidung, zum Beispiel in einer Geheimtasche, im Hosenaufschlag, im Rocksaum, im Kragen, unter dem Hutband, unter der Perücke, im Gürtel, unter der Schuhinnensohle, im Strumpf, in der Krawatte, im Regenschirm, hinter der Sonnenbrille oder in der Aktentasche. Dabei darf es Klebeband, Nadel und Faden, Sicherheitsnadeln und eine Schere benutzen. Wenn der neu eingekleidete Ganove das Zimmer betritt, wird er von dem Detektiv, der weiß, daß der Ganove eine wichtige Botschaft mit sich trägt, sofort durchsucht. Allerdings hat er dafür nur zwei Minuten Zeit, weil dann die Komplizen des Ganoven kommen. Findet er in dieser kurzen Zeit die gut versteckte Botschaft?

Hörtest

❀ vorbereitete Kassette
❀ Bleistifte, Zettel

Die Detektive schreiben auf, welche Geräusche sie erkennen: Papier zerreißen, Staub saugen, Flasche öffnen, mit dem Schlüsselbund hantieren, Tür zuschlagen, tropfender Wasserhahn, brodelndes Wasser, Nüsse knacken, Holz sägen, Streichholz anzünden, Zähne putzen, Motor anlassen, Schreibmaschine schreiben, Tierstimmen, Stimmen von Lehrern. Wer hat das beste Gehör?

Verstellte Stimmen

❀ Kassettenrecorder
❀ Mikrofon

Alle Detektive sprechen jeweils in Abwesenheit der anderen mit verstellter Stimme einen Satz auf die Kassette. Gemeinsam hören sie sich die Stimmen an. Wer schafft es, unerkannt zu bleiben?

Detektiv bei der Arbeit: Wo ist die wichtige Botschaft versteckt?

Photographisches Gedächtnis

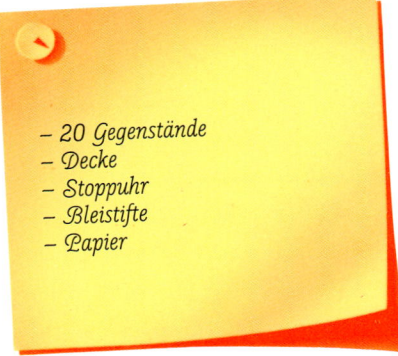

– 20 Gegenstände
– Decke
– Stoppuhr
– Bleistifte
– Papier

Die 20 Gegenstände sind unter der Decke verborgen. Für zehn Sekunden wird sie angehoben. Danach schreiben die Detektive in zwei Minuten auf, was sie gesehen haben. Jetzt zeigt sich, wer ein photographisches Gedächtnis hat.

Fingerspitzengefühl

❀ Tücher
❀ Münzen
❀ Stoppuhr

Nacheinander sollen die Detektive mit verbundenen Augen aus den Münzen genau 2,57 DM abzählen und aufstapeln. Die Stoppuhr mißt die Zeit.

Leibesvisitation

❀ Bettuch
❀ Tuch

Wenn einem Detektiv die Augen verbunden sind, wird einem anderen das Bettuch übergeworfen. Der Detektiv mit den verbundenen Augen versucht tastend herauszufinden, wer sich unter dem Bettuch verbirgt.

Was ist anders?

Während zwei Kinder für kurze Zeit das Zimmer verlassen, wird zum Beispiel im Raum, an einer Person, oder an der Spielsteinanordnung auf einem Mühlebrett, etwas verändert. Wer findet die Änderung zuerst heraus?

Steckbrief

❀ Fotokarton
❀ Pritt Klebestift
❀ Fotos
❀ Stifte

Auf den Steckbrief kleben wir Fotos von Personen, die allen bekannt sind, beispielsweise von Lehrern oder Eltern. Nun wird ihr Aussehen verändert: mit einer Brille, einer neuen Frisur oder einem schicken Schnurrbart. Wer erkennt die maskierten Personen, die da steckbrieflich gesucht werden?

Mörderspiel

❀ Zettel
❀ Stift

Wir benötigen pro Kind einen Zettel. Auf einen der Zettel schreiben wir ›Mörder‹ und auf einen anderen ›Detektiv‹; die restlichen bleiben leer. Jeder Spieler zieht einen gefalteten Zettel, den er öffnet, ohne einen anderen mit hineinblicken zu lassen. Nur der Detektiv gibt sich zu erkennen und verläßt das Zimmer, das jetzt verdunkelt wird. Es wird spannend: Alle Mitspieler versuchen, dem Mörder zu entkommen. Plötzlich ertönt ein schriller Schrei: Der Mörder hat zugeschlagen, indem er seinem Opfer einen Zeigefinger in den Rücken gebohrt hat. Der Detektiv stürzt ins Zimmer, reißt die Vorhänge auf und sieht das Opfer bewegungslos am Boden liegen. Sofort beginnt er mit seinen Ermittlungen. Jedem Kind darf er drei Fragen stellen, die alle Mitspieler – bis auf den Mörder – wahrheitsgemäß beantworten müssen. Kann der Detektiv den Mörder enttarnen?

Handfeste Erinnerungen

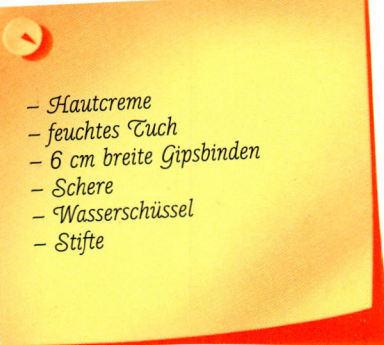

- *Hautcreme*
- *feuchtes Tuch*
- *6 cm breite Gipsbinden*
- *Schere*
- *Wasserschüssel*
- *Stifte*

Mit den tollen Gipshänden nehmen die Detektive sich eine handfeste Erinnerung an deinen Geburtstag mit nach Hause.

1. Wir schneiden von der Gipsbinde kleine Stücke ab, tauchen sie kurz ins Wasser, drücken sie leicht aus und modellieren sie auf die eingecremte Hand. Zwei bis drei Schichten reichen.

2. Gips wird in wenigen Minuten hart und läßt sich dann gut abnehmen. Mit dem feuchten Tuch entfernen wir die Gipsreste von der Hand.

3. Wie wäre es mit Autogrammen aller Detektive auf der Gipshand? Nach demselben Verfahren könnt ihr euch Gipsmasken herstellen.

Eine tolle Erinnerung an das Fest: Die selbstgemachten Gipshände kann jedes Kind mit nach Hause nehmen

Rätseltest

Wie viele der zehn Hinweise benötigst du, um herauszufinden, was mit den rätselhaften Beschreibungen gemeint ist?

1. Ohne es kann ein Detektiv nicht arbeiten.

2. Jeder wäscht es des öfteren.

3. Beim Fußballspiel sieht man Hunderte davon.

4. Es ist größer als ein Straußenei.

5. Mit der Zeit verändert sich sein Äußeres.

6. Es hat fünf Öffnungen.

7. Es kommt normalerweise nicht allein vor.

8. Manchmal sind zwei davon eng beieinander.

9. Innen ist es rot.

10. Manchmal ist es mit Federn geschmückt.

(Lösung im Anhang)

Wenn dir der Rätseltest gefällt, kopiere ihn für deine Freunde. Kannst du einen Tip abgeben, wer das Rätsel am schnellsten lösen wird?

Verstellte Handschrift

❀ Papier
❀ Stifte
❀ Stoppuhr

Ein Detektiv geht aus dem Zimmer. Ein Spieler wird zum anonymen Briefschreiber ernannt. 30 Sekunden hat er Zeit, um in möglichst verstellter Schrift zu schreiben:

> *Heute abend um elf Uhr elf bist du dran!*

Der Detektiv tritt ein. Drei Minuten Zeit hat er, um herauszufinden, wer den Brief geschrieben hat. Dazu darf er jeden Verdächtigen auffordern, etwas zu schreiben.

Auf leisen Sohlen

- ❀ Taschenlampe
- ❀ leere Dosen, Murmeln, Schnüre, Stöcke, Kronkorken, Glöckchen, Nägel
- ❀ Klebefilm
- ❀ Stühle

Die Detektive sind dem Gauner Blindvogel auf der Spur. Sie müssen dringend seine im ersten Stock eines alten Hauses gelegene Wohnung durchsuchen. Doch Blindvogel hat einen guten Riecher. Weil er sich beobachtet fühlt, stellt er ihnen viele Hindernisse in den Weg, die beim geringsten Anstoßen Geräusche machen und ihm die Gefahr melden. Überall liegen Dosen und Murmeln herum, über mehrere Treppenstufen sind Schnüre mit kleinen Glöckchen oder Kronkorken gespannt. Vor der Tür liegt ein Stock locker auf zwei Nägeln. Die Detektive lassen sich dadurch aber nicht von ihren Untersuchungen abhalten. Wer von ihnen erreicht im dunklen Treppenhaus – im ersten Durchgang mit einer Taschenlampe, im zweiten ohne Lichtquelle – mit den wenigsten Geräuschen die Wohnung?

Natürlich könnt ihr dieses Spiel auch draußen als Übungslabyrinth aufbauen. Wenn ihr nicht zu viele Hindernisse aufstellt, können die Detektive versuchen, mit verbundenen Augen möglichst geräuschlos an ihr Ziel zu gelangen.

Auf nassen Sohlen

- ❀ 1 Eimer Wasser
- ❀ 1 Beutestück
- ❀ Stoppuhr
- ❀ Maßband

Am besten könnt ihr dieses Spiel auf einer asphaltierten Fläche spielen. Ein Detektiv muß sich von den anderen so weit entfernen, daß er nichts beobachten kann. Dann machen alle Mitspieler ihre Schuhsohlen naß und bilden einen Kreis, in dessen Mitte sie das Beutestück werfen. Einer von ihnen, der Gauner, geht zum Beutestück und hebt es auf. In diesem Moment rufen alle so laut, daß der Detektiv es hört:

Haltet den Dieb!

Der Dieb läßt die Beute fallen und eilt zu seinem Platz im Kreis, weil sich der Detektiv beim Schreien sofort auf den Weg zum Tatort gemacht hat. Wie lange braucht er, um die Schuhsohlen der Verdächtigen mit den Fußspuren zu vergleichen? Natürlich darf der Gauner seine Schuhe nicht ausziehen, damit die Ermittlungen nicht zu schwierig werden. Gegen ein Maßband, das zur Ausrüstung des Detektivs gehört, ist allerdings nichts einzuwenden.

Botschaften weitergeben

❀ Fahrräder
❀ 1 mit Papier umwickelter Stein
❀ Behälter

Wenn den Detektiven Verfolger dicht auf den Fersen sind, müssen sie ihre geheimen Botschaften schnell weitergeben. Ein Detektiv fährt mit einer Botschaft in der Hand los, ein anderer verfolgt ihn. Kann der Detektiv die Botschaft in einen am Straßenrand stehenden Behälter werfen, bevor er überholt wird? Anstatt auf Fahrrädern können die Detektive auch zu Fuß arbeiten.

Vor Schnüfflern sichern

❀ 1 Geheimzettel

Auch Sherlock Holmes muß seine vielen gesammelten Informationen und Beweismittel vor ungeliebten Schnüfflern sichern. Während die anderen für drei Minuten aus dem Zimmer gehen, versteckt er einen besonders wichtigen Geheimzettel und baut dann überall kleine Fallen auf, an denen er erkennen kann, wo geschnüffelt wird: Er streut Sandkörner in einige Briefe und legt sie scheinbar unordentlich auf den Schreibtisch; er schlägt Bücher auf und legt zwischen bestimmte Seiten ein Haar; er streut Puder auf den Boden und er legt Stecknadeln auf Scharniere und Bilderrahmen. Nach drei Minuten verläßt Sherlock Holmes sein Zimmer, und die anderen dürfen drei Minuten lang schnüffeln. Finden sie den Geheimzettel? Hinterlassen sie viele Spuren? Wie viele davon entdeckt der Meisterdetektiv? Wenn jeder einmal Sherlock Holmes gewesen ist, wißt ihr, wer Schnüfflern am besten vorbeugen und wer am besten schnüffeln kann.

Detektiv gegen Gauner

❀ 1 Ring

Nachdem ein Kind als Gauner den Raum verlassen hat, verabreden die anderen, wer in dieser Spielrunde als Detektiv in Aktion tritt. Sie bilden mit ausgestreckten Armen einen geschlossenen Sitzkreis um den kleinen Ring herum. Der Gauner kommt und schaut sich um. Kann er an den Mienen erkennen, wo sich der Detektiv verbirgt? An einer Stelle darf der Gauner den Kreis öffnen. Er holt den Ring und will durch dieses Tor wieder verschwinden. Doch sobald er den Ring berührt, darf der Detektiv ihn packen, solange er noch im Kreis ist. Wenn der Gauner ein günstiges Tor gewählt hat, sind seine Chancen zu entkommen gut.

»Angeklagter, Sie haben den Staatsanwalt gehört. Spielte sich der Einbruch so ab, wie er ihn geschildert hat?« – »Nein, das war völlig anders, Herr Richter. Aber ich muß sagen, seine Idee ist auch nicht schlecht.«

Fingerabdrücke prüfen

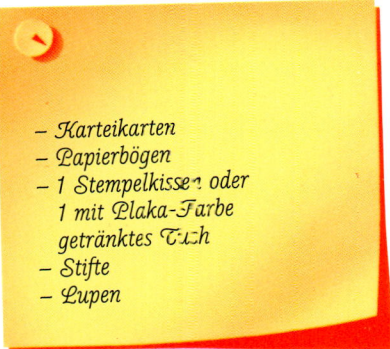

– Karteikarten
– Papierbögen
– 1 Stempelkissen oder 1 mit Plaka-Farbe getränktes Tuch
– Stifte
– Lupen

Jeder Mitspieler fertigt eine Karteikarte mit Fingerabdrücken von seiner linken Hand an, indem er die Finger auf ein Stempelkissen drückt, vorsichtig hin- und herrollt, dann fest auf die Karte drückt und wieder hin- und herrollt. Sind die Abdrücke beschriftet, kann das Spiel beginnen: Zwei Verdächtige machen jeweils auf zwei Papierbögen mit ihrer linken Hand Abdrücke. Auf einen Bogen schreiben sie, welche Finger es sind. Den anderen Bogen reichen sie den Detektiven. Können die Spürnasen mit Hilfe der Lupen und der Karteikarten die Abdrücke richtig zuordnen?

Wer wird bestohlen?

❀ 2 Stühle
❀ 2 Bücher
❀ 2 Tücher

Zwei Spieler sitzen mit verbundenen Augen im Abstand von einem Meter einander gegenüber. Unter jedem Stuhl liegt ein Geheimbuch. Ein Dieb schleicht sich an und stiehlt ein Buch. Wenn der Bestohlene den Diebstahl bemerkt, schreit er laut: ›Haltet den Dieb ‹ Hoffentlich ist das kein Fehlalarm!

Klingellabyrinth

– 1 Holzkasten oder 1 Brett
und 2 Klötze
– 3 Drahtstäbe, ca. 1 m lang
– 3 Perlen
– Klingel
– Klingeldraht
– Batterie
– 2 Buchsen
– 2 Bananenstecker
– 1 dünner Drahtstab,
20 cm lang
– 1 Korken
– elastisches Kabel, 2 m lang
– Werkzeug
– Stoppuhr
– Pritt Alleskleber

Sobald der Ring den Draht berührt,
ertönt ein Klingelzeichen

Zu ihrem Detektivgeburtstag bekam Andrea von ihrem Opa dieses herrliche Spiel geschenkt:
1. Wir bohren in den Kasten drei Löcher für die Drahtstäbe und ein Loch für eine Buchse. Dann stecken wir die gebogenen Stäbe in die Löcher und befestigen die Klingel und die Batterie.
2. Die drei Stäbe verbinden wir leitend mit einem Klingelanschluß.

Den anderen Anschluß der Klingel verbinden wir mit einem Pol der Batterie und den zweiten Batteriepol mit der Buchse.
3. Für das Klingelmännchen formen wir ein Ende des kurzen Drahtstabes zu einem Ring und stecken das andere Ende durch den Korken. Dann wird das aus dem Korken herausschauende Drahtende mit der zweiten Buchse verlötet und die

Buchse an dem Korken festgeklebt. Wollt ihr das Klingelmännchen zum Schluß noch anmalen?
4. Wenn wir das elastische Kabel mit den beiden Bananensteckern in die beiden Buchsen stecken, kann das Spiel beginnen.
Während Miss Marple die Zeit mißt, führt Doktor Watson vorsichtig den Ring des Klingelmännchens um den gebogenen Stab herum nach unten und wieder hoch. Bei jeder Stabberührung klingelt es laut. Das kostet jeweils drei Strafsekunden. Wer hat beim Leis-tun-gstraining für Detektive die ruhigste Hand und schafft das Klingellabyrinth in der besten Zeit?

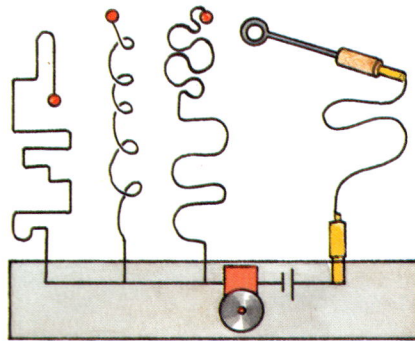

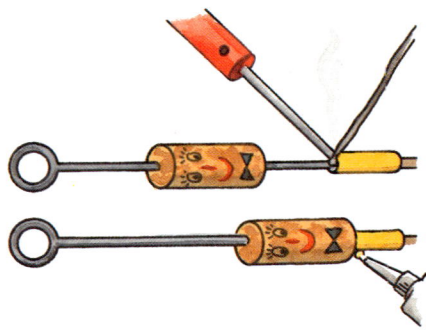

Ist dein Freund ein aufmerksamer Zuhörer?

Das kannst du testen, indem du ihm folgende Geschichte erzählst:

Stell' dir vor, du bist der Fahrer eines Busses von ... nach ... An der ersten Haltestelle steigen vier Leute ein. An der zweiten Haltestelle steigt einer aus und drei steigen ein. An der nächsten Haltestelle steigen zwei aus, und fünf steigen ein. An der folgenden Haltestelle steigen drei aus, und zwei steigen ein. Hast du alles genau mitgekriegt? Gut, dann sag mir, wie alt der Busfahrer ist.

Ob dein Freund sich daran erinnert, daß er der Busfahrer sein sollte?

Bist du ein guter Beobachter?

Kennst du deine häusliche Umgebung wie deine Westentasche? Mit unserem Test kannst du das in fünf Minuten herausfinden. Möchtest du ihn auch für deine Freunde kopieren?
1. Wie viele Türen hat eure Wohnung?
2. Wo ist der Warmwasserhahn, wenn du vor der Badewanne oder der Dusche stehst – links oder rechts?
3. Welche Seifensorte liegt am Badezimmerspülstein?
4. Welche Farbe hat deine Zahnbürste oder dein Zahnputzbecher?
5. Welche Augenfarbe hat deine Mutter?
6. Liegt euer (größtes) Wohnzimmerfenster nach Westen, Osten, Süden oder Norden? Im Westen geht im Sommer die Sonne unter. Kannst du abends durch das Fenster den Sonnenuntergang beobachten, liegt es nach Westen.
7. Welche Tageszeitung bezieht ihr?
8. Wie viele Glühbirnen sind in den Lampen deines Zimmers?
9. Von welchem Hersteller stammt euer Fernsehgerät?
10. Welches Autokennzeichen habt ihr?
11. Welche Farbe haben die Polster eures Autos?
12. Welche Hose trug dein Vater gestern?

Der Gefängnisdirektor arbeitet einen neuen Wärter ein. »Glauben Sie, daß Sie auch mit schwierigen Gefangenen zurechtkommen werden?« – »Aber sicher«, antwortet der Wärter, »wer Ärger macht, fliegt sofort raus.«

Detektivbüro Ali Biba

❀ ›Schreibtisch‹ mit Telefon
  und Aktenordnern
❀ 2 Stühle

Personen: Detektiv Ali Biba,
Sekretärin, ›Kunde‹

Im ›Büro‹ sitzt der Detektiv Ali Biba
gelangweilt hinter seinem Schreibtisch. Die Sekretärin kommt freudig
ins Zimmer.

Sekretärin: Herr Biba, unser erster
Kunde ist da! Können Sie ihn sofort
empfangen?
Detektiv: Aber natürlich, schicken Sie
ihn herein! (Die Sekretärin verläßt
den Raum. Der Detektiv nimmt
schnell den Telefonhörer und tut so,
als ob er ein wichtiges Gespräch mit
einem Kunden führt. Als es klopft,
unterbricht er das Gespräch mit
einem lauten ›Herein!‹ und fordert
den eintretenden Herrn mit einer
Handbewegung auf, vor seinem
Schreibtisch Platz zu nehmen. Er ent-
schuldigt sich bei seinem ›Telefon-
partner‹ für die Unterbrechung und
setzt das Gespräch fort. Dabei sagt
er auch, daß er erst prüfen müsse, ob
er den neuen Auftrag annehmen
könne, weil er schon in den ersten
beiden Tagen seit der Eröffnung sei-
nes Büros so viele wichtige Aufträge
bekommen hat. Mit dem Verspre-
chen, sich die Sache zu überlegen,
beendet er das Gespräch und wendet sich seinem Gegenüber zu.)
Detektiv: Ich bitte um Entschuldigung,
daß Sie so lange warten mußten.
Das Geschäft läuft schon auf Hoch-
touren. Welches Problem führt Sie
zu mir?
Kunde: Ich bin von der Post und will
Ihr Telefon anschließen.

Detektiv Ali Biba hat noch keine Zeit für
seinen ersten Kunden

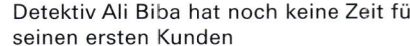

*Der Richter fragt den Angeklag-
ten: »Warum sind Sie am 12. Okto-
ber des letzten Jahres in das Seifen-
geschäft eingebrochen?« – »Mir
ging es damals sehr dreckig, Herr
Richter!«*

Blut

❀ rote Marmelade
❀ ›blutiger‹ Dolch
❀ Zeitung für Opa
❀ Strickzeug für Oma

Personen: junge Frau, junger Mann,
alter Opa, Liebespaar, zerstreuter
Professor, Oma, Sänger, Junge

Die Handlung spielt auf der Straße
vor einem Haus.

Zu Beginn werden wir Ohrenzeugen
einer grausigen Bluttat im Haus:
›Hilfe! Hilfe!‹ – ›Hör auf zu schreien!‹ –
›Laß mich los!‹ – ›Halt endlich die
Klappe!‹ – ›Hilfe! Hilfe!‹ Der Kampf
und das Geschrei sind plötzlich zu
Ende. Stöhnend taumelt eine junge
Frau heraus. Ihr Oberkörper ist blut-
überströmt. Mit letzter Kraft zieht sie
sich den Dolch aus der Brust. Mitten
auf dem Weg sackt die Sterbende in
sich zusammen.

Eng umschlungen, sich verliebte Worte zuflötend, nähert sich ein Liebespaar: ›Geliebter Schnuckelbär!‹ – ›Mein Himmelsmäuslein!‹ – ›Mein Regenbogen!‹ – ›Mein Tautropfen!‹ Plötzlich stoßen sie auf die Leiche, schreien entsetzt: ›Blut!‹ und fallen gemeinsam in Ohnmacht.

Ein zerstreuter Professor kommt auf die anderen zu: ›Ich habe die Formel für die Unsterblichkeit gefunden, Unsterblichkeit, Unsterblichkeit! – Blut‹, schreit er noch, bevor er ohnmächtig wird und direkt neben der Leiche umfällt.

Eine alte Oma kommt strickend des Weges: ›Da wundern sich die jungen Frauen heute, daß ihnen die Männer weglaufen. Sie haben es nicht gelernt, sie so richtig zu umgarnen. Ich stricke seit fünfzig Jahren meinem Erwin die Socken. In selbst gestrickten Socken wird kein Mann untreu. Aber die jungen Dinger können heute gar nicht mehr stricken!‹ Mit einem lauten Schrei kippt sie um. ›Oh, wie so trügerisch sind Frauenherzen!‹ Der Sänger unterbricht sein Lied, schreit entsetzt: ›Blut!‹ und fällt ohnmächtig um.

Ein alter Opa kommt gerade vom Zeitungskauf. Ganz interessiert liest er die Überschriften auf der ersten Seite. Dabei murmelt er vor sich hin: ›Schon wieder so ein grausamer Mord! Jeden Tag steht ein Mordfall in der Zeitung. Wie gut, daß ich hier in einer so ruhigen Kleinstadt wohne. In … kann so etwas doch gar nicht passieren. Hier leben alle zufrieden und glücklich miteinander.‹ Als er fast über die Leiche stolpert, guckt er hinunter, schreit laut auf: ›Blut!‹ und fällt in Ohnmacht.

Fröhlich pfeifend kommt ein Junge angehüpft. Als er die vielen Ohnmächtigen sieht, steigt er respektlos über sie hinweg, wobei er sie kitzelt, kneift oder unwirsch zur Seite schiebt. Dann beugt er sich über die Leiche, taucht einen Finger ins ›Blut‹, leckt ihn ab und ruft genießerisch: ›Hm, lecker, Erdbeermarmelade!‹

Filmaufnahme:
Der Mörder wartet schon

❀ Regiestuhl
❀ Kamera, Filmklappe
❀ Buch, Besen
❀ weißer Kittel, Arztkoffer

Personen: Kameramannn, Regisseur, Ehefrau, Tochter, Ehemann, Mörder, Arzt

Für die Filmaufnahmen deutet die ›Bühne‹ einen ›einfachen Wohnraum‹ an. Wichtig ist eine Versteckmöglichkeit für den Mörder: eine Gardine, eine Tür, ein Fenster oder ein Schrank.

Der Regisseur begrüßt die Zuschauer, die einmal Filmaufnahmen miterleben wollen. Er erklärt ihnen, das Drehbuch sei vom hoffnungsvollen Nachwuchsschriftsteller Felix Fehlerteufel, dem es daran liegt, Kriminalstücke ›aus dem Leben‹ zu schreiben. Die Zuschauer werden sich überzeugen können, wie schwierig die Arbeit des Regisseurs ist, die Schauspieler zu guten Leistungen anzuleiten. Er stellt alle Mitwirkenden vor. (Hier sollt ihr lustige Namen für den Kameramann, die Ehefrau, den Ehemann, das Kind, den Mörder und den Doktor erfinden.) Dann nimmt der Regisseur mit seinem dicken Regiebuch auf dem Regiestuhl Platz. Er erkärt seinen Schauspielern, daß heute die wichtigste Szene gedreht wird: der heimtückische Mord an dem zärtlichen Ehemann und liebevollen Vater, der gerade von der Arbeit zu seiner Familie zurückkehrt. ›Spielt alles so natürlich wie möglich, dann sind wir mit der Aufnahme schnell fertig!‹ Bis auf den Mörder, der sich geschickt versteckt, verlassen alle Darsteller den ›Raum‹.
Der Kameramann schlägt die Filmklappen zur ersten Aufnahme. Die Ehefrau erscheint und beginnt, eifrig zu fegen. Dabei singt sie ihr Lieblingslied (einen kitschigen Schlager oder irgendein Lied, das gerade ›in‹ ist). Das Kind kommt und fragt: ›Mama, was machst du da?‹ – ›Das siehst du doch: ich fege.‹ – ›Warum machst du das?‹ – ›Weil es schmutzig ist.‹

Der Vater kommt von der Arbeit nach Hause. Die Ehefrau begrüßt ihn stürmisch: ›Liebling!‹ Ihre liebevolle Umarmung wird vom Kind unterbrochen: ›Was macht ihr da?‹ – ›Wir umarmen uns.‹ – ›Warum macht ihr das?‹ – ›Weil wir uns lieben!‹ In dem Moment taucht der Mörder aus seinem Versteck auf, erschießt den Mann mit einem lauten ›Peng‹ und verschwindet sofort wieder. Der Mann sackt aus den Armen seiner Frau zu Boden. Sie ruft entsetzt: ›Hilfe, ein Arzt!‹ Der Arzt erscheint im weißen Kittel und mit Arztkoffer. Er hört das Herz ab und sagt: ›Tot!‹
Hier unterbricht der Regisseur ärgerlich: ›Leute, das hat mir überhaupt nicht gefallen. Wenn ihr so spielt, laufen uns ja die Zuschauer weg. Da passiert doch etwas ganz Tragisches. Ihr müßt das viel trauriger spielen, damit die Zuschauer zu Tränen gerührt werden. Also bitte: drückt auf die Tränendrüsen!‹

Die Szene wird wiederholt. Diesmal spielen alle mit tränenerstickten Stimmen und mit Schluchzen ihre Rolle.
Der Regisseur ist wieder nicht zufrieden. ›Ihr habt euch ja wirklich Mühe gegeben, aber die Szene hat mir viel zu lange gedauert. In unsere heutige Zeit gehört einfach Tempo. Also bitte einen Schnelldurchgang!‹ Im dritten Durchgang überschlagen sich die Darsteller in ihren Aktionen.
Der Regisseur schüttelt unzufrieden den Kopf: ›Nein, Leute, das war ja entsetzlich! Mir fiel gerade ein, daß wir es mal mit schwarzem Humor versuchen könnten. Probiert es mal heiter und ausgelassen!‹ Vor lauter Gekicher und Gelächter können die Darsteller kaum ihre Sätze sprechen. Der Regisseur wird wütend: ›So geht es wirklich nicht. Wir müssen eine ganz neue Idee hineinbringen. Ich hab's. Ihr spielt so, als wäret ihr alle schwerhörig.‹ Die Schwerhörigen fragen immer wieder nach, was gesagt wurde, der Mörder schießt mehrmals, bevor der Mann umfällt, der Arzt legt sich mehrmals auf dessen Brust, bevor er ›Tot!‹ ruft. Der ›Tote‹ hebt noch einmal seinen Kopf und fragt: ›Was?‹ Erst ein weiteres ›Tot!‹ bewegt ihn, wirklich liegenzubleiben.
Der Regisseur ist ungeduldig: ›Die Wiederholungen waren viel zu langatmig. Wir machen einen letzten Versuch. Spielt alles so, als ob ihr wirklich betroffen wäret.‹ Alle spielen ganz überzeugend ihre Rolle. Der Regisseur ist zufrieden und bittet den Kamermann, den Zuschauern die letzte Fassung zu zeigen. Da stellt dieser fest: ›Ich habe vergessen, einen Film einzulegen.‹ Regisseur und Darsteller fallen entsetzt in Ohnmacht.

Emil, die Polente kommt

❀ 2 alte Mäntel
❀ 2 große Hüte
❀ 2 große Sonnenbrillen
❀ 1 Tasche mit ›Schmuck‹

Personen: Emil und Ede, 2 kleine Ganoven

Emil und Ede kommen abgehetzt auf die ›Bühne‹. Sie schauen sich nach Verfolgern um.

Emil: Die Luft ist rein! Hier können wir erst einmal bleiben. (Sie setzen ihre Brillen und Hüte ab.)
Emil: Mensch, Ede, da haben wir ja ein tolles Ding gedreht. Los, pack' die Beute aus! (Ede entleert die Tasche auf den Boden. Beim Anblick der Edelsteine, Ringe und Ketten geraten sie ins Schwärmen.)
Ede: Nun sag mal ehrlich, Emil, hab' ich da nicht eine Superidee gehabt?
Emil: Aber wer mußte den Tresor knacken? Ich natürlich. Dafür bist du viel zu dämlich. (Sie fangen an, die Beute zu teilen.)
Ede: Ich kriege diesen Ring.
Emil: Die Kette schenke ich meiner Emilie.
Ede: Und diese Ohrringe sind genau das Richtige für die entzückenden kleinen Öhrchen von meiner Clothilde. (Eine Weile teilen die beiden in voller Eintracht die Beute auf. Doch plötzlich wird Emil wütend.)
Emil: Mensch, Ede, der Ring steht mir zu.
Ede: Bei dir ist wohl 'ne Schraube locker. Ich bin jetzt dran, und ich will diesen Ring.
Emil: Du hast hier gar nichts zu wollen.
Ede: Mir hast du doch die ganze Beute zu verdanken.
Emil: Du kleines Würstchen willst Dank von mir. Da muß ich aber laut lachen. Du hättest doch nie den Tresor knacken können.

Ede: Du vergißt wohl ganz, daß ich die Alarmanlage ausgeschaltet habe.
Emil: Und wer hat den Wachmann mit seinem Riesenköter ausgetrickst? Der große Emil natürlich. Du hättest dir bei seinem Anblick vor Angst in die Hose gemacht. Gib also endlich den Ring her! (Er greift nach dem Ring.)
Ede: Laß deine dreckigen Pfoten von dem Ring, sonst ...
Emil: Sonst?
Ede: Sonst lang' ich dir eine, so daß du deine stinkenden Zähne zwischen den Klunkern wiederfinden kannst. (Blitzschnell versetzt Ede seinem Kumpel einen Kinnhaken. Emil kippt sofort ohnmächtig um. Bestürzt versucht Ede, ihn wachzurütteln.)
Ede: Mensch, Emil, wach doch auf! (Emil reagiert nicht.)
Ede: Emil, ich bitte dich, sag doch was. Ich hab's doch nicht so gemeint. Ich wollte dich nur bluffen. (Emil bleibt regungslos.)
Ede: Mensch, Emil, was soll ich denn ohne dich tun? Denk doch mal an all' unsre Streifzüge. Weißt du noch, wie

Wenn Gauner streiten: Ist Emil wirklich bewußtlos?

wir letztes Jahr mit einer Wasserpistole die ganze Bank aufs Kreuz gelegt haben? Und wie wir dann die Bullen an der Nase herumgeführt haben? Das kann doch jetzt nicht alles vorbei sein. (Emil regt sich nicht.)
Ede: Ich lasse dir zwei Drittel der Beute, und den Ring kriegst du auch. (Emil bleibt leblos liegen.)
Ede: Mensch, Emil, ich flehe dich an: Wach endlich auf! Du sollst auch die ganze Beute kriegen. (Keine Reaktion)
Ede: Also meinetwegen kriegst du auch die Beute von unserem nächsten Einbruch. Ich hab' da schon eine tolle Idee. Aber wach jetzt um Himmels willen auf! (Emil zeigt keine Regung.)
Ede denkt verzweifelt nach. Plötzlich hat er eine Idee. Ganz schnell packt er die Beute in seine Tasche, rennt weg und ruft im Laufen ganz aufgeregt:
Ede: Emil, die Polente kommt! (Blitzschnell springt Emil auf und rennt hinterher.)

Kinderolympiade

Eure Olympiade wird der große Geburtstagshit, egal ob ihr sie in der Wohnung, im Garten oder auf dem Sportplatz feiert. Fackellauf, Eröffnungsfeier im ›Olympiastadion‹, sportlichspaßige Wettkämpfe, Wettbüro, Dopingkontrollstand, Werbeverträge, lustige Spiele im Rahmenprogramm und eine tolle Abschlußfeier garantieren allen Teilnehmern, die sich durch besondere Leistungen im Nettsein für deine Olympiade qualifiziert haben, ein unvergeßliches Erlebnis.

● Welche Fahnen erkennt ihr auf dem Foto?

(USA, Deutschland, Belgien, olympische Flagge, Japan)

Festvorbereitung

Sportlerausweis

❀ weißes Tonpapier (22 x 16 cm)
❀ Stifte

Du lädst deine Freunde mit einem tollen Sportlerausweis ein, der ihnen bei der Olympiade Zutritt zu allen Wettkampfstätten verschafft und in den auch alle Ergebnisse eingetragen werden.
1. Falte das Tonpapier zu einer Doppelkarte.
2. Auf das Deckblatt malst du zum Beispiel einen Supersportler, der auf dem Siegespodest mit den fünf olympischen Ringen jongliert.
3. Auf die linke Innenseite schreibst du den Namen, das Geburtsdatum und die Nationalität deines Gastes.

Laß auch Platz für ein Foto oder eine Zeichnung des Teilnehmers, für die zehn Ergebnisse und für das Resultat des Wett-Wettbewerbs.
Dann folgt die Unterschrift des Kampfrichters mit Stempel.
Verziere alles mit Zeichnungen von Sportlern in Aktion, oder benutze die Zeichnung als Kopiervorlage.
4. Auf die Rückseite des Ausweises schreibst du den Einladungstext:

Liebe Gunna!
Zu meiner Kinderolympiade hast Du Dich durch besondere Leistungen im Nettsein qualifiziert. Daher bist Du bei allen Wettbewerben am 7. Juli von 14 bis 20 Uhr startberechtigt. Wenn Du bei der Eröffnungsfeier Fahnenträgerin sein möchtest, bringe Dir bitte eine Fahne für Dein Startland mit! Setze Dein Gutelaunetraining besonders intensiv fort, so daß Du am 7. Juli

in Höchstform bist! Auf Dein Kommen freut sich
Deine Regina

Olympische Vorbereitungen

Für die musikalische Untermalung nehmen wir Nationalhymnen, flotte Marschmusik und Volkstanzmusik auf Kassette auf.
Aus roten und weißen Stoffresten und Stöcken entstehen Flaggen für gültige und ungültige Versuche. Eine große weiße Fahne wird mit den olympischen Ringen bemalt.
Wir bauen alle Spielstationen im Hause oder im Freien auf und hängen an einige Rekordlisten zum Eintragen auf.
Verkleidete Getränkekästen werden zu Siegerpodesten. Eine ›Tribüne‹ entsteht für die Ehrengäste.

Sportlerausweis für die Kinderolympiade am _____
4
5
6
7
8
9
10
Wett-Wettbewerb:

Medaillen

- Bierdeckel
- Kordel
- Gold- und Silberfolie
- Tonpapier
- Schere
- Pritt-Alleskleber
- Stifte
- Sperrholz oder Rundholz
- Säge
- Bohrer
- Farbe
- Pinsel

Aus runden Bierdeckeln entstehen ganz schnell Medaillen, wenn man eine Seite mit Goldfolie beklebt, mit olympischen Ringen bemalt oder beklebt und eine Kordel daran befestigt. Auf die Rückseite kleben wir Tonpapier und schreiben rund um den Rand: ›Olympischer Geburtstagszehnkampf‹ mit Datum und setzen in die Mitte: ›1., 2., 3., . . . Sieger‹. Holzmedaillen sägt ihr aus einer Sperrholzplatte aus oder schneidet sie von einem Rundholz ab. Nach dem Glattschleifen bohrt ihr Löcher für die Kordeln. Das Bemalen und Beschriften der Hölzer macht besonders viel Spaß. Statt Medaillen könnt ihr natürlich auch Urkunden für die Siegerehrung vorbereiten.

Dopingkontrollstand

❀ Holzzuschnitt laut Skizze plus Dachplatte (130 x 130 x 1,4 cm)
❀ 3 Latten (110 x 3,5 x 2,5 cm)
❀ Schrauben und Unterlegscheiben
❀ 20 Flügelmuttern

Der zerlegbare Dopingkontrollstand wird nach nebenstehender Bauskizze aus Sperrholz- oder Tischlerplatten von einem geschickten Heimwerker angefertigt und mit den olympischen Ringen und einer symbolischen Spritze bemalt. Ihr könnt ihn auch als Getränke- und Imbißstand benutzen.

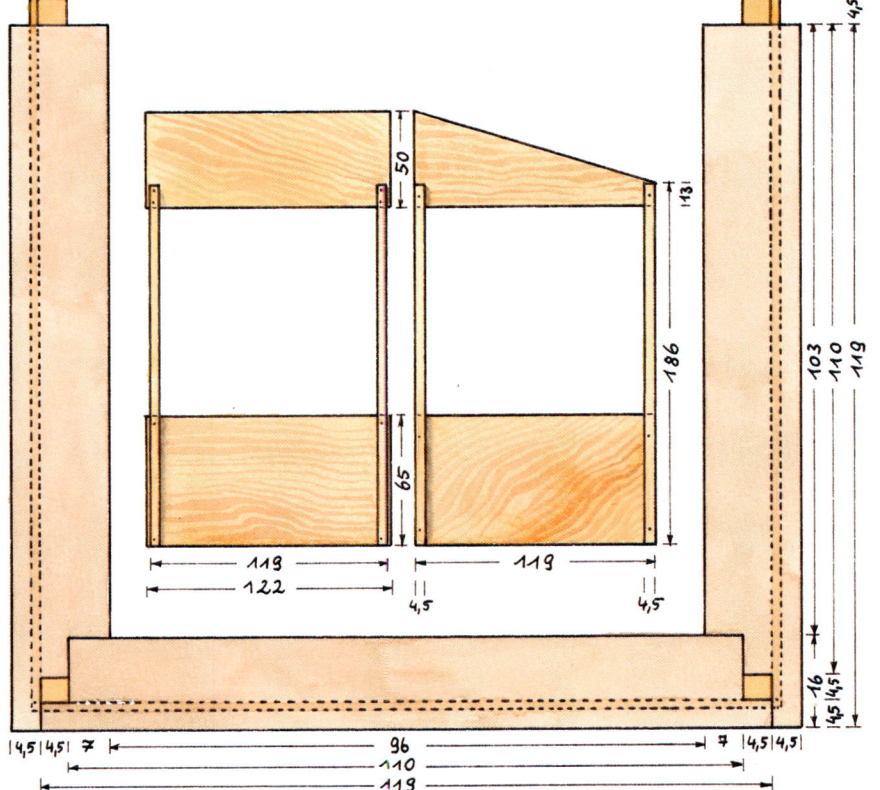

Die drei Latten dienen zur Verstärkung der Ablagebretter und werden unsichtbar darunter angebracht

Ablauf des Festes

Gewichtskontrollspiel

❀ Waage
❀ Maßband
❀ Zettel
❀ Stifte

Bei der Ankunft wird jeder Sportler gewogen und gemessen, ohne daß die anderen die Ergebnisse sehen können. Dann gibt jeder einen Tippzettel ab:

Gesamtgewicht aller Sportler: ...kg
Gesamtgröße aller Sportler: ...m

Wer kommt den wirklichen Summen am nächsten? Die Auswertung erfolgt nach Platzziffern.

Olympischer Fackellauf

❀ Kerzen
❀ Streichhölzer
❀ Olympiakerze in einer Schale

Zwei oder mehr Viererstaffeln werden gebildet. Die Startläufer bekommen je eine brennende Kerze (Vorsicht!), laufen eine Runde durch ein improvisiertes ›Olympiastadion‹ und übergeben die Kerze den nächsten Läufern. Welcher Schlußläufer erreicht zuerst die Olympiakerze und entzündet feierlich die olympische Flamme?

Wer ist der Stärkste?

❀ Luftballons

Wer seinen Luftballon als erster durch Aufblasen zum Platzen bringen kann, darf als Stärkster bei der Eröffnungsfeier mit der Olympiafahne die Polonaise anführen.

Olympische Berichterstattung

❀ Fotoapparat
❀ Kassettenrekorder und Mikrofon
❀ Videogerät (eventuell ausleihen)
❀ Papier und Stifte

So wie frühere Olympiasieger als beliebte Kommentatoren bei Rundfunk- und Fernsehübertragungen aktiv sind, betätigen sich unsere Sportler in ihren Wettkampfpausen als rasende Reporter für eine tolle Olympiakassette, einen Film oder eine Olympiazeitung. So entsteht eine schöne Erinnerung an euer Fest.

Eröffnungsfeier

❀ Fahnen, Musik

Zu flotter Musik marschieren die Sportler im Olympiastadion ein. Eine Spaßpolonaise über Tische und Stühle im Haus oder eine ›echte‹ Polonaise im Freien sorgen für Hochstimmung. Etwas Akrobatik und Folklore (siehe ›Phantastische Weltreise‹) dürfen nicht fehlen. Das Geburtstagskind verspricht im olympischen Gelöbnis, daß alle Teilnehmer die Regeln achten und fröhlich und fair kämpfen werden.

Olympiaqualifikation

Zu unserer Olympiade kann man sich mit Lösungswörtern qualifizieren. Nina probiert es mit ›Ernährung‹. Damit qualifiziert sie sich nicht. Sie wird es in den nächsten Runden weiter versuchen. Wer hätte erwartet, daß sich Jens mit ›Doping‹ qualifiziert? Kevin versucht es mit ›Turnschuhen‹ – ohne Erfolg. Dani schlägt ›Training‹ vor – und hat Glück. Als Tini mit ›Wasser‹ scheitert, erinnert der Spielleiter an das Stichwort: Olympiaqualifikation. Regina versucht es mit einer ›Eule‹. Mit einem ›Uhu‹ hätte es geklappt. Wer den Trick erkennt, verrät ihn nicht, sondern hilft mir richtigen Wörtern, bis alle die Qualifikation schaffen. Wie im Begriff ›Olympiaqualifikation‹ darf kein E vorkommen.

Hochsprung-Leckerbissen

❀ Wäscheleinen oder Nylonfäden
❀ Leckereien

Durch die Wohnung oder auch im Freien spannen wir in verschiedenen Höhen Leinen und hängen Keksringe, Negerküsse, Kirschen, geschälte Bananen oder Würstchen daran. Der Hochsprung zu den Leckereien kann beginnen. Für besonders hoch hängende Leckerbissen müßt ihr euch etwas einfallen lassen, damit ihr auch wirklich satt werdet.

Werbeverträge

Mit den Olympiasiegern werden von großen Firmen Werbeverträge abgeschlossen. Überlegt euch werbewirksame Produkte und Werbespots, die ihr im Rahmen der Abschlußfeier vorführt.

Dopingkontrollstand

❀ Karteikarten

So ernst Dopingkontrollen bei offiziellen Wettkämpfen sind, so lustig laufen sie bei uns ab, um dem bei den Wettkämpfen vielleicht entstehenden sportlichen Streß entgegenzuwirken.
Die drei Ersten eines Wettbewerbs oder alle Teilnehmer ziehen Karteikarten:

Gedopt-Karten:
Du bist gedopt,
wenn du braune (blaue, grüne) Augen hast,
wenn du mehr als 30 000 g wiegst,
wenn du Turnschuhe mit weißen Bändern (mit Klettverschluß) anhast,
wenn du größer als 1500 mm bist,
wenn du mindestens zwei Geschwister hast,
wenn dein Vater Ben heißt,
wenn du den kürzesten Weg hierher hast.

Nicht-gedopt-Karten:
Du bist sicherlich nicht gedopt,
wenn du jeden Tag vor 21 Uhr ins Bett gehst,
wenn du täglich Pommes frites ißt,
wenn du gerne Hausaufgaben machst,
wenn du noch nie bei einer Klassenarbeit gemogelt hast,
wenn du ein Fan von Boris Becker bist,
wenn du täglich mindestens einmal bei der Hausarbeit hilfst.

Für Dopingsünden werden bei der jeweiligen Disziplin Punkte, Sekunden oder Zentimeter abgezogen, so daß sich die Plazierung, die im Sportlerausweis eingetragen wird, durch das Dopinglosglück ändern kann. Die für unsportliches Verhalten bereitliegenden gelben und roten Karten werden sicherlich bei eurer Olympiade nicht benötigt.

Wett- und Tippbüro

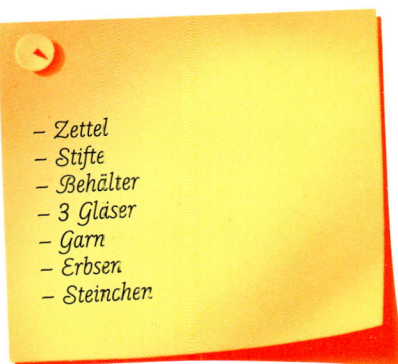

– Zettel
– Stifte
– Behälter
– 3 Gläser
– Garn
– Erbsen
– Steinchen

Bei unserer Olympiade wird es einen Wettolympiasieger geben. Vor Wettbewerben, die mit einer klaren Rangfolge enden, schließen alle Teilnehmer Wetten auf den Ablauf ab. Sie schreiben ihre Tips zur Plazierung jedes Teilnehmers auf kleine Zettel und werfen sie in einen Behälter. Für jeden richtigen Tip gibt es die richtige Platzziffer als Punktzahl. Wer bei allen Wetten zusammen die meisten Punkte erreicht hat, wird als Wettolympiasieger gefeiert.
Wer zu seiner Olympiade Zuschauer erwartet, kann auch für sie Tippspiele vorbereiten: In einem Glas ist ein Stück Schnur, dessen Länge geschätzt werden soll. Wie viele Erbsen sind im zweiten Glas? Wie schwer ist das dritte mit Steinchen gefüllte Glas?

Sanitätsstation

❀ Äste
❀ Schnüre

Für eine Sanitätsübung suchen zwei Gruppen geeignete Äste, aus denen sie eine Leiter binden. Darauf transportieren die Sanitäter einen Verletzten zur Erste-Hilfe-Station. Welche Leiter hält am längsten?

Pferderennen

Alle Kinder stellen im Kreis das spannende Pferderennen dar, das von einem ›Reporter‹ temperamentvoll beschrieben wird.
Beim Startschuß der Pferde fest mit den Händen auf die Oberschenkel klatschen.
Bei einem Hindernis:
mit beiden Beinen springen.
Nun wieder Pferdegalopp:
mit den Händen auf die Oberschenkel klatschen.
Bei einem Doppelhindernis:
zweimal springen.
Die Zuschauer zur Linken applaudieren: links vom Kopf in die Hände klatschen.
Die Zuschauer zur Rechten applaudieren: rechts vom Kopf in die Hände klatschen.
Pferdegalopp: mit den Händen in schnellem Rhythmus auf die Oberschenkel klatschen.
Am Wassergraben: springen und das ›Wasser‹ abschütteln.

Die Fernsehkameras zur Linken laufen: mit den Händen links ›einen Film‹ drehen.
Die Fernsehkameras zur Rechten laufen: mit den Händen rechts ›einen Film‹ drehen.

Pferdegalopp: Mit den Händen auf die Oberschenkel klatschen.
Im Ziel: erschöpft hinlegen, die Zuschauer zur Linken und zur Rechten klatschen, die Fernsehkameras zur Linken und zur Rechten laufen.
Zur Ehrenrunde: aufspringen und mit den Händen auf die Oberschenkel klatschen.

Zerstört unseren Kreis nicht!

❀ Fotoapparat

Wenn wir endlich, einander auf den Oberschenkeln sitzend, einen Kreis gebildet haben, ist höchste Vorsicht geboten: bitte nicht rempeln und keinen zum Lachen bringen, bis ein Foto das große Ereignis festgehalten hat. Alle Teilnehmer des Festes machen hierbei mit.

Sportpantomime

Ein Kind stellt pantomimisch eine Sportart dar. Wer zuerst richtig rät, ist der nächste Pantomime. Bereitet Zettel mit Sportarten zum Ziehen vor: Eiskunstläufer, Hammerwerfer, Kunstspringer, Rodler, Marathonläufer, Ruderer, Bogenschütze.

Handtuchpyramide

❀ Handtuch 40 x 90 cm

Wie viele Kinder haben auf einem Handtuch Platz?

Fahnenstafette

❀ 2 Fahnen oder 2 Tücher

Zwei Mannschaften reichen auf dem Rücken liegend eine Fahne mit den Füßen weiter.

Zehnkampf

Stellt euch aus den folgenden Spielen einen spannenden Zehnkampf für drinnen oder draußen zusammen! Nach jedem Wettbewerb schreiben die Teilnehmer ihre erreichte Platzziffer in den Sportlerausweis. Durch lustige Dopingkontrollen (siehe Seite 143) verliert der Zehnkampf an Streß. Zehnkampfsieger und Gewinner der vorbereiteten Goldmedaille wird der Sportler mit der niedrigsten Platzziffernsumme. Natürlich bekommen alle Teilnehmer bei der Siegerehrung Medaillen oder Urkunden.

Sockelfechten

❀ 2 Stöcke
❀ 2 Schnüre
❀ 2 Kissen oder
  2 Schaumstoffstücke
❀ 2 Eimer oder 2 Baumstämme

Etwa 1,50 m voneinander entfernt stehen die Fechter auf zwei Eimern. Sie versuchen, sich gegenseitig mit Stöcken, die an einem Ende mit Kissen oder Schaumstoff gepolstert sind, vom Sockel zu stoßen.

Beim Brettfechten kommt jeder einmal an die Reihe

Brettfechten

❀ 2 Stöcke
❀ 2 Bretter

Vor jedem Fechter steht ein Brett. Wenn das Brett des Gegners umfällt, gibt es einen Punkt. Das Spiel läßt sich auch mit mehreren Brettern pro Fechter ausführen.

Olympischer Ringlauf

❀ 5 Reifen

In die Überschneidungsräume von je fünf olympisch angeordneten Reifen steigen vier Läufer und halten die Reifen in Taillenhöhe. Welche olympische Ringmannschaft bewältigt die 20 m lange Rennstrecke am schnellsten?

Eimerlaufen

❀ Eimer

Wollt ihr keine Schuhe kaufen, müßt ihr halt in Eimern laufen. Viel Spaß!

Turnschuhkette

Zwei Mannschaften sitzen sich gegenüber. Welche Gruppe bindet mit den eigenen Turnschuhen in zwei Minuten die längste Turnschuhkette?

Brettbeinstoßen

❀ Bretter

Ein Sportler legt sich auf den Rükken, hebt die Beine und legt sich ein Brett auf die Fußsohlen. Mit einem kräftigen Ruck stößt er das Brett weg. Wer schafft mit drei Versuchen den weitesten Stoß?

Schlaufenläufe

❀ Bänder oder Tücher

1. Runde: Jedem Läufer wird eine Achterschlaufe um die Fußgelenke gelegt.
2. Runde: Je zwei Läufern legen wir ein Band als Achterschlaufe um die Fußgelenke.
3. Runde: Im Dreibeinlauf binden wir zwei nebeneinander stehenden Läufern die inneren Beine in Fesselhöhe zusammen.
Der Spaß kann beginnen.

Sportinvaliden

Wie für das Vielfraßspiel auf Seite 58 bereiten wir für Wettkampfpausen Karten mit olympischen Sportarten ohne Konsonanten zum Raten und Naschen vor:

. O . E .	(Boxen)
. A . U	(Kanu)
. U . O	(Judo)
. . A . O .	(Slalom)
. E . . I .	(Tennis)
. O . . E .	(Hockey)
. U . E .	(Rudern)
. E . E . .	(Segeln)
. E . . . E .	(Fechten)
. O .	(Bob)
. U . . E .	(Turnen)
. E I . E .	(Reiten)
. I . . E .	(Ringen)
. E . E .	(Gehen)
. A . . . A . .	(Handball)

Speerwerfen verkehrt

❀ Stöcke

Die Speerwerfer schleudern ihre Stöcke so weit wie möglich über die Schulter nach hinten, oder sie versuchen, in einen markierten Kreis zu treffen, der ebenfalls hinter ihnen liegt.

Radsport

❀ Fahrräder
❀ große Bauklötze oder Dosen
❀ Stangen und kleine Ringe
❀ Tablett mit Wasserbecher

In drei Durchgängen ermitteln wir den geschicktesten Radsportler: Im Vorbeifahren baut er Dosentürme, wirft olympische Ringe um eine Stange und kellnert auf einem Tablett einen Becher mit Wasser.

Kugelstoßen

❀ Luftballons und Murmeln
❀ Steine

1. Spiel: Steckt in einen aufgeblasenen Luftballon drei Murmeln, und werft ihn, so weit ihr könnt!
2. Spiel: Zum Steinstoßen braucht ihr nicht zu schwere Steine.
3. Spiel: Bei der Olympiade 1912 wurden im beidarmigen Kugelstoßen die vom linken und rechten Arm gleichzeitig erzielten Weiten addiert.

Gewichtheben

❀ 2 Stöcke, Besenstiele oder dünne Stangen
❀ Ball
❀ Luftballons
❀ Klebefilm

Unsere Schwergewichtler befördern allein oder zu zweit einen großen Ball auf zwei Stöcken oder zwei Besenstielen über eine Rennstrecke, die mit Hindernissen erschwert werden kann.
Die Federgewichtler tragen auf der Nase eine Stange mit zwei angeklebten aufgeblasenen Luftballons über eine kurze Strecke.

In einem großen Hof, Park oder Garten werden spannende Fahrradspiele ausgeführt

Springreiten

❀ Schuhkartons
❀ Pflöcke mit aufgelegten Stöcken
❀ Wasserschüssel, Wasserballons
❀ Stoppuhr

Die Reiter starten huckepack auf ihren Pferden zum tollen Hindernislauf: Zuerst überspringen sie eine Mauer aus Schuhkartons. Hoffentlich stürzt sie nicht ein! Dann kommt das nächste Hindernis: Bleiben die wackelnden Stöcke auf den Pflöcken liegen? Ein Hasenzickzack um aufgestellte Fähnchenstangen herum muß von Pferd und Reiter gemeistert werden. Der Tritt in die Wasserschüssel kurz vor dem Ziel verschafft nicht nur nasse Füße, sondern ebenso wie die Abwürfe fünf Strafsekunden. Zum abschließenden Höhepunkt des Pferderennens muß der Reiter einen gefüllten Wasserballon, der über der Ziellinie hängt, zum Platzen bringen.

Olympiaquiz

1. Welche Mannschaft marschiert bei der Eröffnungsfeier als erste ein?
( ) Gastgeberland ( ) Griechenland
2. Bei welcher Olympiade wurden die Mannschaften von Damen in Schneekugeln angeführt?
( ) Albertville '92 ( ) Barcelona '92
3. Welche olympische Eröffnungsfeier wurde von einem fliegenden Menschen eröffnet?
( ) München 1972
( ) Los Angeles 1984
4. Gibt es eine allgemeine Altersgrenze für die Teilnahme an olympischen Spielen?
( ) ja　　　　　( ) nein
5. Wie viele Läufer nehmen am 100-m-Endlauf der Herren teil?
( ) sechs　　　　( ) acht
6. Welche Höhe haben die Hindernisse beim 110-m-Hürdenlauf der Männer?
( ) höher als 1 m ( ) niedriger als 1 m
7. Wieviel Rückenwind ist beim Weitsprung für die Anerkennung als Weltrekord höchstens zulässig?
( ) 2 m/sec　　　( ) 3 m/sec

8. Wie viele Schritte braucht Carl Lewis im 100-m-Lauf?
( ) ca. 42　　　　( ) ca. 50
9. Bei welcher Reaktionszeit ›schießt‹ der Computer das gestartete Feld zurück?
( ) unter einer Zehntelsekunde
( ) unter 2 Zehntelsekunden
10. Nenne mindestens fünf olympische Sprungdisziplinen!
11. Woraus waren die Medaillen bei der Olympiade 1992 in Albertville?
( ) Metall　　　( ) Kristallglas
12. Wie schwer ist das Gewehr im Damenbiathlon?
( ) 2 kg　　　　( ) 4,5 kg
13. Bei welcher Disziplin tragen die Sportler Helme?
( ) Biathlon　　　( ) Eishockey
14. Aus wie vielen Spielern besteht eine Volleyballmannschaft?
( ) sechs　　　　( ) acht
15. Aus welchem Material sind Staffelstäbe?
( ) Metall　　　( ) Holz
(Lösungen im Anhang)

Wer lacht am meisten: die Zuschauer oder die Mitspieler in den Lachsäcken?

Lachsackwettrollen

❀ aus alten Bettüchern genähte Säcke oder alte Bettbezüge

Zwei bis drei Kinder kriechen am Start einer Rennstrecke gemeinsam in einen Sack und legen sich so auf den Boden, daß sie seitlich zum Ziel rollen können. Sobald der Sack zugebunden ist, erfolgt der Startschuß. Hoffentlich verlieren die ›Insassen‹ nicht vor lauter Lachen die Orientierung! Als Umzieh- und Aufwärmsack nach dem Schwimmen findet der Lachsack auch noch ganz praktische Verwendung.

Seilchenspringen

❀ Seilchen

Wer schafft im Seilchenspringen vorwärts beziehungsweise rückwärts die meisten Sprünge?

Ballpaarläufe

❀ mittelgroße Bälle

Alle Paare stellen sich seitlich an den Start einer Rennstrecke. Im ersten Lauf halten sie die Bälle zwischen ihren Köpfen, im zweiten klemmen sie die Bälle zwischen ihre Rücken. Fällt ein Ball auf dem Weg herunter, muß das Paar an den Start zurück.

Schießen mit Wasserpistolen

❀ Kerzen
❀ Streichhölzer
❀ kleine Schachteln
❀ Wasserpistolen

Wer schießt mit einer Wasserpistole in 30 Sekunden von 13 brennenden Kerzen die meisten aus?
Lenkt mit dem Wasserstrahl auf einer glatten Fläche eine kleine Schachtel durch einen ›Slalomkurs‹!

Streichholzschachtel-Liegestützwettkampf

❀ 5 Streichholzschachtelhüllen
❀ 1 Behälter
❀ Stoppuhr

Im Liegestütz hebt jedes Kind mit der Nase nacheinander die Hüllen auf und streift sie in einen nebenstehenden Behälter ab. Die Stoppuhr stellt fest, wer am schnellsten ist.

Turmbau zu Fuße

❀ leere Dosen

Das Spiel beginnt ganz gemütlich, weil sich alle Teilnehmer auf den Rükken legen. Auf Fußhöhe stehen einige Dosen. Wer baut mit den Füßen den höchsten Turm?

Lustiger Hindernislauf

Jeder Teilnehmer gibt vorher die Zeit an, die er für den Lauf zu benötigen glaubt. Sieger ist, wer die geringste Differenz zu der wirklich gebrauchten Zeit hat. Um das Schätzen zu erleichtern, macht ein Außenstehender einen Probelauf mit Zeitmessung. Unzufriedene Zuschauer bewerfen die Läufer während ihres Rennens mit Bällen (als Tomatenersatz). Sucht für die Etappen eines Rundkurses lustige Bedingungen aus:

- *Luftballons an die Füße binden*
- *einen Schluck Wasser im Mund halten*
- *Füße in Eimer stecken*
- *»Dopingspritze« zwischen Oberlippe und Nase klemmen*
- *durch Tore wie beim Skislalom laufen*
- *mit einem Stock auf dem Skateboard fahren*
- *mit einem Ball eine im Baum hängende Glocke zum Läuten bringen*
- *Autoreifen rollen*
- *eine Strecke hangelnd überwinden*
- *eine Babyflasche mit Mineralwasser leernuckeln*

- *durch einen großen beidseitig geöffneten Karton kriechen*
- *ein Stück Kuchen oder eine Portion Spaghetti essen*

- *über eine kleine Haushaltsleiter steigen*
- *durch einen Schnurring klettern*
- *blind den Zurufen der Zuschauer folgen*

Verkleidungsstaffel

❀ lange Röcke, Hemden
  oder ähnliches
❀ Stiefel, Hüte, Zeitungen
❀ Regenschirme, Nachziehtiere

Die Utensilien für dieses lustige Spiel liegen in zwei Koffern oder Wäschekörben bereit. Während kleinere Kinder im Eiltempo Röcke, Hemden und Hüte anziehen, eine Rennstrecke entlanglaufen, die Sachen wieder ausziehen und dem nächsten weitergeben, ziehen größere außerdem noch Stiefel an, klemmen sich eine Zeitung unter den Arm, spannen einen Regenschirm auf und ziehen ihr geliebtes Hundchen hinter sich her.

Das Material für schöne Bewegungsspiele muß nicht teuer sein: Mit ein paar langen Brettern und alten Schläuchen von Autoreifen lassen sich spannende Wettkämpfe veranstalten

Autoreifenrennen

❀ Reifen

Mit den Händen oder mit Stöcken treibt ihr die Reifen über die Rennstrecke. Könnt ihr dabei auch Slalomstangen umfahren? Wer krümmt sich in den Reifen und läßt sich von einem Partner rollen?

Schwierige Mannschaftsaufstellung

❀ 22 kleine stehende Spielfiguren
❀ 2 Schuhkartons
❀ Stoppuhr

Wie schwierig es ist, eine Fußballmannschaft richtig aufzustellen, bekommt ihr jetzt zu spüren. Zwei ›Trainer‹ liegen auf dem Rücken und legen sich je 11 kleine Figuren auf den Bauch. Hinter ihren Köpfen steht jeweils ein Karton. Beim Anpfiff stellen sie ihre Figuren auf die Kartons. Wer schafft die schwierige Überkopfaufstellung am schnellsten?

Wackliger Schwebebalken

– 5 olympische Ringe
  (große Autoreifen)
– 5 Bretter, ca. 3 m lang
– Seile
– Regenschirm
– Tablett mit Wasserglas
– Tischtennisball
– Teelöffel
– Stoppuhr

Alte Schläuche von großen Reifen bekommt ihr bei einigen Reifenhändlern kostenlos. Wenn ihr sie gereinigt habt, sind sie herrliche Spielgeräte. Legt aus den Reifen und den Brettern einen großen Kreis und sichert ihn mit Seilen. Wenn ihr nun über die Bretter lauft, ist das ganz schön wacklig. Wer schafft den Rundkurs mit einem aufgespannten Regenschirm oder einem Tablett mit einem Glas Wasser am schnellsten? Für eine lustige Staffel verteilen sich fünf Läufer mit je einem Teelöffel im Mund auf die Reifen. Den Startläufer schicken wir mit dem Tischtennisball auf dem Löffel über den ersten Wackelbalken. Ob die Ballübergabe ohne Zuhilfenahme der Hände klappt? Immer wenn der Ball vom Löffel fällt, gibt es fünf Strafsekunden. Doch keine Sorge: Die zweite Staffelmannschaft darf auch keinen Klebstoff benutzen!

Olympischer Ringgolf

❊ Auto-, Holz- oder
   Kunststoffreifen
❊ 5 Steine
❊ Stoppuhr

Die Reifen werden in 5-m-Abstän-
den auf dem Platz verteilt. Am Start
versucht der Golfer, einen Stein in
den ersten Reifen zu werfen. Erst
wenn das geglückt ist, darf er loslau-
fen, die Fehlsteine einsammeln und
vom ersten Reifen aus in den zweiten zielen. Wer von euch erreicht
wohl in der kürzesten Zeit den letzten Reifen?

Besenfußball

❊ 2 Stühle
❊ 1 Lappen
❊ 2 Besenstiele oder 2 Stöcke

Die Stühle werden auf glattem
Boden 5 m voneinander entfernt aufgestellt. Sie markieren zwei Tore, vor
denen zwei Spieler mit ihren Stök-
ken auf den Anpfiff warten. Sofort
rennen sie zur Mitte, wo der Lappen
liegt, und versuchen, ihn mit ihrem
Stock in das gegnerische Tor zu
schieben.

Sportliche Scherzfragen

1. Welche Sportler sind die vor-
nehmsten?   (schuhen.
-puɐH ʇᴉɯ ɹnu uǝɟdɯɐʞ ɹǝxoꓭ ǝᴉꓷ)
2. Welche Frau wirkt in jedem Finale
mit?   (ɐuᴉꓤ)
3. Bei welchem Sport gibt es die
wenigsten Verletzungen?
          (ʇɹodsʞuǝꓷ)
4. Welcher Sport ist besonders
gefährlich?
          (ɹǝʇn⅁ ɹǝɥɔᴉꞁɹɥɐɟǝɓ ʇɹods-uɐɹꓕ)

5. Welcher Ring ist quadratisch?
          (ɓuᴉxoꓭ)
6. Welche Züge kann man in einer
Turnhalle sehen?   (ǝɓnzɯɯᴉꞁꓘ)
7. Warum sind einigen Sportlern die
Schuhe plötzlich zu eng?
          (·uᴉǝs nz ʇdopǝɓ 'ʇqǝᴉɥɔs
ǝnɥɔS ǝᴉp uᴉ uǝuɥᴉ uɐɯ ꞁᴉǝM)
8. In welchem Land fühlt sich ein
Sportler besonders wohl?
          (puɐꞁɹǝɓǝᴉS)

9. Welches Tier ist immer im Zeitlu-
pentempo unterwegs?
          (odɯ-ǝʇuǝ-dnꞁʇᴉǝZ :ǝʇuꓱ)
10. Welchen Kuß will keiner ins
Gesicht bekommen?   (snʞ-sᴉꓷ)
11. Welcher Werfer hält nicht, was
sein Name verspricht?   (·uǝuᴉǝɥɔS
ʇᴉɯ ʇɥɔᴉu ʇɟɹᴉʍ ɹǝɟɹǝʍuᴉǝɥɔS ɹǝꓷ)

12. Welcher Spiegel zeigt dir nicht
dein Spiegelbild?
          (ꞁǝɓǝᴉdsuǝᴉꞁꞁɐpǝW)

13. Was ist der Lieblingssport der
Pessimisten?   (uǝɟɹǝʍ ɥɔnʇpuɐH)
14. Welches Sportgerät hat Saskia
immer bei sich?   (ɐ-ᴉʞs-ɐS)
15. Was hat ein Boxer mit der Königin von England gemeinsam?
          (ǝɥnɥɔspuɐH)
16. In welchen Zug paßt nur eine
Person?   (ɓnzsɓuᴉuᴉɐɹꓕ)
17. Was macht ein Langstrecken-
läufer aus Kenia, wenn er in Berlin
eine Schlange sieht?
          (·uɐ ɥɔᴉs ʇꞁꞁǝʇs ɹꓱ)
18. Welcher Olympiasieger von
Albertville hat einen Namen mit
einer Friedensaufforderung?
          (uǝɯǝᴉN
ɹǝɓuᴉɹdsᴉʞS ǝɥɔsᴉpǝʍɥɔs ɹǝꓷ)
19. Was ist der Lieblingssport der
Gleichgültigen?   (uǝɯɥǝu
ɹǝʇꞁnɥɔS ǝʇɥɔᴉǝꞁ ǝᴉp ɟnɐ sǝꞁꞁⱯ)
20. Inwiefern liegt die Zukunft des
Kugelstoßens in der Drehtechnik?
          (ʞᴉuɥɔǝʇɥǝɹpuǝꞁꞁᴉꓒ)

Wer gewinnt beim lustigen Flossenlauf?

Flossenlauf

❀ Flossen
❀ mittelgroße Bälle
❀ Hindernisse
❀ Stoppuhr

Die Läufer ziehen am Start die Flossen an und klemmen einen Ball zwischen die Beine. So hüpfen sie bis zum Umkehrpunkt. Verlieren sie zwischendurch den Ball, müssen sie an den Start zurück. Am Umkehrpunkt nehmen sie den Ball in die Hände und ›laufen‹ zum Ziel. Geschickten Flossenspringern stellen wir noch Hindernisse in den Weg.

Schwimmen

❀ große Folie
❀ Wasser und Neutralseife

Das Robben auf der Folie ist gar nicht so einfach. Mit einem Partner an der Hand robbt es sich leicht ans sichere Land. Die geschicktesten Schwimmer dürfen anschließend die mit einem Gartenschlauch unter Wasser gesetzte Folienrutsche einweihen. Ein herrlich nasser Wasserspaß für jung und alt!

Tauchen

❀ große Folie oder Decke
❀ Tauchringe
❀ Stoppuhr

Unter der ausgebreiteten großen Folie oder Decke liegen ein paar Tauchringe. Welcher Taucher robbt am schnellsten unter der Folie durch und sammelt dabei die Ringe ein?

Sackweitsprung

❀ Jutesack
❀ Gürtel
❀ Ball

Der Springer steigt in den Sack, bindet ihn mit einem Gürtel in der Taille zu und springt aus dem Stand so weit wie möglich. Im zweiten Durchgang hält er beim Springen einen Gegenstand, zum Beispiel einen Ball, in den Händen.

Sommerski

❀ Bretter, 2 m lang, 12 cm breit
❀ je Brett drei stabile Schlaufen

Die Schlaufen werden im Abstand von etwa 50 cm auf die Bretter genagelt. Vor den Rennen dürfen jeweils drei Kinder auf ihren Skiern üben zu laufen. Am besten klappt es mit lauten ›Rechts-links-Rufen‹. Dann kann ein spannendes Rennen über eine markierte Wegstrecke mit Umkehrpunkt starten.

Biathlon

❀ Bälle, Ringe oder Steinchen
❀ Dosen, Stöcke oder Schachteln
❀ Stoppuhr

Unsere Biathleten rennen mit je drei Bällen, Ringen oder Steinchen über eine Rennstrecke zum ›Schießstand‹, wo sie mit den Bällen eine Dose, mit den Ringen einen Stock oder mit den Steinchen eine Schachtel treffen müssen. Für jeden Fehlversuch wird eine Strafrunde gelaufen. Im Haus könnte die Treppe als Rennstrecke dienen. Wie lange brauchen die Biathleten für diese Aufgabe?

Wackliger Tiefsprung

❀ Tablett mit kleinen Schachteln

Die Sportler springen mit einem Tablett mit aufgestapelten Schachteln aus 1 m Höhe oder von einem Stuhl herunter. Wer springt mit dem höchsten Stapel, ohne daß etwas umkippt?

Handtuchrodeln

❀ Handtücher

Auf glatten Böden macht Handtuchrodeln im Einer oder Zweier großen Spaß. Die Rodler setzen sich am Start so auf die ausgebreiteten Handtücher, daß auch die Füße darauf bleiben. Wer kann so am schnellsten ins Ziel rodeln? Auch im Stehen läßt es sich gut rutschen. Bei guter Absprache können auch mehrere Spieler auf einem Handtuch rodeln.

Spiegelslalom

❀ Handspiegel
❀ Slalommarkierungen
❀ Hindernisse
❀ Stoppuhr

Unser Spiegelslalom wird rückwärts durchlaufen. Mit Hilfe eines Spiegels überwinden die Slalomspezialisten alle Hindernisse. Ein besonderer Gag sind lebendige ›Hindernisse‹, die sich mutig auf den Boden legen.

Olympiaball

❀ Ball

Jeder Mitspieler nennt einen Olympiasieger oder einen bekannten Sportler, den er darstellen will: Carl Lewis, Steffi Graf, Alberto Tomba oder Lothar Matthäus. Ein Spieler, zum Beispiel Alberto Tomba, steht mit dem Ball in der Mitte. Beim Hochwerfen ruft er einen Sportler, vielleicht Carl Lewis, der den Ball fangen soll. In dieser Zeit laufen die anderen weg. Hat Lewis den Ball, ruft er laut: ›Stop!‹ Die anderen müssen stehenbleiben. Er fragt das nächststehende Kind: ›Stahl oder Gummi?‹ Wählt es Stahl, darf es drei Schritte zurückgehen und muß dann bewegungslos stehenbleiben. Bei Gummi bleibt es am Platz und darf sich hin- und herbewegen, wenn Lewis den Ball auf ihn wirft. Wird es getroffen, so geht es mit dem Ball in die Mitte, und das Spiel beginnt von vorn. Wenn nicht, muß Lewis mit dem Ball in der Mitte einen neuen Sportler auswählen.

Knalliges Schubkarrenmatch

❀ Luftballons

Alle Kinder bilden Schubkarrenpaare. Die Handläufer nehmen einen aufgeblasenen Luftballon in den Mund. Wenn das Match beginnt, versuchen sie, die Luftballons der Gegner mit ihren Händen zum Knallen zu bringen und gleichzeitig ihren eigenen zu schützen.

Mit nassen Schwämmen werden ›die Starken‹ nach Herzenslust beworfen

Das haut den Stärksten um!

❀ Holzbretter
❀ Scharniere
❀ Farbe, Pinsel
❀ Schwämme

Übertragt die Umrisse des ›Starken‹ vom Vorlagebogen auf ein Holzbrett. Sägt die Figur aus, bemalt sie, und befestigt sie mit Scharnieren. Aus angemessener Entfernung bringt ihr den Sportler mit nassen Schwämmen zum Umfallen.
Ihr könnt für dieses Spiel auch auf leere Flaschen Fotos bekannter Sportler kleben und diese Flaschen mit Bällen umwerfen. Das soll aber nicht heißen, daß diese Sportler Flaschen sind.

Reifenrennen im Kreis

❀ 2 große Plastikreifen

Alle Kinder bilden einen Kreis, zwei einander gegenüberstehende Kinder haben je einen Reifen. Wenn sich nun die Kinder anfassen, hängen die Reifen über dem Händepaar je zweier Mitspieler. Beim Startschuß beginnt der Wettkampf: Die Reifen ›rennen‹ im Uhrzeigersinn, indem die Mitspieler hindurchklettern, ohne die Handfassung zu den Nachbarn zu lösen. Welcher Reifen holt den anderen zuerst ein?

Videosport

❀ Videogerät (eventuell ausleihen)

Für dieses schöne Spiel bereiten wir einen Videozusammenschnitt von spannenden Sportszenen aus Übertragungen wichtiger Sportereignisse vor. Zur Belustigung aller können Szenen vom letzten Schülersportfest eingebaut werden. Während der Vorführung werden die Szenen im spannendsten Moment

unterbrochen, um Tips über den weiteren Ablauf abzugeben, zum Beispiel:

Weitsprung:	Weiter als 7 m?
	Weiter als 8,95 m?
Hochsprung:	Fällt die Latte?
Hammerwurf:	Weiter als 85 m?
Sprint:	Wer gewinnt?
	Neuer Weltrekord?
Fußball:	Wird das ein Tor?
Tennis:	Landet der Ball im Aus?

Wer die meisten richtigen Tips abgibt, wird als bester Videosportler

geehrt. Interessante Beobachtungsfragen können noch folgen:

*Welches Bein von Carl Lewis liegt beim Start am Boden?
Läuft er mit gestreckter Hand, oder bildet er eine Faust?
Mit welchem Bein springt er ab?
Dreht der Diskuswerfer nach links oder rechts?*

Abschlußfeier

❀ Musik
❀ Fahnen oder Laternen

Die Reporter zeigen ihre Berichte, und die Werbestars führen Werbespots vor. Auch sportliche Witze und Sketche würzen die Feier. Ball- und Reifenjongleure erfreuen mit kleinen Kunststücken. Nach einem flotten Fahnentanz marschieren die Sportler in einer Polonaise aus dem Stadion. Kleine Kinder zünden am olympischen Feuer ihre Laternen an und beenden das Fest mit einem Laternenumzug. Wir freuen uns auf ein Wiedersehen in einem Jahr beim nächsten Geburtstag!

*Ohne Blumen, ohne Träume,
Ohne schöne Purzelbäume,
Ohne Wurst und ohne Speck
Hat das Leben keinen Zweck.*

Volksgut

Besserwisser

»Papa, was ist eigentlich ein Sportreporter?« – »Ein Sportreporter ist ein Mann, der vor einem Wettkampf genau weiß, welcher Sportler die Goldmedaille gewinnt, und nach dem Wettkampf genau erklären kann, warum er verlor.« – »Und was macht ein Funktionär?« – »Ein Funktionär stellt die Erfolge der Sportler als seine eigenen dar.«

Von der Schatzsuche zur Superrallye

Eine Rallye ist sehr lustig,
eine Rallye ist sehr schön,
ja, da kannst du was erleben,
kannst du tolle Dinger dreh'n,
hollahi, hollaho, hollahiaho.
Einen Schatz aus alten Zeiten
suchen wir mit voller Kraft,
und wir teilen dann mit Freuden,
wehe dem, der das nicht schafft,
hollahi, hollaho, hollahiaho.
Dreißig Zettel im Gelände
haben alle viel im Sinn,
wer am schnellsten sie erledigt,
der erobert den Gewinn,
hollahi, hollaho, hollahiaho.
Verrückte Sachen zu beschaffen
rennen wir von Haus zu Haus:
Stempel, Hüte, faule Eier
und dazu 'ne graue Maus,
hollahi, hollaho, hollahiaho.
Interviews mit großen Sportlern,
Pferdewiehern, Kekskonzert,
unser Mikrofonspektakel
ist für alle hörenswert,
hollahi, hollaho, hollahiaho.

● Welche Rallyeteilnehmer erkennt ihr auf dem großen Foto?

Festvorbereitung

Flaschenpost

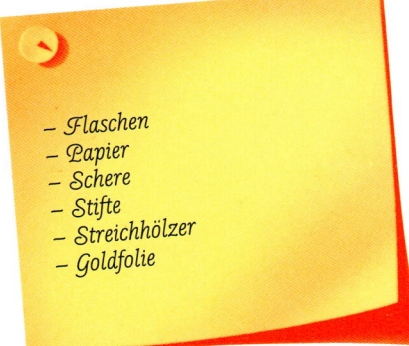

– Flaschen
– Papier
– Schere
– Stifte
– Streichhölzer
– Goldfolie

Zu allen Rallyes und besonders zur Schatzsuche könnt ihr mit einer vergilbten Schatzkarte in einer Flasche einladen. Schneidet aus gelbem Papier eine ausgefranste Karte aus, sengt vorsichtig die Ränder etwas an, und zeichnet eine Karte eurer Umgebung darauf. Auffällige Punkte kennzeichnet ihr mit abenteuerlichen Namen: Galgenbaum (alte Ulme), Schmugglertreff (Spielplatz), Goldgrab (Sandkasten), Skelettschleuder (Wippe), Piratenhöhle (Gaststätte), Totenkopfkreuzung (gefährliche Kreuzung), Sarginsel (Parkplatz), Geistertreff (Tor), Erobererschiff (euer Haus). Mit einem roten Kreuz markiert ihr die Stelle, an der ihr die Botschaft mit weiteren Informationen zu eurer Schatzsuche versteckt. Die gerollte Karte kommt in die Flasche, und ab geht die Post! Wenn ihr zunächst anonym bleiben wollt, bittet ihr ein anderes Kind, die Flasche zu übergeben. Im Gebüsch gut verborgen, beobachtet ihr, wie der Schatzsucher zu der Stelle geht, wo ihr die Informationen und eine kleine Wegzehrung als Goldklumpen versteckt habt.

Witzige Rallyeeinladungsideen

Korkenflöße mit dem Einladungstext auf Papiersegeln oder Piratenflaggen machen die Empfänger gleich auf euer Fest neugierig. Für die Fahrradrallye schneidet ihr aus Stoffresten Fahrradwimpel aus und schreibt RALLYE darauf. Natürlich sollen die Teilnehmer damit ihre Räder schmücken. Ein besonderer Gag ist es, eure Einladung zur Mikrofonrallye auf eine Kassette aufzunehmen. Nach der Rallye können die Hörspielergebnisse auf diese Kassetten zur Erinnerung überspielt werden.

Urkunden

❀ Bastelmaterialien

Als Anerkennung für das tolle Mitma-
chen, den großartigen Teamgeist,
das vorbildliche Durchhalten und
den hervorragenden Erfolg erhält
jeder Rallyeteilnehmer eine Urkunde
mit den wichtigsten Daten. Ein
kopierter Kartenausschnitt mit ein-
gezeichnetem Streckenverlauf kann
aufgeklebt werden. Urkunden aus
Papier, aus Holz oder Ton oder ausge-
stellt auf einem Ballon, einem kleinen Ball, einer Flasche, einer Fahne
oder einem Origami-Piratenhut:
Eurer Phantasie bei Materialauswahl
und Gestaltung sind keine Grenzen
gesetzt. Sehr gut haben uns die
ausgeblasenen Ostereierurkunden
gefallen, die unsere Kinder einmal
bei einer Skirallye im Osterurlaub
bekamen – nicht vom Organisator,
sondern von anderen Teilnehmern.
Ist das nicht auch eine nette Idee,
daß sich die Kinder nach der Rallye
gegenseitig Urkunden basteln?

Sobald der Rallye-Expreß startet, kann
das Fest beginnen

Die Schatztruhe

*Bei Ausgrabungsarbeiten stießen
Archäologen auf eine kleine
Schatztruhe. Vorsichtig öffneten sie
den wertvollen Fund. Die Truhe
war bis zum Rand mit alten Münzen gefüllt. Doch die anfängliche
Begeisterung verging, als sie die
Münzen genauer ansahen:
51 v. Chr. stand darauf. Wieso freu-
ten sich die Männer nicht mehr
über ihren Fund? Hätten sie sich
mehr gefreut, wenn auf den Münzen 51 n. Chr. gestanden hätte?*

(Lösung im Anhang)

Rallye-Expreß

❀ Kastenkuchen-Fertigmischungen
❀ Schokoladenguß
❀ Leckereien zum Verzieren

Die Lokomotive und die Waggons
aus Kastenkuchen bekommen einen
leckeren Schokoladengußanstrich
und rollen auf Keksrädern. Wir ›kleben‹ die Leckereien als Verzierungen
an den Zug. Ein Güterwaggon wird
mit vielen Ballonkugeln gefüllt. Die
Bären vergnügen sich im Bärenwag-
gon. Meint ihr nicht auch, daß dieser
schmucke Rallye-Expreß zum Aufessen viel zu schade ist?

Ablauf der Rallyes

Schon die Vorbereitung einer Rallye bereitet viel Spaß: Wenn eine für die gewünschte Rallyeart geeignete Strecke ausgekundschaftet ist, werden altersgemäße Aufgaben zusammengestellt (unsere Vorschläge können an jede Umgebung angepaßt werden) und vervielfältigt. Zu den Rallyeunterlagen gehört natürlich auch die Telefonnummer des Gastgebers und Telefongeld für etwaige Zwischenfälle.

Tips zur Aufgabenformulierung: Wenn eine Wegbeschreibung nötig ist, kann sie anhand einer Zeichnung erfolgen, durch Spuren von Holzspänen, versteckte Botschaften, Fotos oder Formulierungen wie:

> *Geht in die Richtung, in die man vor dem Überqueren einer Straße zuerst schauen muß!*
> *Biegt nach drei Gullydeckeln (Parkuhren, Eichen, Verkehrsschildern) rechts ab!*

Auch die Hausnummern aufzusuchender Häuser kann man rätselhaft umschreiben: 11 als Größe einer Fußballmannschaft, 38 als die Fiebergrenze, andere Zahlen als Quersummen von nachzuschlagenden Telefonnummern. Überlegt euch doch auch für Straßennamen lustige Verschlüsselungen!

Überraschungen am Weg: Leckere Überraschungsgrüße am Wegrand erfreuen alle Teilnehmer. Ob sie beim Hochheben der drei bunt angemalten Steine, die in Abständen von etwa 300 m liegen und Leckereien (oder auch Botschaften) verbergen, auf das Gewicht der Steine achten? Das wäre empfehlenswert, denn es könnte die Frage kommen, welcher Stein der schwerste war. Entdecken die Kinder die kleinen Stempel, die am Wegrand in Bäumen oder zwischen Steinen versteckt sind? Wenn sie ihr Aufgabenblatt oder ihre Hand abgestempelt haben, legen sie den Stempel so zurück, wie sie ihn vorgefunden haben.

Lustige Schikanen: Bestimmte markierte Strecken soll man wie Frösche oder Känguruhs durchlaufen, andere im Laufmuster zwei vor, einen zurück, und auch gegenseitiges Huckepacktragen ist eine nette Abwechslung. Ein rohes Ei muß von den Kindern während der Rallye mit-

Gunna freut sich: »Ich habe doppelt soviele Karten bekommen wie Mailin.« Tini rechnet: »Wenn ich noch zwei Karten mehr bekommen hätte, hätte ich genauso viele Karten wie Gunna.« Mailin sagt: »Zusammen haben wir drei 13 Urlaubskarten erhalten.« Wer bekam wie viele Karten?

(Mailin 3, Gunna 6, Tini 4)

geführt und wohlbehalten zurückgebracht werden. Jedes Kind bemalt einen aufgeblasenen Luftballon und bindet ihn sich ans Handgelenk. Wie viele Ballons überstehen die Rallye?

Gruppen bilden: Aus dem Gruppenbilden wird ein Spiel, wenn die Kinder Lose mit Tiernamen ziehen und dann im abgedunkelten Raum oder mit verbundenen Augen Tiergeräusche machen, um ihre Artgenossen zu finden. Die Teamkameraden schminken sich mit gemeinsamen (Tier-)Zeichen und erfinden einen lustigen Teamnamen und -spruch. Auch Bänder können die Gruppen kennzeichnen. Bei großem Altersgefälle der Geburtstagsgäste bewährt es sich, wenn der Rallyeleiter die Gruppen gezielt festlegt.

Schatzsuche im Haus

❀ Botschaften
❀ ›Schatz‹

Für kleinere Kinder ist eine Schatzsuche im Haus ein großes Erlebnis. Gemeinsam machen sie sich auf die Suche nach den Botschaften, die sie zum Schatz führen. Wir schlagen euch einige Reimrätsel vor, doch die Botschaften könnten auch in Bilderrätseln, in Puzzleteilen, in Spiegel- oder Geheimschriften übermittelt werden. Zum knalligen Auftakt ist der erste Zettel in einem Ballon versteckt. Auf dem Zettel steht:

Alle treten auf mir 'rum, und ich weiß gar nicht, warum.

Unter der Fußmatte liegt ein Zettel:

Jedem zeig' ich sein Gesicht, ein eignes hab' ich leider nicht.

Am Spiegel:

In unsren Häuschen mit fünf Stübchen wohnen kleine braune Bübchen.

Bei den Äpfeln:

Meistens bin ich stumm und träge, wenn ich laut bin, wirst du rege.

Am Telefon:

Wählt die Nummer …!

Der Angerufene stellt das Rätsel:

Der Hase heißt genau wie ich, doch nur ich beleuchte dich.

In der Kinderzimmerlampe:

Wenn du mich aufdrehst, wirst du naß. Schau erst genau, und spar' dir das!

Am Wasserhahn:

Bei Regen verlassen mich meine Bewohner und dienen euch als Regenschoner.

Im Schirmständer:

Mollig bin ich, weich und fein, guck mal schnell in mich hinein.

Im Bett:

Mit der Schaufel in der Hand kommst du zu mir angerannt.

Im Sandkasten liegt der Schatz vergraben. Mit Feuereifer schaufeln ihn die Kinder frei und teilen die Beute (Naschereien und kleine Mitbringsel) unter sich auf.

Erlebnisreiche Schatzsuche im Freien

❀ Botschaften
❀ ›Schatz‹

Wie bei der häuslichen Schatzsuche führen in der Natur versteckte Botschaften zu der Stelle, wo der Schatz vergraben ist. Wenn es möglich ist, wählt man zwei gleich schwere Wege mit entsprechenden Botschaften, so daß die Schatzsucher in zwei Gruppen wetteifern können. Besonderen Spaß haben die Kinder an außergewöhnlichen Überraschungen, die der Spielleiter mit Hilfe von verkleidungsfreudigen Helfern organisiert: Ein Riese, ein Gespenst, ein Zwerg, ein Zauberer und ein Waldgeist versperren den Schatzsuchern nacheinander den Weg oder den Zugang zur Botschaft. Die Kinder müssen herausfinden, wie sie die Fabelwesen vertreiben können. Vielleicht will der Riese ein Märchen hören, das Gespenst wird mit großem grausigem Gespensterspektakel verscheucht, den Zwerg müßt ihr durch Kitzeln verjagen, für den Zauberer erfindet ihr einen kleinen Zauberspruch, und der Waldgeist gibt sich mit einer besonderen Beerensorte zufrieden.

Luftballonrallye

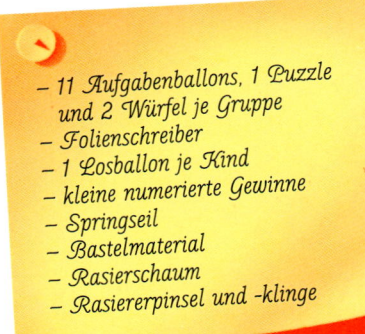

– 11 Aufgabenballons, 1 Puzzle
 und 2 Würfel je Gruppe
– Folienschreiber
– 1 Losballon je Kind
– kleine numerierte Gewinne
– Springseil
– Bastelmaterial
– Rasierschaum
– Rasiererpinsel und -klinge

Vorbereitung: Wir beschriften für jede Gruppe (drei oder vier Kinder) elf aufgeblasene Ballons mit den Zahlen von 2 bis 12. In die Ballons mit der 12 haben wir vorher kleine Puzzleteile gesteckt. Die Losballons enthalten Zettel mit Zahlen für die Gewinnverlosung. Zu Girlanden oder Sträußen zusammengefaßt, warten die Ballons in der Wohnung oder im Garten auf die Teilnehmer. Jede Gruppe wählt einen Spielleiter, der den Aufgabenzettel bekommt.

Aufgabenzettel:
2. Nenne fünf Laubbaumarten!
3. Mache zwanzig Seilsprünge!
4. Male dich selbst!
5. Beantworte drei Fragen deiner Teamkameraden, ohne ein a zu verwenden!
6. Sage im Handstand (mit Hilfestellung) ein Gedicht auf!
7. Nenne fünf Tierarten, die in Deutschland ausschließlich in Zoos leben!
8. Erzähle einen Witz!
9. Die Gruppe verwandelt einen Ballon in einen Clown mit spitzem Papphut, Kreppapierhaaren, lustigem Clowngesicht und einer Halskrause aus Kreppapier.
10. Bringe diesen Ballon mit den Händen zum Platzen!

Wer seinen Luftballon in einen Clown verwandelt hat, ist dem Ziel der Rallye einen Schritt nähergekommen

11. Schäume den Ballon mit Rasierschaum ein, und rasiere ihn!
12. Wenn der Ballon platzt, könnt ihr die Puzzle-Teile zusammensetzen.

Rallyeablauf: Für jede Gruppe wirft jeweils ein Kind beide Würfel. Die Summe der Augenzahlen gibt die Aufgabe an, die diese Kinder oder die ganze Gruppe erfüllen soll. Scheitert ein Kind, so darf ein Teamgefährte sein Glück versuchen. Das Platzen des Ballons mit der Nummer der Aufgabe verkündet deren Erfüllung. Ein anderes Kind darf würfeln und eine Aufgabe lösen. Nach mehreren Durchgängen kommt es sicherlich vor, daß eine Zahl schon dran war. Das Würfelkind muß so viele Runden laufen, sich rollen, Liegestütze oder Kniebeugen machen, wie die Zahl angibt. Anschließend darf es noch einmal würfeln. Es gewinnen die Kinder der Gruppe, die zuerst alle ihre elf Aufgabenballons zum Platzen gebracht hat. Sie dürfen als erste in die Losballons stechen und die herausfallenden Losnummern gegen die dazugehörigen Erinnerungsgeschenke eintauschen.

Die verrücktesten Aufgaben müssen bewältigt werden, zum Beispiel:
ein Riesenspieltuch knoten oder Einkaufen gehen im Nachthemd

Beschaffungsrallye

❀ etwas Kleinge d
❀ 1 Nachthemd je Gruppe
❀ einen Nachttopf und eine Windel
❀ eine möglichst braune Banane

Um an das Ziel dieser Rallye zu gelangen, muß jede Gruppe die unterschiedlichsten Dinge besorgen;

● drei Gegenstände, die zusammen 0,99 DM kosten (mit Quittung)
● ein Pfund Steine (Wer kommt dem Gewicht am nächsten?)
● eine Fahrkarte oder eine Eintrittskarte fürs Museum
● ein Trostpflaster
● einen Stempelabdruck der Firma... (auf dem Rallyeaufgabenblatt)
● ein Schaufensterdekorationsobjekt (nichts Käufliches)
● ein gekochtes Ei, einen Eiswürfel
● ein Plakat oder ein Foto einer Popgruppe
● verschiedene Blätter, Blumen oder Zapfen
● einen lebendigen Regenwurm, eine Feder und ein Schneckenhaus
● eine Person, die ein Gedicht aufsagen oder ein Lied singen kann
● den billigsten Gegenstand, den es in der Drogerie gibt
● so viele quadratische Tücher wie möglich (knotet ein Riesenspieltuch)
● etwas Glitschiges, etwas Rauhes und etwas Weiches
● eine möglichst große Kartoffel (sie muß später geschält werden)
● eine Serviette des Gasthauses...
● den Poststempel (auf eurer Hand)
● fünf verschiedene Sorten Toilettenpapier (je ein Blatt)
● ein möglichst langes Haar
● Gegenstände von A bis Z
● viele Dinge, die mit A anfangen
● eine Zeitung (einer von euch zieht das bereitliegende Nachthemd an und kauft im Geschäft)
● Kartons, Rollen und Dosen, und verkleidet damit ein Kind als Roboter

Fußgängerrallye in der Stadt

Wie genau kennt ihr eure Stadt? Die Teilnehmer dieser Rallye werden vieles von ihrer näheren Umgebung erfahren, was sie bisher noch nicht wußten.

Aufgabenzettel:
- Wie heißt der Bürgermeister?
- Welche Apotheke hat heute abend Notdienst?
- Welcher Kinderfilm läuft zur Zeit im Kino?
- Wie hoch ist der Eintritt?
- Wo steht ein Altpapiercontainer?
- Wie viele Schwimmbäder mit einem 5-m-Brett gibt es in eurer Stadt?
- Wie viele Wippen gibt es?
- Welche geographische Länge und Breite hat der Ort?
- Wo wurde der Namensgeber eurer Straße geboren?
- Nennt eine Überschrift aus dem Lokalteil einer Zeitung vom Vortag!
- Um wieviel Uhr gehen heute abend in eurer Straße die Laternen an?

- Wie lange bleibt die Ampel an der Kreuzung rot (auf die Zehntelsekunde genau!)?

- Wie groß ist der Abstand zweier Parkuhren (gemessen von Stange zu Stange, auf Zentimeter genau)?
- Wie hoch ist die Hecke vor eurem Haus?
- Wie lang ist die . . . straße (wer schätzt am besten)?
- Was bedeutet das Verkehrsschild an der Ecke?
- In welche Himmelsrichtung guckt der Bewohner des Hauses . . ., wenn er geradeaus aus seinem Küchenfenster schaut?
- Kann die Telefonzelle vor der Gaststätte Räuberhöhle auch angerufen werden?

- Welcher Baum steht vor dem Haus . . . straße Nr. 7?
- Wie viele Preisschilder seht ihr im Schaufenster des Modegeschäfts Loreley?
- Wie viele Kassen gibt es im Kaufhaus Schlaraffenland?
- Wie würdet ihr einem Fußgänger den Weg vom Kaufhaus zum Bahnhof erklären?
- Wann fährt sonntags der erste Zug nach . . .?
- Stellt euch vor, daß ihr jetzt sofort dringend nach London reisen müßt. Stellt den schnellstmöglichen Reiseplan auf!

- Bringt zwei Passanten dazu, mit euch gemeinsam zehn Kniebeugen zu machen!
- Gibt es in diesem Ortsteil eine Hygridstange (ihr verratet erst bei der Auswertung, daß es eine solche Stange nur in eurer Einbildung gibt, bis dahin wird sie viel Kopfzerbrechen verursachen)?
- Welche Brotsorten gibt es in der Bäckerei Krümelmonster zu kaufen? Welche Sorte ist dort am preisgünstigsten?
- Fragt drei Personen nach ihrem Beruf und einer dafür typischen Tätigkeit! Diese Tätigkeiten werdet ihr anschließend pantomimisch vorführen, und die anderen müssen die Berufe erraten.
- Fragt drei Passanten, was sie machen würden, wenn sie in ihrer Badewanne plötzlich einen Elefanten vorfänden!
- Wie viele Fenster hat das Haus Adam-Riese-Straße 3?
- Wie viele PKW-Stellplätze gibt es vor der Kirche?
- Wie viele Linienbusse würden an euch fahrplanmäßig in beiden Richtungen vorbeifahren, wenn ihr heute zwischen 14 und 15 Uhr vor dem Kiosk in der Verkehrsstraße ständet?

Zettel-Würfel-Rallye

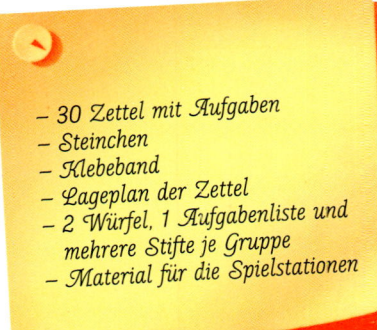

- 30 Zettel mit Aufgaben
- Steinchen
- Klebeband
- Lageplan der Zettel
- 2 Würfel, 1 Aufgabenliste und mehrere Stifte je Gruppe
- Material für die Spielstationen

Vorbereitung: **Auf dreißig Zettel oder Karteikarten schreiben wir groß die Zahlen von 1 bis 30 und auf die Rückseiten die dazugehörigen Aufgaben. Wir verteilen die Zettel in einem überschaubaren, abgegrenzten Gelände unter Steinen, an Bäumen, an Spielgeräten, zwischen Blumen und an anderen geeigneten Verstecken und skizzieren die Stellen in einem Lageplan. Auf einem Jurytisch liegen für jede Gruppe zwei Würfel sowie mehrere Stifte bereit, und ihr Betreuer erhält eine Aufgabenliste. Sind auch die Spielstationen aufgebaut, kann die Rallye beginnen.**

Rallyeablauf: **Jede Gruppe aus vier oder fünf Kindern bekommt einen Betreuer am Jurytisch, bei dem sie die Aufgaben erfüllen. Zunächst wirft ein Kind aus jeder Gruppe zwei Würfel und zählt die Augenzahlen zusammen. Alle Gruppenmitglieder rennen los, um den Zettel mit dieser Summe zu suchen. Die Orte der Zettel, die sie dabei finden, merken sie sich gut für später, weil ja alle Aufgaben gelöst werden müssen. Sie dürfen die Zettel weder wegnehmen, noch anderweitig verstecken (deshalb der Lageplan)! Haben sie endlich den gesuchten Zettel entdeckt, lesen sie ihn am Fundort, legen ihn**

wieder zurück und gehen zu ihrem Betreuer am Jurytisch, um die Aufgabe zu erfüllen. Handelt es sich um eine Aufgabe an einer Spielstation, so begleitet sie der Betreuer dorthin, um die Aufgabe abzunehmen. Dann würfelt ein anderes Kind mit beiden Würfeln und addiert die neue Summe zu der alten Zahl. Schon beginnt die Suche. Wenn durch mehrmaliges Addieren die Zahl 30 überschritten wird, werden die neuen Summen subtrahiert.
Laßt euch von der etwas aufwendigen Spielbeschreibung nicht abschrecken! Wenn die Rallye erst einmal im Gang ist, macht sie riesigen Spaß!

1. Spielstation: Popowackelball

✿ mittelgroßer Ball
✿ Stoppuhr

Die Gruppenmitglieder stellen sich mit nach vorn gebeugten Oberkörpern so hin, daß sich ihre Popos berühren. Liegt der Ball auf dem Popotreff, kann das Spiel beginnen. Der Ball soll so in weniger als 15 Sekunden zu einem 10 m entfernten Ziel transportiert werden. Fällt er zwischendurch zu Boden, müssen die Spieler zum Start zurück.

Jede Gruppe muß den Ball in weniger als 15 Sekunden zum Ziel transportieren

2. Spielstation: Wasserwerfer

❀ 1 großer Eimer Wasser
❀ 1 kleiner Eimer
❀ Plastikbeutel
❀ Pappscheiben

Am Start steht der große Eimer Wasser, daneben liegen kleine Plastikbeutel. Im Ziel – die Entfernung zum Start hängt vom Alter der Teilnehmer und von der Gruppengröße ab – steht ein kleiner leerer Eimer. Ein Spieler steht am Start, ein anderer am Ziel, die übrigen stehen dazwischen auf genau markierten Plätzen, den Pappscheiben, die sie während des Spiels nicht verlassen dürfen. Das Spiel beginnt: Der Startspieler füllt Wasser in die Beutel, verknotet sie und wirft sie nacheinander dem Nachbarn zu. Hoffentlich ist dieser ein guter Fänger! Hingefallene Beutel darf er nicht aufheben. Einen aufgefangenen Beutel wirft er zum dritten Spieler, der ihn dann weiterwirft. Ist der Beutel beim letzten Fänger gut angekommen, wird das Wasser in den Eimer gefüllt. Um den Plastikbeutelverbrauch einzuschränken, darf jede Gruppe nur fünf Beutel benutzen. Der Startspieler muß sich von Zeit zu Zeit die hingefallenen und die am Ziel ausgeleerten Beutel holen. Die Aufgabe ist erfüllt, wenn der Eimer voll Wasser ist. Wasserwerfen ist auch ein herrliches Wettkampfspiel.

3. Spielstation: Musikwettlauf

❀ Kassettenrekorder
❀ Spielmaterial

Während der Dauer eines Liedes muß das Team eine abgesteckte Strecke auf Skiern oder auf Dosen, als Reiterstaffel oder Verkleidungsstaffel (Beispiele hierzu im Kapitel Kinderolympiade) bewältigen.

4. Spielstation: Lenkstangenslalom

❀ lange Stange
❀ Slalommarkierungen
❀ Ball, Reifen oder Spielzeugauto
❀ Stoppuhr

Innerhalb einer festgesetzten Zeit müssen die Spieler gemeinsam den großen Ball, den Reifen oder das kleine Auto mit einer sehr langen Stange durch eine Slalomstrecke ins Ziel lenken.

5. Spielstation: Das Problem des Fährmanns

Am Ruhrufer steht ein Mann mit einem Wolf, einer Ziege und einem Krautkopf. Er findet ein winziges Boot, worin außer ihm selbst als Paddler immer nur eines – die Ziege, der Wolf oder der Krautkopf – Platz hat. Der Mann steht vor einem großen Problem: Den Wolf und die Ziege kann er nicht allein lassen, sonst zerreißt der Wolf die Geiß. Die Ziege und der Krautkopf dürfen aber auch nicht zusammen sein, sonst frißt die Ziege das Gemüse. Was tun? Er muß auf der ersten Überfahrt die Ziege hinüberschaffen, denn der Wolf macht sich nichts aus Kohl. Wie aber geht es weiter?

Vier Kinder stellen den Fährmann, den Wolf, die Ziege und den Krautkopf dar. Wählt einen starken Fährmann, der die anderen huckepack über einen fünf Meter breiten ›Fluß‹ trägt.

6. Spielstation: Fleißige Handwerker

❀ Stoff, Knopf, Nadel, Faden
❀ Leine, Klammern, Stoffreste
❀ Kartoffel, Schälmesser
❀ Zeitung, leere Dosen

Einer näht einen Knopf an, einer hängt Wäsche (kleine Stoffreste) auf, einer schält eine Kartoffel, einer reißt aus einem Zeitungsblatt eine mindestens drei Meter lange Papierschlange, einer baut einen mindestens einen Meter hohen Dosenturm.

7. bis 30. Aufgabe

7. Wer ist Außenminister der USA?
8. Faltet einen Papierflieger!
9. Schminkt einen von euch zum Clown!
10. Tragt das schwerste Mitglied eurer Gruppe über eine 50 Meter lange Strecke!

11. Führt gemeinsam einen orientalischen Bauchtanz vor!

12. Stellt ein lebendiges Kunstwerk dar!

13. Bringt einen Erwachsenen stumm dazu, ein Geburtstagslied zu singen!

14. Bringt vier verschiedene Blätter, und benennt sie!

15. Bringt einen lebendigen Regenwurm!

16. Welches Autokennzeichen hat die Stadt …?

17. Welcher Begriff ist das Kuckucksei: London, Paris, München, Wien oder Madrid (Lösung im Anhang?

18. Verfaßt ein vierzeiliges Güttelschedicht, das heißt ein Gedicht mit Wörtern, die geschüttelt sind wie Meeschnann für Schneemann.

19. Jedes Kind spricht möglichst fehlerfrei und auswendig einen (anderen) Zungenbrecher:

Six sick soldiers sighted seven slowly sinking ships.
(to sight: beobachten; to sink, sank, sunk: sinken; ship: Schiff; sick: krank)
She sells seashells by the seashore. The shells she sells are seashells, I'm sure.
(seashell: Seemuschel; seashore: Meeresstrand)
Billy Wood said he would carry the wood through the wood, and if Wood said he would, Wood would.
(wood: Holz, Wald)
If two witches were watching two watches, which witch would watch which watch?
(witch: Hexe; watch: Armbanduhr)
Swan swam over the sea;
swim, swan, swim.
Swan swam back again;
well swum, swan.
(swan: Schwan; to swim, swam, swum: schwimmen)

20. Gesucht sind deutsche oder englische Wörter aus dem Schulbereich, die einen vorgegebenen dreibuchstabigen Kern umkleiden.
…enb… (Klassenbuch). …ida… (holidays)
Aufgaben (Lösungen im Anhang):
…ell… (deutsch), …ckb…, …adm…, …gis… (englisch)

21. Mit und ohne Köpfchen haben einige Wörter Sinn: (B-)Eule, (W-)Affe, (D-)Rachen, (f-)right (Schrecken). Sucht zwei deutsche und ein englisches ›Kopfpaar‹.

22. Die beiden folgenden Sätze haben etwas gemeinsam: Was it a cat I saw? Nie, diese große Sorge sei dein! Sucht ein Wort oder einen Satz mit derselben Eigenschaft! (Lösungen im Anhang)

23. In welchen Seen kann keiner schwimmen? Welche Tierchen haben Alkohol in sich? Was haben eine Colaflasche und ein Fernsehansager gemeinsam? (Lösungen im Anhang)

24. Bildet einer langen Elefantensatz aus Wörtern, die ant enthalten! (Lösungsbeispiel im Anhang)

25. Malt ein Portrait eures Lehrers!

26. Nennt drei Regionen, in denen momentan Krieg herrscht!

27. Nennt ein Buch das den deutschen Jugendbuchpreis bekommen hat!

28. Wer schoß gestern in … das Tor für den …?

29. Ihr seid Mitglieder eines erfolgreichen Werbeteams. Heute sollt ihr im Fernsehen Werbung für einen einzigartigen Tintenkiller machen. Tragt eure Werbung der Jury vor! Es sollen alle Mitglieder der Gruppe mitwirken.

30. Spielt die Sketche auf den Seiten 168/169 sinngemäß mit euren Worten. Die Teamgefährten dürfen den Darstellern helfen.
Die eingeübten Werbespots und Sketche werden nach der Rallye allen Teilnehmern vorgeführt.

Die Wahrsagepuppe

Die Mutter trägt eine Schürze und hat die Haare zu einem Knoten gesteckt. Sie sitzt auf einem Stuhl und schält Kartoffeln. Fritzchen bekommt einen Schulranzen. Die Wahrsagepuppe sollte eine Hose und anliegende Sachen tragen, damit die eckigen Bewegungen gut sichtbar sind. Sie steht mit etwas gegrätschten Beinen bewegungslos da. Die Augen blicken starr geradeaus. Beim Hin- und Herwackeln beziehungsweise Vor- und Zurückwippen muß sie sich steif machen. Die Bewegungen sollen eckig und abgehackt wirken.

Ansager: Hier sehen Sie die berühmte Wahrsagepuppe (diese wippt vor und zurück)! Und das ist Fritzchen (dieser verbeugt sich leicht), diese Dame dort ist Fritzchens Mutter (diese sitzt auf dem Stuhl).

Ansager: Fritzchen kommt von der Schule nach Hause (dieser schlendert pfeifend auf die Haustür zu und klingelt, die Mutter öffnet).

Mutter: Tag, Fritzchen.

Fritzchen (kommt herein und lümmelt sich auf den Stuhl): Tag, Mutti.

Mutter: Na, wie war es heute in der Schule?

Fritzchen (gedehnt): Gut ...

(die Wahrsagepuppe wackelt hin und her, Fritzchen schaut sie an)

Fritzchen: Nanu, was ist denn das?

Mutter: Das ist eine Wahrsagepuppe. Ich habe sie eben gekauft. Immer, wenn jemand die Wahrheit sagt, wippt sie vor und zurück. Und immer, wenn jemand lügt, wackelt sie hin und her. So wie bei dir eben. Also war es nicht gut in der Schule! Habt ihr denn eine Arbeit geschrieben?

Fritzchen: Nein. (Puppe wippt vor und zurück)

Mutter: Aha. Habt ihr denn eine Arbeit zurückgekriegt?

Fritzchen: Nöööö. (Puppe wackelt hin und her)

Mutter: Du lügst ja, Fritzchen! Ihr habt ja doch eine Arbeit zurückgekriegt. In welchem Fach denn? Nun sag' es schon!

Fritzchen: Och, in Deutsch. (Puppe wackelt stärker hin und her)

Mutter: Lüg' mich nicht an! In welchem Fach?

Fritzchen (mürrisch): In Mathe. (Puppe wippt vor und zurück)

Mutter (forschend): Und welche Note hast du bekommen?

Fritzchen: Eine Drei. (Puppe wackelt hin und her)

Mutter: Das stimmt doch nicht!

Fritzchen: Naja – eine Vier. (Puppe wackelt hin und her)

Mutter: Jetzt sag' mir endlich die Wahrheit! Hast du etwa eine Fünf geschrieben?

Fritzchen (kleinlaut): Jaaaaa. (Puppe wippt vor und zurück)

Mutter (stemmt entrüstet die Hände in die Hüften): Na, so was! Also, als ich in deinem Alter war, ich hab' immer etwas hin und her gelernt. (Puppe wackelt etwas hin und her) Ich bin sehr gerne in die Schule gegangen und war immer pünktlich. (Puppe wackelt stärker) Und außerdem habe ich nie schlechte Noten mit nach Hause gebracht! (Puppe wackelt ganz stark) Im Gegenteil! Ich habe immer nur Einsen geschrieben! (Puppe kippt um. Die Mutter schlägt bestürzt die Hände vors Gesicht und läuft hinaus. Fritzchen grinst und richtet die Puppe wieder auf)

Der Sketch ›Die Wahrsagepuppe‹ läßt sich innerhalb kürzester Zeit einüben und aufführen

Wann fuhr der erste Mann zum Mond?

Bahnhofsgeräusche von der Kassette lassen erkennen, daß sich die Szene auf dem Bahnsteig abspielt. Der Nachtexpreß nach München fährt ein. Ein Bahnbeamter erscheint, um den Zug zur Abfahrt freizuwinken. Da eilt ein Mann abgehetzt auf ihn zu, packt ihn am Arm und fragt aufgeregt: ›Entschuldigung, Herr Bahnbeamter, wann fuhr der erste Mann zum Mond?‹ Der Beamte fragt verständnislos: ›Wie bitte?‹ Der Mann zittert vor Aufregung: ›Ich flehe Sie an, sagen Sie mir um Himmels willen sofort, wann der erste Mann den Mond betrat! Ich muß das Jahr wissen, als dieser Amerikaner …‹ Der Beamte unterbricht ihn: ›Einen Moment bitte!‹ Er klopf ihm verständnisvoll auf die Schulter und winkt dabei heimlich einen Bahnpolizisten herbei. Als dieser erscheint, sagt er dem Wachtmeister zublinzelnd: ›Der liebe Herr Wachtmeister wird Ihnen gerne helfen!‹ Da bettelt der Mann: ›Herr Wachtmeister, bitte, bitte, sagen Sie mir sofort, wann der erste Mann auf den Mond geschickt wurde.‹ – ›Aber gern‹, sagt der Wachtmeister und ergreift den Arm des Hilfesuchenden. Während er sich ohne Erfolg losreißen will, gibt der Bahnbeamte das Signal zur Abfahrt des Zuges. Der Zug fährt donnernd los. Mitleidig fragt der Wachtmeister: ›Weshalb wollen Sie unbedingt wissen, wann der erste Mann den Mond betrat? Es war 1969.‹ – ›Ich pfeife auf Ihre Auskunft‹, antwortet der Mann und reißt sich wütend los. ›Woher kommt dieser plötzliche Sinneswandel?‹ – ›Jetzt ist der Zug weg. Meine Mama hat mir gesagt, daß ich mir die Nummer des Schlafwagenabteils gut merken könnte, weil in dem Jahr der erste Mann den Mond betrat.‹

Verloren

Auf der Bühne deuten eine ›Straßenlaterne‹ und ein ›Baum‹ an, daß die Szene auf der Straße spielt. Ein Junge steht auf der Bühne und starrt vor sich hin. Ein Mann kommt und geht zur Bühnenmitte.

Junge (beginnt zu weinen, wenn der Mann die Mitte erreicht hat): Uhuuhu, so ein Pech, uhuuhu, so ein Mist.
Mann (geht auf den Jungen zu): Na, mein Kleiner, was hast du denn, warum weinst du so plötzlich?
Junge: Uhuhu, ich habe gerade eine Mark verloren.
Mann (greift in die Tasche und gibt dem Jungen eine Mark): Hier hast du eine Mark. Freust du dich jetzt auch wieder?
Junge: Ja, danke.
Mann: Aber wo hast du denn die Mark verloren?
Junge: Ach, ich habe mit meinem Freund gewettet, daß Sie auf der Bananenschale da vorne (zeigt auf den Bühnenboden) ausrutschen, aber jetzt sind Sie nicht einmal daraufgetreten.

Wichtige Medizin

Eine Frau liegt schlafend auf einem Sofa; neben einer Tablettenpackung steht ein Glas Wasser.

Mann (kommt zu der Schlafenden und erschrickt plötzlich): Ich hab's geahnt! Das mußte ja passieren! Das Glas ist noch voll. Die Packung ist nicht angebrochen. Sie hat ihre wichtige Medizin nicht genommen. Was mach' ich bloß? Ich muß sie unbedingt wachkriegen (er rüttelt seine Frau immer wieder, doch sie schläft weiter). Wie kann eine Frau nur so nachlässig sein und die Anweisungen des Arztes einfach mißachten? Bitte, liebes Mausilein, wach doch endlich auf (er rüttelt weiter)!
Frau (schlägt die Augen auf und fragt schläfrig): Was ist denn los? Brennt unser Haus?
Mann: Aber nein, mein Schatz! Ich bin ja so froh, daß du endlich wach bist. Du hast vergessen, deine Schlaftabletten zu nehmen.

I like to be fair

Ein größerer und ein kleinerer Junge treffen sich und begrüßen sich freundlich.

Kleiner Junge: I saw you kissing my sister last night!
Großer Junge: All right, all right! Not so loud! Here's fifty pence to keep your mouth shut. (Er gibt dem Kleinen das Geld.)
Kleiner Junge: Thanks But – wait a minute! (Er wühlt lange in seinen Hosentaschen!) I'll give you twenty pence change. (Er gibt dem anderen Geld.)
Großer Junge: Twenty pence change? What for?
Kleiner Junge: I like to be fair. It's the same price for everybody.

Mikrofonrallye

❀ 1 Aufnahmegerät pro Gruppe
❀ Aufgabenblätter
❀ Stifte
❀ Geld für Telefon und Kekse

Die Mikrofonrallye bereitet ihr ohne Aufwand vor, indem ihr aus unseren Vorschlägen zwanzig für euch geeignete Aufgaben auswählt. Das gemeinsame Anhören der fertigen Kassetten ist ein Riesenspaß!

1. Hört auf dem Band den angefangenen Satz eines Bekannten an. Geht zu ihm mit der Bitte, den Satz zu Ende zu sprechen.
2. Nehmt das Signal eines Schiffes beim Anlegen auf.
3. Geht zum Bahnhof und haltet die Durchsage ›Türen schließen und von der Bahnsteigkante zurücktreten‹ auf dem Tonband fest.
4. Nehmt Glockenschläge auf.
5. Stellt eine akustische Umweltverschmutzung zusammen.

6. Nehmt das Klingeln einer Ladenkasse oder -tür auf.
7. Frau . . . singt ein Liebeslied. Für ein Duett mit ihrem Mann gibt es einen Sonderpunkt.
8. Ein Italiener sagt auf Italienisch: ›Ich liebe diese Stadt.‹
9. Lest Informationen über eine bekannte Persönlichkeit eurer Stadt oder über einen angekündigten Vortrag vor.
10. Nehmt Einwerfgeräusche am Glascontainer auf.
11. Interviewt Containerbenutzer zum Thema Recycling.
12. Stellt zwei Erwachsenen je drei Fragen zu Problemen in eurer Stadt.
13. Nehmt die telefonische Zeitansage auf. ›Beim nächsten Ton ist es 16.15 Uhr.‹
14. Das Wiehern eines Pferdes soll auf eurem Band zu hören sein.
15. Haltet das Geräusch eines rollenden Skateboards fest.
16. Nehmt die Ankündigung der Nachrichten im Radio auf.

17. Veranstaltet ein halbminütiges Kekskonzert.
18. Bittet einen Jugendlichen, den Anfang des Titels vorzusingen, der Nummer eins in der aktuellen Charts ist.
19. Jede Mannschaft überlegt sich eine Frage, die sie fünf Passanten stellt, aber nicht aufnimmt. Können die anderen aus den aufgenommenen Antworten die Frage erraten?
20. Nehmt ein Geräusch auf, das die Jury erkennen soll.
21. Wie professionelle Geräuschemacher erzeugt ihr ein Windgeräusch, indem ihr über den Rand eines Glases hinwegpustet und dabei die hohle Hand darüberhaltet. Schneeschritte erzeugt ihr mit einem Leinenbeutel, der mit Kartoffelstärke gefüllt ist.
22. Stellt einem Fremden in einer Minute eure Heimatstadt vor.
23. Imitiert einen Lehrer oder eure Eltern in einer Konfliktsituation, wenn ihr zum Beispiel in der Schule etwas angestellt oder eine schlechte Arbeit geschrieben habt.
24. Erfindet eine Radiowerbung für Höschenwindeln, Autos oder Computerspiele.
25. Überlegt euch einen wirksamen Spendenaufruf für die Opfer einer großen Katastrophe.
26. Gestaltet eine fünfminütige Schülersendung.
27. Gestaltet einen einminütigen Ausschnitt aus einer Radiosendung des Jahres 2020.
28. Simuliert eine einminütige Radioreportage eines aktuellen Sportereignisses.
29. Führt ein imaginäres Interview mit einem Popstar nach seinem umjubelten Auftritt oder mit einem Fußballstar nach einem wichtigen Spiel.
30. Gurgelt mit einem Glas Wasser ein Geburtstagslied, das die anderen erkennen sollen.

Der umjubelte Fußballstar gibt ein brandaktuelles Interview

Hör-Spiel

❀ Kassettenrecorder
❀ vorbereitete Kassette
❀ Zettel, Stifte
❀ Fotos

Während die Kassette abläuft, schreiben die Spieler auf, welche Geräusche sie erkennen: Schnarchen, trockenen Korken im Flaschenhals drehen, Papier knittern, Luft zischt aus einem Luftballon, Automotor, Ab- und Einfahren eines Zuges, trompetende Elefanten, kreischende Enten (siehe Seite 127).

● Stimmen von Leuten erkennen, die allen Mitspielern bekannt sind
● Stimmen von drei den Kindern fremden Personen den richtigen Fotos zuordnen
● Aus Liedanfängen Lieder erkennen
● An fremdsprachigen Lied- oder Textausschnitten die Sprachen erkennen
● Dialekte erkennen
● Am Auszug einer Rundfunk-Sportreportage die Sportart erkennen
● Zwei Popsongs laufen nacheinander ab. Welcher war länger?
● Hörscharaden: Hundebellen und Toilettenspülung (Hundeklo), Eisenbahn und Vogelgezwitscher (Zugvogel), Streichholz anzünden und Tür schließen; (Zündschloß), Uhrticken und Kunde im Geschäft (Urkunde).

Billige Geräuschemacher

❀ Wegwerfmaterialien
❀ Bastelwerkzeug

Aus Wegwerfmaterialien lassen sich herrliche Musikinstrumente zaubern: durchbohrte Kronkorken auf eine Schnur fädeln, eine alte Glühbirne mit Papier umkleben und dann vorsichtig zerschlagen, zwei gleiche, mit Steinchen gefüllte Joghurtbecher zusammenkleben und als Monsterrassel bemalen, Dosen mit Murmeln füllen und bekleben, Haarshampooflaschen mit Sand füllen, Waschmitteltonnen mit Leder bespannen und indianisch bemalen, an alte Handschuhe oder Hüte Glöckchen nähen.

Detektivrallye

Beim Fest ›Sherlock Holmes gibt sich die Ehre‹ beschreiben wir diese tolle Rallye ganz ausführlich.

Geräuschememory

❀ leere Filmdosen
❀ Füllmaterial

Ein Geräuschememory ist ein einfach zu bastelndes billiges und originelles Spielgeschenk. Je zwei leere Filmdosen (im Fotoladen erhältlich) füllt ihr genau gleich: mit der gleichen Menge Sand, mit gleich vielen Steinchen, Knöpfen und so weiter. Wenn ihr etwa 30 hübsch verzierte Klangdosen auf einer bunt bemalten Pappe aufstellt, kann das lustige Geräuschememory beginnen.

Waldrallye »Woodcraft«

Eine erlebnisreiche Strecke durch den Wald mit vielen Stationen begeistert alle Rallyeteilnehmer: Waldquiz, ein Waldlied singen, Nägel einschlagen, Baumstämme rollen und sägen, Bäume hochklettern, Leitern aus Ästen binden, wie Tarzan an einem Seil über einen Bach schwingen, Pilze und Moos sammeln, etwas nicht in den Wald Gehörendes suchen, ein Tannenzapfenzielwerfen, Rindenabdrücke herstellen, Alter eines Baumstammes bestimmen, Tierspuren suchen, Pflanzen und Früchte am Geruch erkennen, ein Kind als Waldgeist schmücken, Waldpicknick.

Rollschuhrallye
»Starlight-Expreß«

Für Rollschuhfans werden aus den auf den vorangegangenen Seiten beschriebenen Rallyes Aufgaben zusammengestellt, die auf Rollschuhen zu bewältigen sind. Wie im Musical ›Starlight-Expreß‹ starten die Gruppen als Züge mit Dampflok, Diesellok, E-Lok und so weiter. Figurenlaufen, Geschicklichkeitstests wie Rollschuhkellnern, Rollschuhballpaarlauf, Rollhockey, Starlight-Expreß-Rennen und Rollschuhtanz machen die Rollschuhrallye zu einem großen Starlight-Vergnügen.

Fahrradrallye

Wenn alle Gäste mit Fahrrädern kommen können, sucht ihr eine schöne sichere Fahrstrecke aus, an deren Wegrand sich gute Rallyeaufgaben ergeben. In zehn Aufgaben gilt es, Punkte für Geschicklichkeit auf dem Fahrrad zu sammeln: einen Becher Wasser kellnern, einen Dosenturm bauen, Ringe werfen, über eine Fahrradwippe fahren, einen Fahrradslalom bewältigen, eine Münze mit Vorder- und Hinterrad überfahren, beim Fahrradfußball Tore schießen, etwas im Baum Hängendes abreißen, das Fahrrad über Hindernisse heben, Fahrradquizfragen beantworten.

Fotorallye

Für kleinere Kinder ist es ein großer Spaß, auf Fotoentdeckungsreise zu gehen. Jede Gruppe bekommt etwa 15 Fotos von netten (Un-)Auffälligkeiten aus der näheren Umgebung der Wohnung des Gastgebers.

Freie Fahrt für die Rollschuhrallye

Nicht nur den Spielern bereitet der Rollschuhtanz Vergnügen. Die Zuschauer finden ihn ebenso lustig

Im nächsten Jahr, das ist doch klar,
feiern wir wieder wunderbar,
wir wissen schon, wohin es geht,
des Nachts ihr ihn am Himmel seht.
Wir werden uns eine Rakete bauen
und uns den Mann im Mond
anschauen. Ist er zu grimmig,
so zögern wir nicht und fliegen zum
Mars mit frohem Gesicht.

Ururomarallye

Typisches aus alter Zeit gibt es bei alten Leuten, in alten Häusern, im Museum, in der Kirche, auf dem Friedhof, in Büchern und Zeitungsarchiven zu entdecken.

Umweltrallye »Greenpeace«

Auf der Suche nach Umweltsündern und -schäden entwickeln unsere Umweltschützer Ideen für Verbesserungen und Rohstoffeinsparungen, entwerfen ein großes Plakat und testen ihr Wissen in einem Quiz.

Regenrallye

Die gut vorbereitete Rallye braucht bei Regen keineswegs ins Wasser zu fallen. Verwandelt sie mit lustigen Regenspielen in eine Regenrallye: Regenschirme mit Luftballons, Bändern aus Folie oder Stoff schmücken, Schirm-Geschicklichkeitsspiele wie Ballbalance, Gummistiefelweitwurf auf einem Bein, Regensammeln, einen Gegenstand transportieren, ohne daß er naß wird, höchste Pfützenspritzer messen, Pfützenweitsprung, beim Regenschirmtanz die Sonne anbeten. Erlebnis auf einer Wolke erfinden.

Nachtrallye

Gruselig und romantisch kann es bei der Nachtrallye zugehen. Nur einige Stichworte: Taschenlampen, Umhänge, unheimliche Geräusche, Sternschnuppensammeln, Laternen, Teelichter-Korkenflöße, Gruselgedichte, Gespensterjagd, Lagerfeuer. Krönender Abschluß: Ein Matratzenball eröffnet das Übernachten beim Geburtstagskind.

Schneerallye

Die Kleinen ziehen mit einem vollgepackten Schlitten von einer bunten Überraschung zur nächsten. Luftballons, große Papierblüten, Papierschmetterlinge, -vögel und -drachen fordern zu herrlichen Spielen auf: Schneeballzielwerfen, Sackhüpfen, Schneelied singen, Schneemonster bauen, Schneeflöckchentanz, Engelfiguren in den Schnee zaubern, Schneeschlangenlauf. Als Höhepunkt die mit Kerzen dekorierte Geburtstagstorte auf einem Schneetisch in einer gemeinsam gebauten Schneewohnung verzehren.

Schlagerrallye

Verwandelt euer Zimmer oder einen Kellerraum in eine Diskothek! Die Schlagerrallye beginnt mit einem Schnelldurchgang der aktuellsten Popsongs. Die Gäste geben auf einem Stimmzettel ihre drei Favoriten an. Die zehn meist gewählten Songs werden dann gespielt. Wer tanzt am originellsten dazu? Zwei oder drei ›Popgruppen‹ bilden sich und wetteifern im Raten: Wer einen angespielten Song als erster richtig rät, bekommt einen Punkt für seine Gruppe. Wer zuerst 15 Punkte gesammelt hat, startet die Playbackshow. Vielleicht könnt ihr das Ereignis mit einer eventuell geliehenen Videokamera festhalten!

Superrallye

Feriengeburtstagskinder starten mit ihrer Geburtstagsrallye die große Superrallye, die aus verschiedenen hier beschriebenen oder veränderten Rallyes besteht und über mehrere Tage läuft. Die Mannschaften bleiben möglichst immer gleich, so daß am Ende das Superrallyeteam gefeiert werden kann.

Lösungen

Mäusefreundewald-undwiesenfest

Armes Mäuslein: Wir ziehen die Schlaufenmitte von der Mäuseschnauze zu dem Loch, zu dem die Schnur in der Schlaufe führt, fädeln die Schlaufe durch das Loch und schieben die Perle durch die Schlaufe. Jetzt können wir das Mäuslein befreien.

Zauberhafter Geburtstag im Märchenland

Auf dem Foto Seite 30 erkennst du folgende Märchenfiguren: eine Prinzessin, den Teufel, die gute Fee, einen Zwerg, den Froschkönig, die goldene Gans, den kleinen Muck und Rotkäppchen.

Tiere im Märchen: **1.** Rotkäppchen, **2.** Schneeweißchen und Rosenrot, **3.** Aschenputtel, **4.** Der Froschkönig, **5.** Tischlein, deck dich, **6.** Die Bremer Stadtmusikanten, **7.** Der Rattenfänger von Hameln, **8.** Brüderchen und Schwesterchen, **9.** Das tapfere Schneiderlein, **10.** Hänsel und Gretel, **11.** Die Bremer Stadtmusikanten, **12.** Die sieben Raben, **13.** Die goldene Gans, **14.** Kalif Storch.

Zitate im Märchen: **1.** Der Froschkönig, **2.** Der kleine Muck, **3.** Rumpelstilzchen, **4.** Aschenputtel, **5.** Hänsel und Gretel, **6.** Der Wolf und die sieben Geißlein, **7.** Brüderchen und Schwesterchen, **8.** Frau Holle, **9.** Tischlein, deck dich, **10.** Schneewittchen, **11.** Die Gänsemagd, **12.** Der gestiefelte Kater, **13.** Ali Baba und die 40 Räuber, **14.** Einäuglein, Zweiäuglein und Dreiäuglein, **15.** Jorinde und Joringel, **16.** Kalif Storch, **17.** Rot-käppchen, **18.** Das tapfere Schneiderlein.

Gegenstände im Märchen: **1.** Dornröschen, **2.** Schneewittchen, **3.** Der Froschkönig, **4.** Aschenputtel, **5.** Der Wolf und die sieben Geißlein, **6.** Die Gänsemagd, **7.** Frau Holle, **8.** Das tapfere Schneiderlein, **9.** Jorinde und Joringel, **10.** Rumpelstilzchen, **11.** Zwerg Nase, **12.** Der kleine Muck, **13.** Die Prinzessin auf der Erbse, **14.** Hans im Glück.

Drudel: Ein Kürbis, eine Melone, ein Apfel und eine Kirsche spielen Bremer Stadtmusikanten.

Bilderbuchbuntes Bücherwürmerfest

Berühmte Kinderbuchautoren: Maus, Katze, Igel, Meise, Schmetterling, Spatz, Hase, Schnecke, Fuchs, Regenwurm.
Lindgren, Maar, Grimm, Preussler, Krüss, Kästner, Andersen, Timm, Nöstlinger, Janosch, Blyton, Ende.

Ein Zahlendieb ging um: Jubelfeier, Einsamkeit, Kamelfelle, Nachtisch, Verzweiflung, Gutachten, Rundreise, Welfen, Wachtel, Klaviertaste, Leinsamen, Nagelfeile, Neinsager, Wachturm, Revierwachtmeister, Helferin, Elfenbeinsammler, Vielfraß, Handreichung, Käseschachtel, Schnuller, Igelforscher, Vereinsarzt, Verzweigung, Spielfeld, Wundreinigung, Zielfoto, Ziegelfabrik, Trommelfell.

Rätselplakat: Tinte (T in T), Kino (K in O), Ring (R in G), Zweige (zwei g), zwei kleine Beamte (b am T), Kaufmann (K auf Mann), Kinderhose (K in der Hose), Forellen (vor l n), Geheim-ort (Gehe im O rt), Findling (F in D L in G), Nachthemd (nach T Hemd), Standesamt (St an D S am T), achte auf Esel (acht e auf SL), drei Fliegen (drei F liegen), Tee mit etwas Rum, Otto verkehrt in schlechten Kreisen.

Der richtige Buchstabe: Häute, Morgen, aber Malz, wieder Rum.

Für Französischkenner:
Venez souper à Sanssouci (Venez sous p à cent sous six)!
J'ai grand appétit (G grand, a petit).
Venez à diner (Ve nez à dix nez)!
Il faut souper avec silence (il faut sous p avec six lances).

Buchstabenrechnen:

9567	50249	29786
+1085	+362249	+ 850
10652	412498	+ 850
		31486

Teekesselchen mit und ohne »Köpfchen«: (W)Esel, (K)Oma, (T)Ruhe, (H)Enkel, (F)Unke, (T)Reue, (T)Urban, (F)Liege, (K)Laus, (F)Ritz, (W)Alter, (F)Riese, (D)Arm, (K)Anne, (S)Irene, (S)Ara, (J)Ute, (R)Ute, (J)Udo, (M)Otto, (S)Amen, (S)Paß, (R)Ente, (K)Lippe, (K)Inder, (T)Raum, (L)Ast, (N)Eid, (O)Stern, (T)Asche, (T)Anker, (P)Latz, (G)Locke, (G)Raben, (B)Rücken, (B)Rüssel, (F)Uhrwerk, (S)(T)Rumpf, (S)(T)Au, (P)(R)Eis, (F)(L)Asche, (K)(L)Eid.
Wollt ihr auch englische ›Kopfpaare‹ raten? (p)age, (s)word, (d)rive, (m)other, (p)lane, (s)witch, (b)rain, (m)ice, (b)owl, (s)pot, (s)(n)ail.
Teekesselchen mit und ohne Schwänzchen: Silbe(r), Anke(r), Ton(i), Tal(g), Stau(b), Tor(f), Bau(m), Angel(a), Ade(r), Ade(l), Bach(e), Bar(t), Buch(e), Dach(s), Walze(r), Tang(o), Watt(e), Gabe(l), Falte(r), Ei(s),

Kanon(e), Auto(r), Qual(m), Mutterschaf(t), Spitz(e).
Einige ›Schwanzpaare‹ für Englischliebhaber: car(d), star(t), bar(n), war(m), win(d), paw(n), Tom(b), tow(n).

Ich stecke im Gedicht:
du: Brandung, Sanduhr, Kakadu
er: Verehrer, Erpresser, Annerose, Meerkatze
sie: Einsiedler, Fuchsien, Siebenschläfer
es: Fest, Wesel, Esel, Wespe
wir: Wirkung, Bewirtung, Wirbeltier
ihr: Leihrad, Weihrauch, Geweihräuber
sie: Sieg, Phantasie, Trittsiegel

Phantastische Weltreise in 333 Minuten

Länderquiz-Salat: Paris, 1992: Bush, Dänemark, Italien, China, Griechenland, Dänemark, Spanien. Frankreich, USA, Griechenland, Schottland.

Nim-Spiel: Der beginnende Spieler nimmt den Zweierhaufen weg. Es bleiben vier Haufen zurück, von denen je zwei gleich sind. Was auch immer der Gegner jetzt mit einem Haufen macht, wiederholt der erste Spieler an dem anderen gleichen Haufen.
Überlegt euch andere Ausgangsstellungen mit mehr Perlen, für die die Gewinnstrategie auch noch funktioniert! Wie gewinnt der Beginnende, wenn auch erlaubt ist, daß Perlen wieder auf einen Haufen dazugelegt werden dürfen?

Sherlock Holmes gibt sich die Ehre

A: Emil Tischbein, **B:** Dr. Watson, **C:** Kalle Blomquist, **D:** Sherlock Holmes, **E:** Miss Marple.

Geheimnisvolle Hände: Lieber Jan-Dirk! Sherlock Holmes, der Meisterdetektiv, muß am Samstag, dem 19. Mai ab 15 Uhr viele schwierige Fälle lösen. Dabei braucht er Unterstützung. Ob Miss Marple, Balduin Pfiff oder Kalle Blomquist kommen können? Wenn Du Holmes bei seiner Arbeit mit detektivischem Spürsinn helfen könntest, würde ich mich sehr freuen. Dein Stephan

Winkelschrift:

☐☐☐ ⌐∨< ☐☐• ☐⌐☐⊔

Musikalische Geheimschrift: Gerhard hat das Geld.

Zahlentrick von Sherlock Holmes: Mit der ersten Zahl, die der Gehilfe fragt, gibt er den entscheidenden Hinweis. Die Quersumme dieser Zahl – in unserem Beispiel ist 5 die Quersumme von 311 – gibt an, die wievielte Zahl die richtige ist. Der Detektiv weiß sofort, daß er auf die fünfte Frage mit ›Ja‹ antworten muß.

Tresorknacker: Biege den Tresor so weit, daß der Längsstreifen durch das Loch gezogen werden kann. Durch die entstehende Schlaufe ziehst du ganz leicht einen Geldschein.

Rätseltest: Kopf

Kinderolympiade

Olympiaquiz: **1.** Griechenland, **2.** Albertville, **3.** Los Angeles, **4.** nein, **5.** acht, **6.** 1,06 m, **7.** 2 m/sec, **8.** ca. 42, **9.** unter einer Zehntelsekunde, **10.** Dreisprung, Hochsprung, Kunstspringen, Stabhochsprung, Weitspringen, Schanzenspringen, Mächtigkeitsspringen, **11.** Kristallglas, **12.** 4,5 kg, **13.** Eishockey, **14.** sechs, **15.** Metall

Von der Schatzsuche zur Superrallye

Die Schatztruhe: 51 v. Chr. muß gefälscht sein, weil damals niemand wissen konnte, wann Christi Geburt sein wird. Auch 51 n. Chr. wäre eine Fälschung, weil die Zeitrechnung, die sich auf Christ Geburt bezieht, erst im sechsten Jahrhundert eingeführt wurde.

Zettel-Würfel-Rallye:
17. München ist nicht die Hauptstadt Deutschlands.
20. Tafellappen oder Schelle, blackboard, headmaster, register
22. Beide Sätze bleiben gleich, wenn man sie rückwärts liest wie auch die Wörter Ebbe, Otto, Rentner. Weitere Palindrome:
Ein Neger mit Gazelle zagt im Regen nie.
Lesen Esel?
Sir, I'm Iris.
Eh! Ça va la vache?
Esope reste ici et se repose.
Et la marine va venir à Malte.
23. Mu-seen, In-sekt-en; beide verbergen einen Jungen in sich: C-Olaflasche, Fernse-Hans-ager
24. Wann rannten durchgebrannte Elefanten am Strand in Pantoffeln zu unbekannten Tanten?

Geburtstagsknüller